Autores varios

Todas las Constituciones Cubanas

Barcelona 2024
Linkgua-ediciones.com

Créditos

Título original: Todas las Constituciones cubanas.

e-mail: info@linkgua.com

Diseño de cubierta: Michel Mallard.

ISBN tapa dura: 978-84-1126-528-7.
ISBN ebook: 978-84-9816-953-9.

Sumario

Brevísima presentación

Las constituciones independentistas

Esta antología de Constituciones cubanas comprende las primeras constituciones con que las fuerzas independentistas conformaron un código legal y un marco de actuación jurídico desde el que legitimar sus posiciones. Las tres primeras de estas constituciones se ocupan de preparar un espacio de poder y legalidad que permita establecer tratados y separar el poder judicial del resto de los poderes.

Es a partir de la Constitución de la Yaya que los escritos constitucionales de los movimientos independendistas cubanos empiezan a establecer auténticos principios de gobernabilidad; en una creciente voluntad de abarcar los aspectos políticos más cercanos a la vida cotidiana en la isla y en una pretensión de diálogo con las dos fuerzas extranjeras que más incidieron en la Cuba de entonces: España y los Estados Unidos.

La Enmienda Platt

Este libro incluye asimismo la Constitución autonómica de 1897, redactada durante el protectorado norteamericano, la Enmienda Platt y el resto de las constituciones anteriores a la del 1940, que sorprende a muchos por su modernidad y espíritu soberano.

1940

En la Constitución de 1940 las razas, la emigración, la condición de la mujer, la igualdad de posibilidades y la defensa de un Estado protector de las clases desfavorecidas son elementos de referencia.

Aunque la posterior historia política de Cuba restringió ese texto con sucesivas enmiendas hasta anularlo por completo, sustituyéndolo por la Constitución de 1976. Resulta irónico que participasen en su redacción las mismas fuerzas que después la desvirtuaron.

La constituciones comunistas

Las constituciones comunistas de 1976 y 1992 hacen énfasis en las definiciones ideológicas de la revolución cubana por encima de las libertades individuales. Asimismo en estas dos constituciones se insiste más en la permanencia de una epopeya épica y transhistórica que abarca a todos los sectores de la sociedad cubana en detrimento de la gestión práctica de la misma.

Constitución de Guáimaro de 1869

10 de abril de 1869

Constitución Política que regirá lo que dure la guerra de la Independencia.

Artículo

Artículo 1. El Poder Legislativo residirá en una Cámara de Representantes.

Artículo 2. A esta Cámara concurrirá igual representación por cada uno de los cuatro Estados en que queda desde este instante dividida la Isla.

Artículo 3. Estos Estados son: Oriente, Camagüey, Las Villas y Occidente.

Artículo 4. Solo pueden ser Representantes los ciudadanos de la República de veinte años.

Artículo 5. El cargo de Representante es incompatible con todos los demás de la República.

Artículo 6. Cuando ocurran vacantes en la representación de algún Estado, el Ejecutivo del mismo dictará las medidas necesarias para la nueva elección.

Artículo 7. La Cámara de Representantes nombrará el Presidente encargado del Poder Ejecutivo, el General en Jefe, el Presidente de las sesiones y demás empleados suyos. El General en Jefe está subordinado al Ejecutivo y debe darle cuenta de sus operaciones.

Artículo 8. Ante la Cámara de Representantes deben ser acusados, cuando hubiere lugar, el Presidente de la República, el General en Jefe y los miembros de la Cámara. Esta acusación puede hacerse por cualquier ciudadano: si la Cámara la encuentra atendible, someterá el acusado al Poder Judicial.

Artículo 9. La Cámara de Representantes puede deponer libremente a los funcionarios cuyo nombramiento le corresponde.

Artículo 10. Las decisiones legislativas de la Cámara necesitan para ser obligatoria la sanción del Presidente.

Artículo 11. Si no la obtuvieren, volverán inmediatamente a la Cámara para nueva deliberación, en la que se tendrán en cuenta las objeciones que el Presidente presentare.

Artículo 12. El Presidente está obligado, en el término de diez días, a impartir su aprobación a los proyectos de ley o a negarla.

Artículo 13. Acordada por segunda vez una resolución de la Cámara, la sanción será forzosa para el Presidente.

Artículo 14. Deben ser objeto indispensablemente de ley: las contribuciones, los empréstitos públicos, la ratificación de los tratados, la declaración y conclusión de la guerra, la autorización al Presidente para conceder patentes, levantar tropas y materiales, proveer y sostener una armada y la declaración de represalias con respecto al enemigo.

Artículo 15. La Cámara de Representantes se constituye en sesión permanente desde el momento en que los Representantes del pueblo ratifiquen esta Ley Fundamental hasta que termine la guerra.

Artículo 16. El Poder Ejecutivo residirá en el Presidente de la República.

Artículo 17. Para ser Presidente se requiere la edad de treinta años y haber nacido en la Isla de Cuba.

Artículo 18. El Presidente puede celebrar tratados con la ratificación de la Cámara.

Artículo 19. Designará los Embajadores, Ministros plenipotenciarios y Cónsules de la República en los países extranjeros.

Artículo 20. Recibirá los Embajadores, cuidará de que se ejecuten fielmente las leyes y expedirá sus despachos a todos los empleados de la República.

Artículo 21. Los Secretarios del Despacho serán nombrados por la Cámara a propuesta del Presidente.

Artículo 22. El Poder Judicial es independiente, su organización será objeto de ley especial.

Artículo 23. Para ser elector se requieren las mismas condiciones que para ser elegido.

Artículo 24. Todos los habitantes de la República son enteramente libres.

Artículo 25. Todos los ciudadanos de la República se consideran soldados del Ejército Libertador.

Artículo 26. La República no reconoce dignidades, honores especiales, ni privilegio alguno.

Artículo 27. Los ciudadanos de la República no podrán admitir honores ni distinciones de un país extranjero.

Artículo 28. La Cámara no podrá atacar las libertades de culto, imprenta, reunión pacífica, enseñanza y petición, ni derecho alguno inalienable del pueblo.

Artículo 29. Esta Constitución podrá enmendarse cuando la Cámara unánimemente lo determine.

Esta Constitución fue votada en el pueblo de libre de Guáimaro el 10 de abril de 1869 por el ciudadano Carlos Manuel de Céspedes, Presidente de la Asamblea Constituyente, y los ciudadanos Diputados Salvador Cisneros Betancourt, Francisco Sánchez, Miguel Betancourt Guerra, Ignacio Agramonte Loynaz, Antonio Zambrana, Jesús Rodríguez, Antonio Alcalá, José Izaguirre, Honorato Castillo, Miguel Jerónimo Gutiérrez, Arcadio García, Tranquilino Valdés, Antonio Lorda y Eduardo Machado Gómez.

Constitución de Baraguá

23 de marzo de 1878

1. La Revolución se regirá por un Gobierno provisional, compuesto de cuatro individuos.

2. El Gobierno provisional nombrará un General en Jefe que dirija las operaciones militares.

3. El Gobierno queda facultado para hacer la paz, bajo las bases de la independencia.

4. No podrá hacerse la paz con el Gobierno Español, bajo otras bases sin el conocimiento y consentimiento del pueblo.

5. El Gobierno pondrá en vigor todas las leyes de la República, que sean compatibles con la presente situación.

6. El poder judicial es independiente, y residirá conforme a las leyes antiguas, en Consejo de Guerra.

Presidente: Titá Calvar.
General en Jefe: Vicente García.
Lugarteniente General: Antonio Maceo.

Constitución de Jimaguayú de 1895

16 de septiembre de 1895

Artículo

La revolución por la Independencia y reacción de Cuba en República democrática, en su nuevo periodo de guerra iniciada en 24 de febrero último, solemnemente declara la separación de Cuba de la Española y su Constitución como Estado libre o independiente con Gobierno propio por autoridad suprema con el nombre de República de Cuba, y confirma su existencia entre las divisiones políticas de la tierra. Y en su nombre y por delegación que al efecto le han conferido los cubanos en armas, declarando previamente ante la Patria la pureza de sus pensamientos, libres de violencia, de ira o de prevención y solo inspirada en el propósito de interpretar en bien de Cuba los votos populares para la institución del régimen y Gobierno provisional de la República, los Representantes electos de la Revolución en Asamblea Constituyente, han pactado ante Cuba y el mundo, con la fe de su honor empeñada en el cumplimiento, los siguientes Artículos de Constitución:

Constitución de la República de Cuba

Artículo

Artículo 1. El Gobierno Supremo de la República residirá en un Consejo de Gobierno, compuesto de un Presidente, un Vicepresidente, y cuatro Secretarios de Estado, para el despacho de los asuntos de Guerra, de lo Interior, de Relaciones Exteriores y de Hacienda.

Artículo 2. Cada Secretario tendrá un Subsecretario de Estado para suplir los casos de vacante.

Artículo 3. Serán atribuciones del Consejo de Gobierno:

1. Dictar todas las disposiciones relativas a la vida civil y política de la Revolución;

2. Imponer y percibir contribuciones, contraer empréstitos públicos, emitir papel moneda, invertir los fondos recaudados en la Isla por cualquier título que sean y los que a título oneroso se obtengan en él;

3. Conceder patentes de corso, levantar tropas y mantenerlas, declarar represalias respecto al enemigo y ratificar tratados;

4. Conceder autorización, así lo estime oportuno, para someter al Poder Judicial el Presidente y demás miembros del Consejo si fuesen acusados;

5. Resolver las acusaciones de toda índole excepto judicial, que tienen derecho a presentarle todos los hombres de la Revolución;

6. Aprobar la Ley de Organización Militar y Ordenanzas del Ejército que propondrá el General en jefe;

7. Conferir los grados militares de Coronel en adelante, previos informes del Jefe Superior inmediato y del General en jefe y designar el nombramiento de este último y del Lugarteniente General en caso de vacante de ambos;

8. Ordenar la elección de cuatro representantes por cada cuerpo de Ejército, cada vez que conforme a esta Constitución sea necesaria la convocación de Asambleas.

Artículo 4. El Consejo de Gobierno solamente intervendrá en la dirección de las operaciones militares, cuando a su juicio sea absolutamente necesario a la realización de otros fines políticos.

Artículo 5. Es requisito para la validez de los acuerdos del Consejo de Gobierno el de haber tomado parte en la liberación los dos tercios de los miembros del mismo, y haber resuelto aquellos por voto de la mayoría de los concurrentes.

Artículo 6. El cargo de Consejero es incompatible con los demás de la República y requiere la edad mayor de veinticinco años.

Artículo 7. El Poder Ejecutivo residirá en el Presidente, o en su defecto en el Vicepresidente.

Artículo 8. Los acuerdos del Consejo de Gobierno serán sancionados y promulgados por el Presidente quien dispondrá lo necesario para su cumplimiento en un término que no excederá de diez años.

Artículo 9. El Presidente puede celebrar tratados con la ratificación del Consejo de Gobierno.

Artículo 10. El Presidente recibirá a los Embajadores y expedirá sus despachos a todos los funcionarios.

Artículo 11. El tratado de paz con España que ha de tener precisamente por base la Independencia absoluta de la Isla de Cuba, deberá ser ratificado por el Consejo de Gobierno y la Asamblea de Representantes convocada expresamente para ese fin.

Artículo 12. El Vicepresidente sustituirá al Presidente en caso de vacante.

Artículo 13. En el caso de resultar vacantes los cargos de Presidente y Vicepresidente, por renuncia, deposición o muerte, u otra causa, se reunirá una Asamblea de Representantes para la elección de los que hayan de desempeñar los cargos vacantes que interinamente ocuparán los Secretarios de más edad.

Artículo 14. Los Secretarios tomarán parte con voz y voto en las deliberaciones de los acuerdos de cualquiera índole que fueren.

Artículo 15. Es atribución de los Secretarios proponer todos los empleados de sus respectivos despachos.

Artículo 16. Los Subsecretarios sustituirán en los casos de vacante a los Secretarios de Estado, teniendo entonces voz y voto en las deliberaciones.

Artículo 17. Todas las fuerzas armadas de la República y la dirección de las operaciones de la guerra, estarán bajo el comando directo del General en jefe, que tendrá a sus órdenes como segundo en el mando un Lugarteniente General que le sustituirá en caso de vacante.

Artículo 18. Los funcionarios de cualquiera orden que sean se prestarán recíproco auxilio para el cumplimiento de las resoluciones del Consejo de Gobierno.

Artículo 19. Todos los cubanos están obligados a servir a la Revolución con su persona e intereses, según sus aptitudes.

Artículo 20. Las fincas y propiedades de cualquier clase pertenecientes a extranjeros, estarán sujetas al pago del impuesto en favor de la Revolución mientras su respectivo Gobierno no reconozca la beligerancia de Cuba.

Artículo 21. Todas las deudas y compromisos contraídos desde que se inició el actual periodo de guerra, hasta ser promulgada esta Constitución por los Jefes del Cuerpo de Ejército en beneficio de la Revolución, serán válidos como los que en lo sucesivo correspondan al Consejo de Gobierno efectuado.

Artículo 22. El Consejo de Gobierno podrá deponer a cualquiera de sus miembros por causa justificada a juicio de dos tercios de los Consejeros y dará cuenta en la primera Asamblea que se convoque.

Artículo 23. El Poder Judicial procederá con entera independencia de todos los demás, su organización y reglamentación estarán a cargo del Consejo de Gobierno.

Artículo 24. Esta Constitución regirá a Cuba durante dos años a contar desde su promulgación si antes no termina la guerra de Independencia. Transcurrido este plazo se convocará a Asamblea de Representantes que podrá modificarla y procederá a la elección de nuevo Consejo de Gobierno y a la censura del saliente.

Así lo ha pactado, y en nombre de la República lo ordena, la Asamblea Constituyente en Jimaguayú a 16 de septiembre de 1895. Y en testimonio firmamos los Representantes delegados por el Pueblo Cubano en armas.

Siguen las siguientes firmas: Salvador Cisneros Betancourt, Presidente, Rafael Manduley, Vicepresidente, Raimundo Sánchez, Lope Recio Loynaz. Francisco López Leiva, Francisco Díaz Silveira, Rafael M. Portuondo, Fermín Valdés Domínguez, doctor Santiago García Cañizares, Pedro Piñán de Villegas, Enrique Loinaz del Castillo, Joaquín O. Castillo, José Clemente Vivanco, Scrio. Mariano Sánchez Vaillant, Severo Piña, Pedro Aguilera, Orencio Nodarse, Scrio. Enrique Céspedes, Rafael Pérez Morales, Mario Padilla.

Constitución de La Yaya de 1897

30 de octubre de 1897

Nosotros, los Representantes del Pueblo Cubano, libremente reunidos en Asamblea Constituyente, convocada a virtud del mandato contenido en la Constitución de 16 de septiembre de 1895, ratificando el propósito firme e inquebrantable de obtener la Independencia absoluta e inmediata de toda la Isla de Cuba para constituir en ella una República Democrática e inspirándonos en las necesidades actuales de la Revolución, decretamos la siguiente: Constitución de la República de Cuba.

Título I. Del territorio y la ciudadanía

Artículo 1. La República de Cuba comprende el territorio que ocupe la Isla de Cuba e islas y cayos adyacentes. Una ley determinará la división del Territorio.

Artículo 2. Son cubanos:

1. Las personas nacidas en territorio cubano;

2. Los hijos de padre o madre cubanos aunque nazcan en el extranjero;

3. Las personas que estén al servicio directo de la Revolución, cualquiera que sea su nacionalidad de origen.

Artículo 3. Todos los cubanos están obligados a servir a la patria con sus personas y bienes, de acuerdo con las leyes y según sus aptitudes.

El servicio militar es obligatorio e irredimible.

Título II. De los derechos individuales y políticos

Artículo 4. Nadie podrá ser detenido, procesado ni sufrir condena, sino en virtud de hechos penados en leyes anteriores a su comisión y en la forma que las mismas determinen.

Artículo 5. Ninguna autoridad podrá detener ni abrir correspondencia oficial o privada, salvo con las formalidades que las leyes establezcan y por causa de delito.

Artículo 6. Los cubanos y extranjeros serán amparados en sus opiniones religiosas y en el ejercicio de sus respectivos cultos, mientras éstos no se opongan a la moral pública.

Artículo 7. Nadie podrá ser compelido a pagar otras contribuciones que las acordadas por autoridad competente.

Artículo 8. La enseñanza es libre en todo el territorio de la República.

Artículo 9. Los cubanos pueden dirigir libremente peticiones a las autoridades, con derecho a obtener resolución oportuna. Las fuerzas armadas deberán ajustarse en el ejercicio de este derecho a lo que vengan las Ordenanzas y la Ley de Organización Militar.

Artículo 10. El derecho electoral se regulará por el Gobierno sobre la base de sufragio universal.

Artículo 11. Nadie podrá penetrar en domicilio ajeno, sino cuando trate de evitar la comisión de un delito, estando al efecto competentemente autorizado.

Artículo 12. Ningún cubano puede ser compelido a mudar de domicilio, sino por decisión judicial.

Artículo 13. Todos los cubanos tienen derecho a emitir con libertad sus ideas y a reunirse y asociarse para los fines lícitos de la vida.

Artículo 14. Los derechos cuyo ejercicio garantizan los tres Artículos anteriores, podrán mientras dure el actual estado de guerra, ser suspendidos total o parcialmente por el Consejo de Gobierno.

Título III. Del Gobierno de la República

Sección I. De los Poderes Públicos

Artículo 15. El Poder Ejecutivo reside en un Consejo de Gobierno que tendrá la facultad de dictar leyes y disposiciones de carácter general con arreglo a esta Constitución.

Artículo 16. La administración de justicia en lo criminal corresponde a la Jurisdicción de Guerra y se ejercerá en la forma que las leyes determinen.

Artículo 17. La administración de justicia en lo civil corresponde a las autoridades de este orden y su funcionamiento será regulado por una ley.

Sección II. Del Consejo de Gobierno

Artículo 18. El Consejo de Gobierno se compone de un Presidente, un Vicepresidente y cuatro Secretarios de Estado para el despacho de los asuntos de Guerra, Hacienda, Exterior e Interior. Todos los miembros del Consejo tienen voz y voto en sus deliberaciones.

Artículo 19. Para ser Presidente o Vicepresidente se requiere ser cubano de nacimiento o ciudadano cubano con más de diez años de servicios a la causa de la Independencia de Cuba; haber cumplido la edad de treinta años. Para ser Secretario de Estado haber cumplido la edad de veinticinco años.

Artículo 20. El Consejo de Gobierno nombrará su Secretario que podrá separar libremente.

Artículo 21. Cada Secretario en los casos de vacante, ausencia o enfermedad, desempeñará las comisiones que le confíe el Consejo de Gobierno.

Artículo 22. Son atribuciones del Consejo de Gobierno, además de las estatuidas por otros Artículos de esta Constitución:

1. Dictar todas las leyes y disposiciones relativas al Gobierno de la Revolución y a la vida militar civil y política del Pueblo Cubano;

2. Resolver las peticiones que se le dirijan, disponiendo se tramiten en forma las que no vengan en grado;

3. Deponer mediante justa causa y daño su responsabilidad a cualquier Consejero o Vicesecretario.

De esta resolución se dará cuenta en la primera Asamblea y solo podrá adoptarse por los votos conformes de cuatro Consejeros;

4. Nombrar Secretario y Vicesecretario para el desempeño de un despacho cuando ambos cargos estuvieren vacantes durante dos meses;
5. Nombrar y separar los funcionarios públicos de todo orden en la forma que las leyes determinen, disponiendo sean sometidos a los tribunales de justicia en los casos en que así proceda;

6. Determinar la política de guerra y las líneas generales de la campaña e intervenir, cuando a su juicio exista fundado motivo para ello en las operaciones militares por intermedio siempre de los Generales de la Nación;

7. Levantar tropas, declarar represalias y conceder patentes de Corso;

8. Conferir los grados militares de Alférez a Mayor General en la forma que establezca la ley de Organización Militar;

9. Emitir papel moneda, acuñar ésta, determinado su especie y valor;

10. Contratar empréstitos, fijando sus vencimientos, intereses, descuentos, corretajes y garantías y hacer todas las negociaciones que aconseje el bien público, siendo estrechamente responsable del uso que haga de estas facultades y de las que determina el número anterior;

11. Imponer contribuciones, decretar la inversión de los fondos públicos y pedir y aprobar cuentas de los mismos;

12. Determinar la política exterior y nombrar y separar agentes, representantes y delegados de todas categorías;

13. Conceder pasaportes;

14. Extender los salvoconductos necesarios para el ejercicio de las funciones del Gobierno;

15. Celebrar tratados con otras potencias, designando los comisionados que deben ajustarlos, pero sin poder delegar en ellos su aprobación definitiva. El de Paz con España ha de ser ratificado por la Asamblea y no podrá ni siquiera iniciarse sino sobre la base de independencia absoluta e inmediata de toda la Isla de Cuba.

Artículo 23. No son delegables las facultades que esta ley otorga al Consejo de Gobierno o a cualquiera de sus miembros.

Artículo 24. Los acuerdos todos del Consejo habrán de tomarse por mayoría absoluta, concurriendo a la Sesión por lo menos cuatro Consejeros, entre ellos el que desempeñe la Secretaría del Ramo a que el asunto pertenezca.

Artículo 25. Los Consejeros no podrán desempeñar ni ser nombrados para ningún otro cargo mientras estén ejerciendo sus funciones, exceptuándose el de Representante en la Asamblea que ratifique el tratado de paz con España.

Artículo 26. Los Consejeros no podrán ser procesados sin previa autorización del Gobierno, ni detenidos, salvo en el caso de flagrante delito. Los Vicesecretarios en comisión expresa, y determinada del Consejo de Gobierno, gozarán de esta misma prerrogativa.

Sección III. Del Presidente y del Vicepresidente de la República

Artículo 27. El Presidente de la República es el Presidente del Consejo de Gobierno y en su carácter representativo superior jerárquico de todos los funcionarios.

Artículo 28. Son sus atribuciones:

1. Representar a la República en sus actos y relaciones oficiales;

2. Autorizar con su firma los documentos que se dirijan a funcionarios extranjeros de igual jerarquía;

3. Firmar las proclamas y manifiestos que acuerde el Consejo de Gobierno;

4. Autorizar con su Visto Bueno los despachos y certificaciones que expidan los Secretarios de Estado o el del Consejo;

5. Autorizar a nombre del Consejo del Gobierno los Diplomas y Nombramientos que éste acuerde.

Artículo 29. El Vicepresidente asistirá con voz y voto a todas las Sesiones del Consejo y sustituirá al Presidente con todas sus facultades en caso de vacante, ausencia o enfermedad.

Sección IV. De los Secretarios del Estado

Artículo 30. Los Secretarios de Estado tendrán como facultad privativa la tramitación de los asuntos relativos a sus despachos y serán los Jefes superiores de todos los funcionarios y empleados de sus ramos, los que propondrán cuando conforme a las leyes deba nombrarlos el Consejo de Gobierno.

Artículo 31. El Secretario de Guerra será el Jefe superior jerárquico del Ejército Libertador.

Artículo 32. Los servicios administrativos del Ejército dependen de la Secretaría de la Guerra y serán reglamentados por la Ley de Organización Militar.

Artículo 33. El Secretario de Hacienda será el depositario de los fondos nacionales y dependerán de él los asuntos relativos a Deuda Pública y Contabilidad.

Artículo 34. El Secretario del Exterior es el Jefe superior inmediato de todos los agentes, Representantes y Delegados en el Extranjero.

Artículo 35. El Secretario del Interior será el encargado de los asuntos de la vida civil y jefe superior de las Autoridades y empleados del Ramo.

Sección V. Del Secretario del Consejo del Gobierno

Artículo 36. El Secretario del Consejo asistirá sin voz ni voto a todas las Sesiones del Consejo de Gobierno, cuyas actas redactará, autorizándolas con su firma después de aprobadas y firmadas por todos los Consejeros que hayan asistido a la Sesión.

Artículo 37. Expedir con vista de sus archivos las certificaciones que ordene el Presidente o el Consejo de Gobierno.

Título IV. De la Asamblea de Representantes

Artículo 38. La Asamblea de Representantes deberá reunirse a los dos años de promulgada esta ley y tendrá facultades para hacer una nueva Constitución o modificar ésta, censurar la gestión del Gobierno y proveer a todas las necesidades de la República.

El Consejo de Gobierno, con la debida anticipación y bajo su más estrecha responsabilidad, adoptará las medidas oportunas para que se cumpla este precepto constitucional.

Artículo 39. Deberá también reunirse la Asamblea de Representantes cuando resulten vacantes los cargos de Presidente y Vicepresidente o cuando dos Secretarías de Estado, no tengan para su desempeño personas nombradas al efecto por la Asamblea o éstas se encuentren impedidas para el ejercicio del cargo.

Esta Asamblea tendrá por objeto exclusivo proveer los cargos vacantes o servidos por personas nombradas con arreglo al Inciso 4 **Artículo** 22 de la Constitución.

Artículo 40. Si el Gobierno, de acuerdo con el Inciso 15 del mismo **Artículo** 22 pactase la paz con España convocará la Asamblea que deba ratificar el tratado. Esta Asamblea proveerá interinamente al régimen y gobierno de la República hasta que se reúna la Asamblea Constituyente definitiva.

Artículo 41. Si España, sin acuerdo previo con el Consejo de Gobierno evacuase todo el territorio se convocará una Asamblea que tendrá las mismas facultades que se especifican en el segundo Párrafo del **Artículo** anterior. Se entenderá llegado este caso cuando los Ejércitos Cubanos ocupen de un modo permanente todo el territorio de la Isla, aunque el enemigo conserve en su poder algunas fortalezas.

Artículo 42. La Asamblea se compondrá de cuatro Representantes por cada uno de los territorios en que actualmente opera un Cuerpo de Ejército. En los casos determinados por los dos Artículos anteriores serán ocho los Representantes que debe elegir cada territorio.

Artículo 43. La Asamblea de Representantes, mientras no acuerde otra cosa, se ajustará para su Constitución y funcionamiento al Reglamento Interior vigente.

Artículo 44. Los Representantes son inmunes por las opiniones y votos que emitan en el ejercicio de su cargo y no podrán ser detenidos, ni procesados por ningún motivo sin previa autorización de la Asamblea. Podrán sin embargo ser detenidos, dándose cuenta inmediatamente a la Asamblea, en los casos de flagrante delito.

Artículo 45. El cargo de Representantes es incompatible con el ejercicio de cualquiera otro. Una vez disuelta la Asamblea volverá cada uno de sus individuos a ocupar, si no lo hubiese renunciado, el empleo que desempeñaban al momento de la elección.

Título V. Disposiciones generales

Artículo 46. La República de Cuba solo garantizará las deudas reconocidas por la Constitución de 1895 y las que con posterioridad se hayan contraído o contraigan legítimamente.

Artículo 47. Los extranjeros no podrán reclamar indemnización alguna por daños que les hayan causado las fuerzas cubanas con anterioridad a la fecha en que sus respectivos gobiernos reconozcan la beligerancia o independencia de Cuba.

Artículo 48. Esta Constitución regirá hasta que se promulgue otra que la derogue.

«La Yaya», Camagüey, Octubre 30 de 1897.

Domingo Méndez Capote, Presidente. José Lacret Morlot, Vicepresidente. Cosme de la Torriente. José Fernández Rondán. Tomás Padró Sánchez Griñán. José Fernández de Castro. Lope Recio Loynaz. Manuel Rodríguez Fuentes. Manuel Ramón Silva. Nicolás Alberdi. Salvador Cisneros y B. Lucas Álvarez y Cerice. Manuel Despaigne. Pedro Mendoza. Andrés Moreno de la Torre. Fernando Freyre. Ernesto Fonts Sterling. Manuel F. Alfonso. José B. Alemán. Enrique Collazo. Carlos Manuel de Céspedes y Quesada, Secretario. Aurelio Hevia, Secretario.

Constitución Autonómica de 1897

25 de noviembre de 1897

REAL DECRETO:
De acuerdo con el parecer de mi Consejo de Ministros:

En nombre de mi Augusto hijo, el Rey Don Alfonso XIII, y como Reina Regente del Reino, vengo en decretar lo siguiente:

Título primero. Del Gobierno y Administración de las islas de Cuba y Puerto Rico

Artículo 1. El Gobierno y Administración de las Islas de Cuba y Puerto Rico se regirá en adelante con arreglo a las siguientes disposiciones.

Artículo 2. El Gobierno de cada una de las Islas se compondrá de un Parlamento Insular, dividido en dos Cámaras y de un Gobernador General, representante de la Metrópoli, que ejercerá en nombre de ésta la Autoridad suprema.

Título segundo. De las Cámaras Insulares

Artículo 3. La facultad de legislar sobre los asuntos coloniales en la forma y en los términos marcados por las Leyes corresponde a las Cámaras Insulares con el Gobernador General.

Artículo 4. La representación insular se compone de dos Cuerpos iguales en facultades: la Cámara de Representantes y Consejo de administración.

Título tercero. Del Consejo de Administración

Artículo 5. El Consejo se compone de treinta y cinco individuos, de los cuales dieciocho serán elegidos en la forma indicada en la Ley electoral, y los otros diecisiete serán designados por el Rey y a su nombre por el Gobernador General, entre los que reúnan las condiciones enumeradas en los Artículos siguientes.

Artículo 6. Para tomar asiento en el Consejo de Administración se requiere:

1. Ser español;

2. Haber cumplido treinta y cinco años;

3. Haber nacido en la Isla o llevar en ella cuatro años de residencia constante;

4. No estar procesado criminalmente;

5. Hallarse en la plenitud de los derechos políticos;
6. No tener sus bienes intervenidos y no tener participación en contratos con el Gobierno Central o con el de la Isla. Los accionistas de las Sociedades Anónimas no se considerarán contratistas del Gobierno, aun cuando lo sean las Sociedades a que pertenezcan.

Artículo 7. Podrán ser elegidos o designados Consejeros de Administración los que, además de las condiciones generales señaladas en el **Artículo** anterior, tengan alguna de las especiales siguientes:

1. Poseer con dos años de antelación renta propia anual de dos mil pesos, procedente de bienes inmuebles que radiquen en la Isla;

2. Ser o haber sido Senador del Reino o tener las condiciones que para ejercer dicha cargo señala el Título III de la Constitución:

a) Presidente del Consejo de Secretarios del Despacho;
b) Presidente o Fiscal de la Audiencia de La Habana;
c) Rector de la Universidad de la misma;
d) Consejero de Administración del antiguo Consejo de este nombre;
e) Presidente de la Cámara de Comercio de la capital;
f) Presidente de la Sociedad Económica de Amigos del País, de La Habana;
g) Presidente del Círculo de Hacendados;
h) Presidente de la Unión de Fabricantes de Tabacos;
i) Presidente de la Liga de Comerciantes, Industriales y Agricultores de Cuba
j) Presidente de la Academia de Ciencias de La Habana;
k) Decano del Ilustre Colegio de Abogados de la capital;
l) Alcalde de La Habana, si el Ayuntamiento procediere de elección popular;
m) Presidente de Diputación Provincial, si ésta fuera de elección popular;
n) Deán de cualquiera de los Cabildos catedrales;

3. Podrán igualmente ser elegidos o designados los que figuren en las listas de los cincuenta mayores contribuyentes por territorial o en la de los cincuenta primeros por comercio, profesiones, industria y artes.

Artículo 8. El nombramiento de los Consejeros de la Corona que se designen se hará por Decretos especiales, en los cuales se expresará siempre el título en que el nombramiento se funda.

Los Consejeros así nombrados ejercerán el cargo durante su vida.

Los Consejeros electivos se renovarán por mitad cada cinco años, y en totalidad cuando el Gobernador General disuelva el Consejo de Administración.

Artículo 9. Las condiciones necesarias para ser nombrado o elegido Consejero de Administración podrán variarse por una Ley del Reino, a petición o propuesta de las Cámaras Insulares.

Artículo 10. Los Consejeros de Administración no podrán admitir empleo, ascenso que no sea de escala cerrada, título ni condecoración mientras estuviesen abiertas las sesiones; pero tanto el Gobierno local como el central podrán conferirles, dentro de sus respectivos empleos o categorías, las comisiones que exija el servicio público. Exceptúase de lo dispuesto en los párrafos anteriores el cargo de Secretario del Despacho.

Título cuarto. De la Cámara de Representantes

Artículo 11. La Cámara de Representantes se compondrá de los que nombren las Juntas electorales en la forma que determina la Ley y en la proporción de uno por cada 25. 000 habitantes.

Artículo 12. Para ser elegido Representante se requiere ser español, de estado seglar, mayor de edad, gozar de todos los derechos civiles, ser nacido en la Isla de Cuba o llevar cuatro años de residencia en ella y no hallarse procesado criminalmente.

Artículo 13. Los Representantes serán elegidos por cinco años y podrán ser reelegidos indefinidamente.

La Cámara Insular determinará con qué clase de funciones es incompatible el cargo de Representante y los casos de reelección.

Artículo 14. Los Representantes a quienes el Gobierno Central o el local confieran pensión, empleo, ascenso que no sea de escala cerrada, comisión con sueldo, honores o condecoraciones, cesarán en su cargo sin necesidad de declaración alguna si dentro de los quince días inmediatos a su nombramiento no participan a la Cámara la renuncia de la gracia.

Lo dispuesto en el párrafo anterior no comprende a los Representantes que fueren nombrados Secretarios del Despacho.

Título quinto. De la manera de funcionar las Cámaras Insulares y de las relaciones entre ambas

Artículo 15. Las Cámaras se reúnen todos los años. Corresponde al Rey, y en su nombre al Gobernador General, convocarlas, suspender, cerrar sus sesiones y disolver separada o simultáneamente la Cámara de Representantes y el Consejo de Administración, con la obligación de convocarlas de nuevo o de renovarlas dentro de tres meses.

Artículo 16. Cada uno de los Cuerpos Colegisladores formará su respectivo reglamento y examinará así las calidades de los individuos que componen como la legalidad de su elección.

Mientras la Cámara de Representantes y el Consejo de Administración no hayan aprobado a su Reglamento, se regirán por el del Congreso de los Diputados o por el del Senado, respectivamente.

Artículo 17. Ambas Cámaras nombrarán su Presidente, vicepresidente y Secretarios.
Artículo 18. No podrá estar reunido uno de los dos Cuerpos Colegisladores sin que también lo esté el otro.

Artículo 19. Las Cámaras Insulares no pueden deliberar juntas ni en presencia del Gobernador General. Sus sesiones serán públicas, aun cuando en los casos que exijan reserva podrá cada una celebrar sesión secreta.

Artículo 20. Al Gobernador General, por medio de los Secretarios del Despacho, corresponde, lo mismo que a cada una de las dos Cámaras, la iniciativa y proposición de los estatutos coloniales.

Artículo 21. Los estatutos coloniales sobre contribuciones y crédito público se presentarán primero a la Cámara de Representantes.

Artículo 22. Las resoluciones en cada alto de los Cuerpos Colegisladores se toman con pluralidad de votos; pero para votar acuerdos de carácter legislativo se requiere la presencia de la mitad más uno del número total de individuos que lo componen. Bastará, sin embargo, para deliberar la presencia de la tercera parte de los miembros.

Artículo 23. Para que una resolución se entienda votada por el Parlamento Insular, será preciso que haya sido aprobada en iguales términos por la Cántara de Representantes y por el Consejo de Administración.

Artículo 24. Los estatutos coloniales, una vez aprobados en la forma descrita en el **Artículo** anterior, se presentarán al Gobernador General por las mesas de las Cámaras respectivas para su sanción y promulgación.

Artículo 25. Los Consejeros de Administración y los individuos de la Cámara de Representantes son inviolables por sus opiniones y votos en el ejercicio de su cargo.

Artículo 26. Los Consejeros de Administración no podrán ser procesados ni arrestados sin previa resolución del Consejo, sino cuando sean hallados in fraganti o cuando aquél no esté reunido; pero en todo caso se dará cuenta a este Cuerpo lo más pronto posible para que determine lo que corresponda. Tampoco podrán los Representantes ser procesados ni arrestados durante las sesiones sin permiso de la Cámara, a no ser hallados in fraganti; pero en este caso, y en el de ser procesados o arrestados cuando estuvieren cerradas las Cámaras, se dará cuenta lo más pronto posible a la de Representantes para su conocimiento y resolución. La Audiencia pretorial de La Habana conocerá de las causas criminales contra los Consejeros y Representantes en los casos y en la forma que determinen los Estatutos Coloniales.

Artículo 27. Las garantías consignadas en el **Artículo** anterior no se aplicarán a los casos en que el Consejero o Representante se declare autor de artículos, libros, folletos, impresos de cualquier clase en los cuales se invite o provoque a la sedición militar, se injurie o calumnie al Gobernador General o se ataque la integridad nacional.

Artículo 28. Las relaciones entre las Cámaras se regularán, mientras otra causa no se disponga, por la Ley de relaciones entre ambos Cuerpos Colegisladores, de 19 de julio de 1837.

Artículo 29. Además de la potestad legislativa colonial, corresponde a las Cámaras Insulares:

1. Recibir al Gobernador General el juramento de guardar la Constitución y las leyes que garantizan la autonomía de la Colonia;

2. Hacer efectiva la responsabilidad de los Secretarios del Despacho, los cuales, cuando sean acusados por la Cámara de Representantes, serán juzgados por el Consejo de Administración;

3. Dirigirse al Gobierno Central por medio del Gobernador General para proponerle la derogación o modificación de las leyes del Reino vigentes, para invitarle a presentar proyectos de Ley sobre determinados asuntos o para pedirle resoluciones de carácter ejecutivo en los que interesen a la Colonia.

Artículo 30. En todos los casos en que, a juicio del Gobernador General, los intereses nacionales puedan ser afectados por los Estatutos coloniales, precederá a la presentación de los proyectos de iniciativa ministerial su comunicación al Gobierno Central. Si el proyecto naciera de la iniciativa parlamentaria, el Gobierno colonial reclamará el aplazamiento de la discusión hasta que el Gobierno Central haya manifestado su juicio.

En ambos casos, la correspondencia que mediare entre los dos Gobiernos se comunicará a las Cámaras y se publicará en la Gaceta.

Artículo 31. Los conflictos de jurisdicción entre las diferentes asambleas municipales, provinciales e insular, o con el Poder Ejecutivo, que por su índole no fueran referidas al Gobierno Central, se someterán a los Tribunales de Justicia, con arreglo a las disposiciones del presente Decreto.

Título sexto. De las facultades del Parlamento Insular

Artículo 32. Las Cámaras Insulares tienen facultad para acordar sobre todos aquellos puntos que no hayan sido especial y taxativamente reservados a las Cortes del Reino o el Gobierno Central, según el presente Decreto o lo que en adelante se dispusiere, con arreglo a lo preceptuado en el **Artículo** 2 adicional.

En este sentido, y sin que la enumeración suponga limitación de sus facultades, les corresponde estatuir sobre cuantas materias y asuntos incumben a los Ministerios de Gracia y Justicia, Gobernación, Hacienda y Fomento, en sus tres aspectos de Obras Públicas, Instrucción y Agricultura.

Les corresponde además el conocimiento privativo de todos aquellos asuntos de índole puramente local que afecten principalmente al territorio colonial; y en este sentido podrán estatuir sobre la organización administrativa, sobre división territorial, provincial, municipal o judicial; sobre sanidad marítima o terrestre; sobre crédito público, bancos y sistema monetario.

Estas facultades se entienden sin perjuicio de las que sobre las mismas materias correspondan, según las Leyes, al Poder Ejecutivo Colonial.

Artículo 33. Corresponde igualmente al Parlamento Insular formar los reglamentos de aquellas leyes votadas por las Cortes del Reino que expresamente se le confíen. En este sentido le compete muy especialmente, y podrá hacerlo desde su primera reunión, estatuir sobre el procedimiento electoral, formación del Censo, calificación de los electores y manera de ejercitar el sufragio, pero sin que sus disposiciones puedan afectar al derecho del ciudadano, según le está reconocido por la Ley Electoral.

Artículo 34. Aun cuando las Leyes relativas a la Administración de Justicia, de organización de los Tribunales son de carácter general y obligatorias, por tanto, para, la Colonia, el Parlamento Colonial podrá, con sujeción a ellas, dictar las reglas y proponer al Gobierno Central las medidas que faciliten el ingreso, conservación y ascenso en los Tribunales locales de los naturales de la Isla, o de los que en ella ejerzan la profesión de Abogados.

Al Gobernador General en consejo corresponden las facultades que, respecto al nombramiento de los funcionarios, subalternos y auxiliares del orden judicial y demás asuntos con la Administración de Justicia relacionados, ejerce hoy el Ministro de Ultramar, en cuanto a la Isla de Cuba se refiere.

Artículo 35. Es facultad exclusiva del Parlamento Insular la formación del presupuesto local, tanto de gastos como de ingresos, y del de ingresos necesarios para cubrir la parte que a la Isla corresponda en el presupuesto nacional.

Al efecto, el Gobernador General presentará a las Cámaras, antes del mes de enero de cada año, el presupuesto correspondiente al ejercicio siguiente, dividido en dos partes:

1. La primera contendrá los ingresos necesarios para cubrir los gastos de la soberanía;

2. La segunda, los gastos e ingresos propios de la administración colonial.

Ninguna de las Cámaras podrá pasar a deliberar sobre el presupuesto colonial sin haber volado definitivamente la parte referente a los gastos de Soberanía.

Artículo 36. A las Cortes del Reino corresponde determinar cuáles hayan de considerarse por su naturaleza gastos obligatorios inherentes a la soberanía y fijar además cada tres años su cuantía y los ingresos necesarios para cubrirlos, salvo siempre el derecho de las mismas Cortes para alterar esta disposición.

Artículo 37. La negociación de los tratados de comercio que afecten a la Isla de Cuba, bien se deban a la iniciativa del Gobierno Insular, bien a la del Gobierno Central, se llevará siempre por éste, auxiliado en ambos casos por delegados especiales debidamente autorizados por el Gobernador colonial, cuya conformidad con los convenidos se hará constar al presentarlos a las Cortes del Reino.

Estos Tratados, si fueren aprobados por éstas, se publicarán como leyes del Reino y como tales regirán en el territorio insular.

Artículo 38. Los Tratados de comercio en cuyas negociaciones no hubiese intervenido el Gobierno Insular, se le comunicarán en cuanto fueren leyes del Reino, a fin de que pueda, en un período de tres meses, declarar si desea o no adherirse a sus estipulaciones. En caso afirmativo, el Gobernador General lo publicará en la Gaceta como Estatuto colonial.

Artículo 39. Corresponderá también al Parlamento Insular la formación del arancel y la designación de los derechos que hayan de pagar las mercancías, tanto a su importación en el territorio insular como a la exportación del mismo.

Artículo 40. Como transición del régimen actual al que ahora se establece, y sin perjuicio de lo que puedan convenir en su día los dos Gobiernos, las relaciones mercantiles entre la Península y la Isla de Cuba se regirán por las siguientes disposiciones:

1. Ningún derecho, tenga o no carácter fiscal y establézcase para la importación o la exportación, podrá ser diferencial en perjuicio de la producción insular o peninsular;

2. Se formará por los dos Gobiernos una lista de Artículos de procedencia nacional directa, a los cuales se les señalará, de común acuerdo, un derecho diferencial sobre sus similares de procedencia extranjera.

En otra lista análoga, formada por igual procedimiento, se determinarán los productos de procedencia insular directa, que habrán de recibir tanto privilegiado a su entrada en la Península y el tipo de los derechos diferenciales. Este derecho diferencial en ningún caso excederá para ambas procedencias del 35 por 100.

Si en la formación de ambas listas y en la fijación de los derechos protectores hubiera conformidad entre los dos Gobiernos, las listas se considerarán definitivas y se pondrán desde luego en vigor. Si hubiere discrepancia se someterá la resolución del punto litigioso a una comisión de Diputados del Reino, formada por iguales partes de cubanos y peninsulares. Esta comisión nombrará su presidente; si sobre su nombramiento no se llegara a un acuerdo presidirá el de más edad. El presidente tendrá voto de calidad;

3. Las tablas de las valoraciones relativas a los Artículos enumerados en las dos listas mencionadas en el número anterior se fijarán de común acuerdo y se revisarán contradictoriamente cada dos.

Las modificaciones que en su vista proceda hacer en los derechos arancelarios se llevarán desde luego a cabo por los respectivos Gobiernos.

Título séptimo. Del Gobernador General

Artículo 41. El Gobierno Supremo de la Colonia se ejercerá por un Gobernador General, nombrado por el Rey, a propuesta del Consejo de Ministros. En este concepto ejercerá como vicerreal patrono las facultades inherentes al Patronato de Indias; tendrá el mando superior de todas las fuerzas armadas de mar y tierra existentes en la Isla; será delegado de los Ministerios de Estado, Guerra, Marina y Ultramar; le estarán subordinadas todas las demás autoridades de la Isla y será responsable de la conservación del orden y de la seguridad de la Colonia.

El Gobernador General, antes de hacerse cargo de su destino, prestará en manos del Rey el juramento de cumplirlo fiel y lealmente.

Artículo 42. El Gobernador General, como representante de la Nación, ejercerá por sí, y auxiliado por su secretario, todas las funciones indicadas en el **Artículo** anterior y las que puedan corresponderle como delegado directo del Rey en los asuntos de carácter nacional.

Corresponde al Gobernador General como representante de la Metrópoli:

1. Designar libremente los empleados de su Secretaría;

2. Publicar, ejecutar y hacer que se ejecuten en la Isla las leyes, decretos, tratados, convenios internacionales y demás disposiciones emanadas del Poder legislativo, así como los decretos, reales órdenes y demás disposiciones emanadas del Poder Ejecutivo y que le fueran comunicados por los Ministerios de que es delegado. Cuando a su juicio y al de sus Secretarios del Despacho las resoluciones del Gobierno de Su Majestad pudieran causar daños a los intereses generales de la Nación o a los especiales de la Isla, suspenderán su publicación y cumplimiento, dando cuenta de ello y de las causas que motiven su resolución al Ministerio respectivo;

3. Ejercer la gracia de indulto a nombre del Rey, dentro de los límites que especialmente se le hayan señalado en sus instrucciones, y suspender las ejecuciones de pena capital cuando la gravedad de las circunstancias lo exigiesen o la urgencia no diere lugar a solicitar y obtener de Su Majestad el indulto, oyendo en todo caso el parecer de sus Secretarios del Despacho;

4. Suspender las garantías expresadas en los Artículos 4, 5, 6 y 9 y párrafos primero, segundo y tercero del **Artículo** 13 de la Constitución del Estado; aplicar la legislación de orden público y tomar cuantas medidas crea necesarias para conservar la paz en el interior y la seguridad en el exterior del territorio que le está confiado, oyendo previamente al Consejo de Secretarios;

5. Cuidar de que en la Colonia se administre pronta y cumplidamente la justicia, que se administrará siempre en nombre del Rey;

6. Comunicar directamente sobre negocios de política exterior con los Representantes, Agentes Diplomáticos y Cónsules de España en América.

La correspondencia de este género se comunicará íntegra y simultáneamente al Ministro de Estado.

Artículo 43. Corresponden; al Gobernador General, cono autoridad superior de la Colonia y Jefe de la Administración:

1. Cuidar de que sean respetados y amparados los derechos, facultades y privilegios reconocidos o que en adelante se reconozcan a la Administración Colonial;

2. Sancionar y publicar los acuerdos del Parlamento insular, los cuales les serán sometidos respectivamente por el Presidente y Secretarios de las Cámaras respectivas.

Cuando el Gobernador General entienda que un acuerdo del Parlamento Insular extralimita sus facultades, atenta a los derechos de los ciudadanos reconocidos en el Título Primero de la Constitución o a las garantías que para su ejercicio les han señalado las leyes, o compromete los intereses de la Colonia o del Estado, remitirá el acuerdo al Consejo de Ministros del Reino, el cual, en un período que no excederá de dos meses, lo aprobará o devolverá al Gobernador General, exponiendo los motivos que tenga para oponerse a su sanción y promulgación. El Parlamento Insular, en vista de estas razones, podrá volver a deliberar sobre el asunto y modificarle, si así lo estima conveniente, sin necesidad de proposición especial. Si transcurrieran dos meses sin que el Gobierno Central hubiera manifestado opinión sobre un acuerdo de las Cámaras que le hubiere sido transmitido por el Gobernador General, éste procederá a su sanción y promulgación;

3. Nombrar, suspender y separar a los empleados de la Administración Colonial a propuesta de los respectivos Secretarios del Despacho y con sujeción a las Leyes;

4. Nombrar y separar libremente los Secretarios del Despacho.

Artículo 44. Ningún mandato del Gobernador General, en virtud de su carácter de Representante y Jefe de la Colonia, puede llevarse a efecto si no está refrendado por un Secretario del Despacho, que por este solo hecho se hace de él responsable.

Artículo 45. Las Secretarías del Despacho serán cinco:

1. Gracia, Justicia y Gobernación;

2. Hacienda;

3. Instrucción Pública;

4. Obras Públicas y Comunicaciones;

5. Agricultura, Industria y Comercio.

La Presidencia corresponderá al Secretario que designe el Gobernador General, el cual podrá nombrar un Presidente sin Departamento determinado.

El aumento o disminución de las Secretarías del Despacho, así como la determinación de los asuntos que a cada una corresponde, pertenecen al Parlamento Insular.

Artículo 46. Los Secretarios del Despacho pueden ser individuos de la Cámara de Representantes o del Consejo de Administración y tomar parte en las discusiones de ambos cuerpos; pero solo tendrán voto en aquél a que pertenezcan.

Artículo 47. Los Secretarios del Despacho serán responsables de sus actos ante las Cámaras Insulares.

Artículo 48. El Gobernador General no podrá modificar o revocar sus propias providencias cuando hubiesen sido confirmadas por el Gobierno, fueren declaratorias de derechos, hubieren servido de base o sentencia judicial o contencioso-administrativa o versasen sobre su propia competencia.

Artículo 49. El Gobernador General no podrá hacer entrega de su cargo al ausentarse de la Isla sin expreso mandato del Gobierno. En casos de ausencia de la capital que le impidieren despachar los asuntos e imposibilidad de ejercerlo, podrá, designar la persona o personas que hubieren de sustituirlo, si el Gobierno no lo hubiese hecho de antemano o si en sus instrucciones no estuviera previsto el modo de hacer la sustitución.

Artículo 50. El Tribunal Supremo conocerá en única instancia de las responsabilidades definidas en el Código Penal que se imputaren al Gobernador General.

De las responsabilidades en que incurra conocerá el Consejo de Ministros.

Artículo 51. El Gobernador General, a pesar de lo dispuesto en los diferentes Artículos de este Decreto, podrá obrar por sí y bajo su responsabilidad sin audiencia de sus Secretarios del Despacho, en los siguientes casos:

1. Cuando se trata de la remisión al Gobierno de los acuerdos de las Cámaras insulares, especialmente cuando entienda que en ellos se atenta a los derechos garantidos en el Título Primero de la Constitución de la Monarquía o a las garantías que para su ejercicio han señalado las leyes;

2. Cuando haya de ponerse en ejecución la Ley de Orden Público, sobre todo si no hubiere tiempo o manera de comunicarlo al Gobierno Central;

3. Cuando se trate de la ejecución y cumplimiento de leyes del Reino sancionadas por Su Majestad y extensivas a todo el territorio español o al de su Gobierno.

Una Ley determinará el procedimiento y los medios de acción que en estos casos podrá emplear el Gobernador General.

Título octavo. Del régimen municipal y provincial

Artículo 52. La organización municipal es obligatoria en todo grupo de población superior a mil habitantes.

Los que no lleguen a esa cifra podrán organizar los servicios de carácter común por convenios especiales.

Todo Municipio legalmente constituido estará facultado para estatuir sobre la instrucción pública, las vías terrestres, fluviales o marítimas, la sanidad local, los presupuestos municipales y para nombrar y separar libremente sus empleados.

Artículo 53. Al frente de cada provincia habrá una Diputación, elegida en la forma que determinan los estatutos coloniales y compuesta de un número de individuos proporcional a su población.

Artículo 54. Las Diputaciones Provinciales son autónomas en todo lo referente a la creación y dotación de establecimientos de instrucción pública, servicios de beneficencia, vías provinciales terrestres, fluviales o marítimas, formación de sus presupuestos y nombramientos y separación de sus empleados.

Artículo 55. Tanto los Municipios como las Provincias podrán establecer libremente los ingresos necesarios para cubrir sus presupuestos, sin otra limitación que la de hacerlos compatibles con el sistema tributario general de la Isla. Los recursos del presupuesto provincial serán independientes de los del municipal.

Artículo 56. Serán Alcaldes y Tenientes de Alcalde los Concejales elegidos por los Ayuntamientos.

Artículo 57. Los Alcaldes ejercerán, sin limitación alguna, las funciones activas de la Administración Municipal, como ejecutores de los acuerdos de los Ayuntamientos y representantes suyos.

Artículo 58. Tanto Concejales como Diputados provinciales serán responsables civilmente de los daños y perjuicios causados por sus actos. Esta responsabilidad será exigible ante los Tribunales ordinarios.

Artículo 59. Las Diputaciones Provinciales nombrarán libremente sus presidentes.

Artículo 60. Las elecciones de Concejales y Diputados provinciales se harán de manera que las minorías tengan en ellas su legítima representación.

Artículo 61. La Ley Provincial y Municipal vigente en Cuba seguirá rigiendo en cuanto no se oponga a las disposiciones del presente Decreto, mientras el Parlamento Colonial no estatuya sobre estas materias.

Artículo 62. Ningún estatuto colonial podrá privar a los Municipios ni a las Diputaciones de las facultades reconocidas en los Artículos anteriores.

Título noveno. De las garantías para el cumplimiento de la Constitución Colonial

Artículo 63. Todo ciudadano podrá acudir a los Tribunales cuando entienda que sus derechos han sido violados o sus intereses perjudicados por los acuerdos de un Municipio o de una Diputación Provincial.

El Ministerio Fiscal, si a ello fuere requerido por los agentes del Poder Ejecutivo Colonial, perseguirá igualmente ante los Tribunales las infracciones de Ley o las extralimitaciones de facultades cometidas por los Ayuntamientos y Diputaciones.

Artículo 64. En los casos a que se refiere el **Artículo** anterior, serán Tribunales competentes para las reclamaciones contra los Municipios la Audiencia del territorio; y para las reclamaciones contra las Diputaciones Provinciales, la Audiencia Pretorial de La Habana.

Dichos Tribunales, cuando se triste de extralimitación de facultades de las referidas Corporaciones, resolverán en Tribunal Pleno. De las resoluciones de las Audiencias Territoriales podrá apelarse a la Audiencia Pretorial de La Habana, y de las de ésta al Tribunal Supremo del Reino.

Artículo 65. Las facultades concedidas en el **Artículo** 62 a todo ciudadano se podrán también ejercer colectivamente por medio de la acción pública, nombrando al efecto apoderado o representante.

Artículo 66. Sin perjuicio de las facultades que le están otorgadas en el título el Gobernador General, cuando lo estime conveniente, podrá acudir en su calidad de Jefe del Poder Ejecutivo Colonial ante la Audiencia Pretorial de La Habana, para que ésta dirima los conflictos de jurisdicción entre el Poder Ejecutivo Colonial y sus Cámaras legislativas.

Artículo 67. Si surgiera alguna cuestión de jurisdicción entre el Parlamento Insular y el Gobernador General en su calidad de Representante del Poder

Central, dice a petición del primero no fuera sometida al Consejo de Ministros del Reino, cada una de las dos partes podrá someterla a la resolución del Tribunal Supremo del Reino, que resolverá en pleno y en una sola instancia.

Artículo 68. Las resoluciones que recaigan en los casos previstos en los Artículos anteriores se publicarán en la Colección de Estatutos Coloniales y formarán parte de la Legislación insular.

Artículo 69. Todo acuerdo municipal que tenga por objeto la contratación de empréstitos o deudas municipales carecerá de fuerza ejecutiva si no fuere aprobado por la mayoría de los vecinos, cuando así lo hubiere pedido la tercera parte de los Concejales.

Un estatuto especial determinará la cuantía del empréstito, o de la deuda que, según el número de vecinos que compongan el Ayuntamiento, será necesario para que tenga lugar el referéndum.

Artículo 70. Todas las disposiciones de carácter legal que emanen del Parlamento Colonial o de los Tribunales se compilarán con el nombre de Estatutos Coloniales en una colección legislativa, cuya formación y publicación estará confiada al Gobernador General como Jefe del Poder Ejecutivo Colonial.

Artículo adicionales

Artículo 1. Mientras no se hayan publicado en debida forma los Estatutos Coloniales, se entenderán aplicables las leyes del Reino a todos los asuntos reservados a la competencia del Gobierno Insular.

Artículo 2. Una vez aprobada por las Cortes del Reino la presente Constitución para las Islas de Cuba y Puerto Rico, no podrá modificarse sino en virtud de una ley y a petición del Parlamento Insular.

Artículo 3. Las disposiciones del presente Decreto se aplicarán íntegramente a la Isla de Puerto Rico; pero a fin de acomodarlas a su población y nomenclatura, se publicarán en Decreto especial para dicha Isla.

Artículo 4. Los contratos referentes a servicios públicos comunes Antillas y a la Península que están en curso de ejecución, continuarán en la forma actual hasta su terminación y se regirán en un todo por las condiciones del contrato.

Sobre los que aún no hubieran empezado a ejecutarse, pero estuvieran ya convenidos, el Gobernador General consultará al Gobierno Central o a las Cámaras Coloniales, en su caso, resolviéndose de común acuerdo entre los dos Gobiernos la forma definitiva en que hubieren de celebrarse.

Artículo transitorios

Artículo 1. A fin de llevar a cabo con la mayor rapidez posible y con la menor interrupción de los servicios la transición del sistema actual al que se crea por este Decreto, el Gobernador General, cuando crea llegado el momento oportuno, previa consulta al Gobierno Central, nombrará los Secretarios del Despacho a que se refiere el **Artículo** 45, y con ellos constituirá el Gobierno interior de la Isla de Cuba hasta la Constitución de las Cámaras Insulares. Los Secretarios nombrados cesarán en sus cargos al prestar el Gobernador General juramento ante las Cámaras Insulares, procediendo el Gobernador, acto continuo, a sustituirlos con los que a su juicio representen de la manera más completa las mayorías de la Cámara de Representantes y del Consejo de Administración.

Artículo 2. La manera de hacer frente a los gastos que origine la deuda que en la actualidad pesa sobre los tesoros español y cubano, y la que se hubiere contraído hasta la terminación de la guerra, será objeto de una ley en la cual se determinará la parte que corresponda a cada uno de los dos tesoros y los medios especiales para satisfacer sus intereses y amortización y reintegrar en su caso el capital.

Hasta que las Cortes del Reino resuelvan ese punto no se alterarán las condiciones en que hayan sido contratadas las referidas deudas, ni en el pago de los intereses y amortización, ni en las garantías de que disfruten, ni en la forma con que hoy se hacen los pagos.

Una vez hecha la distribución por las Cortes, corresponderá a cada uno de los tesoros el pago de la parte que respectivamente; se le haya asignado.

En ninguna eventualidad dejarán de ser escrupulosamente respetados los compromisos contraídos con los acreedores, bajo la fe de la Nación española.

Dado en Palacio, a 25 de noviembre de 1897.

MARÍA CRISTINA

El Presidente del Consejo de Ministros: PRÁXEDES MATEO SAGASTA

Constitución provisional de Santiago de Cuba o de Leonard Wood de 1898

20 de octubre de 1898

Cuartel General del Departamento de Santiago de Cuba, octubre 20 de 1898.

Orden General

La ocupación de la provincia de Santiago de Cuba por las fuerzas de los Estados Unidos ha cambiado necesariamente las condiciones de todos los asuntos gubernativos. Si bien sería deseable que en lo posible continuaren rigiendo las leyes municipales del territorio conquistado, el General en Jefe opina, sin embargo, que muchas de ellas, así como el modo de ejecutarlas, son incompatibles con el nuevo orden de cosas, y por lo tanto estima necesario promulgar la siguiente Orden para informe y observancia de todas las personas interesadas en el buen gobierno y para la dirección de los funcionarios públicos que hubiesen prestado el debido juramento. La presente declaración hará las veces de una Constitución Provisional, tan solo en cuanto a su objeto, que es el de garantizar los derechos personales, por más que no contenga las reglas ordinarias o comunes de una ley orgánica.

Primero. El pueblo tiene el derecho de reunirse pacíficamente para tratar de asuntos que se refieran al bienestar general y de acudir a las autoridades para la reparación de los agravios por medio de solicitud o representación.

Segundo. Todos los hombres tienen el derecho natural e irrevocable de adorar a Dios Todopoderoso, de acuerdo con los dictados de su propia conciencia. Ninguna persona podrá ser ofendida, molestada o impedida en el ejercicio de sus creencias religiosas si a su vez no perturbare a otros en su culto religioso; todas las iglesias cristianas serán protegidas y ninguna oprimida, y ninguna persona, por motivo de sus opiniones religiosas, podrá ser excluida de ningún cargo de honor, confianza o utilidad.

Tercero. Las Cortes de Justicia, atenderán a todas las personas: Todos los perjuicios a las personas o a la propiedad serán justamente remediados y el derecho y la justicia se administrarán sin venta, negocio o tardanza. Ninguna propiedad privada se tomará para uso público sin ser debidamente indemnizada.

Cuarto. En los procedimientos criminales el acusado tendrá derecho a ser oído personalmente o por medio de su representante legal, a que se le informe de la naturaleza o motivo de la acusación contra él, a que se obligue a comparecer a los testigos que deban declarar en su favor y a ser careados con los que depusieron en contra de él.

Quinto. El acusado no puede ser obligado a declarar en contra suya ni podrá privársele de la vida, de la libertad o de su propiedad sino por las leyes del país.

Sexto. Ninguna persona, una vez juzgada y absuelta podrá ser juzgada de nuevo por el mismo hecho; es decir, no podrá sometérsele dos veces al riesgo de ser absuelta o condenada por el mismo delito.

Séptimo. Cualquiera persona podrá ser puesta en libertad mediante fianza suficiente menos en aquellos delitos que tuvieren señalada pena aflictiva cuando exista prueba plena o presunción bastante de culpabilidad; no pudiendo privársele del derecho a una orden de Habeas corpus sino cuando el General en Jefe lo considere conveniente.

Octavo. No podrá exigirse fianza excesiva a los acusados, imponérseles multas exageradas ni condenárseles a castigos crueles y desusados.

Noveno. Todo ciudadano será garantizado en sus negocios, personas, papeles, casas y efectos contra todo registro y embargo injustificados mientras el motivo probable de culpabilidad no haya sido declarado bajo juramento.

Décimo. La libre comunicación de pensamientos y opiniones es uno de los derechos inviolables del hombre libre, y todas las personas pueden libremente hablar, escribir o imprimir sobre cualquier materia, siendo responsables de esa libertad. Las leyes municipales serán administradas de acuerdo con la presente declaración de derechos y sujetas a las modificaciones que de tiempo en tiempo pueda hacer el General en Jefe para que estas leyes puedan, a su juicio, adaptarse a los benéficos principios de una civilización ilustrada.

LEONARD WOOD, Comandante General de la Provincia de Santiago de Cuba.

Constitución de 1901

21 de febrero 1901

Nosotros, los delegados del pueblo de Cuba, reunidos en Convención constituyente, a fin de redactar y adoptar la Ley Fundamental de su Organización como Estado independiente y soberano, estableciendo un gobierno capaz de cumplir sus obligaciones internacionales, mantener el orden, asegurar la libertad y la justicia y promover el bienestar general, acordamos y adoptamos, invocando el favor de Dios, la siguiente Constitución.

Título I. De la Nación. De su forma de Gobierno y del territorio nacional

Artículo 1. El pueblo de Cuba se constituye en Estado independiente y soberano, y adopta, como forma de gobierno, la republicana.

Artículo 2. Componen el territorio de la República la isla de Cuba, así como las islas y cayos adyacentes que con ella estaban bajo la soberanía de España hasta la ratificación del tratado de París de 10 de diciembre de 1898.

Artículo 3. El territorio de la República se divide en las seis Provincias que existen actualmente, y con sus mismos límites, correspondiendo al Consejo Provincial de cada una determinar sus respectivas denominaciones.

Las Provincias podrán incorporarse unas a otras o dividirse para formar nuevas Provincias, mediante acuerdo de los respectivos Consejos Provinciales y aprobación del Congreso.

Título II. De los cubanos

Artículo 4. La condición de cubano se adquiere por nacimiento o por naturalización.

Artículo 5. Son cubanos por nacimiento:

1. Los nacidos, dentro o fuera del territorio de la República, de padres cubanos;

2. Los nacidos en el territorio de la República de padres extranjeros, siempre que cumplida la mayor edad, reclamen su inscripción como cubanos, en el Registro correspondiente;

3. Los nacidos en el extranjero de padres naturales de Cuba que hayan pedido la nacionalidad cubana, siempre que cumplida la mayor edad, redimen su inscripción, como cubanos, en el Registro.

Artículo 6. Son cubanos por naturalización:

1. Los extranjeros que habiendo pertenecido al Ejército Libertador clamen la nacionalidad cubana dentro de los seis meses siguientes a la promulgación de esta Constitución;

2. Los extranjeros que establecidos en Cuba antes del 1 de enero de 1899 hayan conservado su domicilio después de dicha fecha, siempre que reclamen la nacionalidad cubana dentro de los seis meses siguientes a la promulgación de esta Constitución, o, si fueren menores, dentro de un plazo igual desde que alcanzaren la mayoría de edad;

3. Los extranjeros que, después de cinco años de residencia en el territorio de la República, y no menos de dos desde que declaren su intención de adquirir la nacionalidad cubana, obtengan carta de naturalización con arreglo a las leyes;

4. Los españoles residentes en el territorio de Cuba el 11 de abril de 1899 que no se hayan inscrito como tales españoles en los Registros correspondientes, hasta igual mes y día de 1900;

5. Los africanos que hayan sido esclavos en Cuba, y los emancipados comprendidos en el **Artículo** 13 del Tratado de 28 de junio de 1835, celebrado entre España e Inglaterra.

Artículo 7. La condición de cubano se pierde:

1. Por adquirir ciudadanía extranjera;

2. Por admitir empleo u honores de otro Gobierno sin licencia del Senado;

3. Por entrar al servicio de las armas de nación extranjera sin la misma licencia;

4. Por residir el cubano naturalizado cinco años continuos en el país de su nacimiento, a no ser por razón de empleo o comisión del Gobierno de la República.

Artículo 8. La condición de cubano podrá recobrarse con arreglo a lo que prescriben las leyes.

Artículo 9. Todo Cubano está obligado:

1. Servir a la Patria con las armas, en los casos y forma que determinen las leyes;

2. A contribuir para los gastos públicos, en la forma y proporción que dispongan las leyes.

Título III. De los extranjeros

Artículo 10. Los extranjeros residentes en el territorio de la República se equiparan a los cubanos:
1. En cuanto a la protección de sus personas y bienes;

2. En cuanto al goce de los derechos garantizados en la Sección 1 del Título siguiente, con excepción de los que en ella se reconoce exclusivamente a los nacionales;

3. En cuanto al goce de los derechos civiles, en las condiciones y con las limitaciones que establezca la Ley de Extranjería;

4. En cuanto a la obligación de observar y cumplir las leyes, decretos, reglamentos y demás disposiciones que están en vigor en la República;

5. En cuanto a la sumisión a las resoluciones de los tribunales y demás autoridades de la República;

6. Y en cuanto a la obligación de contribuir a los gastos públicos del Estado, la Provincia y el Municipio.

Título IV. De los derechos que garantiza esta Constitución

Sección primera. Derechos individuales

Artículo 11. Todos los cubanos son iguales ante la ley. La República no reconoce fueros, ni privilegios personales.

Artículo 12. Ninguna ley tendrá efecto retroactivo, excepto las penales, cuando sean favorables al delincuente o procesado.

Artículo 13. Las obligaciones de carácter civil que nazcan de los contratos o de otros actos u omisiones que las produzcan, no podrán ser anuladas, ni alteradas por el Poder Legislativo ni por el Ejecutivo.

Artículo 14. No podrá imponerse, en ningún caso, la pena de muerte por delitos de carácter político los cuales serán definidos por la ley.

Artículo 15. Nadie podrá ser detenido sino en los casos y en la forma que prescriben las leyes.

Artículo 16. Todo detenido será puesto en libertad o entregado al juez o tribunal competente dentro de las veinticuatro horas siguientes al acto de la detención.

Artículo 17. Toda detención se dejará sin efecto, o se elevará a prisión, dentro de las setenta y dos horas de haber sido entregado el detenido al juez o tribunal competente. Dentro del mismo plazo se notificará al interesado la providencia que se dictare.

Artículo 18. Nadie podrá ser preso, sino en virtud de mandamiento de juez o tribunal competente. El auto en que se haya dictado el mandamiento se ratificará o repondrá, oído el presunto reo, dentro de las setenta y dos horas siguientes al acto de la prisión.

Artículo 19. Nadie podrá ser procesado ni sentenciado sino por juez o tribunal competente, en virtud de leyes anteriores al delito y en la forma que éstas establezcan.

Artículo 20. Toda persona detenida o presa sin las formalidades legales, o fuera de los casos previstos en esta Constitución o en las leyes, será puesta en libertad a petición suya o de cualquier ciudadano.

Artículo 21. Nadie está obligado a declarar contra sí mismo, ni contra su cónyuge o sus parientes dentro del cuarto grado de consanguinidad o segundo de afinidad.

Artículo 22. Es inviolable el secreto de la correspondencia y demás documentos privados, y ni aquélla ni éstos podrán ser ocupados ni examinados sino por disposición de autoridad competente y con las formalidades que prescriban las leyes. En todo caso se guardará secreto respecto de los extremos ajenos al asunto que motive la ocupación o examen.

Artículo 23. El domicilio es inviolable, y, en consecuencia, nadie podrá penetrar de noche en el ajeno sin el consentimiento de su morador, a no ser para auxiliar o socorrer a víctimas de delito o desastre; ni de día, sino en los casos y en la forma determinadas por las leyes.

Artículo 24. Nadie podrá ser compelido a mudar de domicilio o residencia sino por mandato de autoridad competente y en los casos prescritos por las leyes.

Artículo 25. Toda persona podrá libremente, y sin sujeción a censura previa, emitir su pensamiento, de palabra, o por escrito, por medio de la imprenta o por cualquier otro procedimiento; sin perjuicio de las responsabilidades que impongan las leyes, cuando por alguno de aquellos medios se atente contra la honra de las personas, el orden social o la tranquilidad pública.

Artículo 26. Es libre la profesión de todas las religiones, así como el ejercicio de todos los cultos, sin otra limitación que el respeto a la moral cristiana y al orden público.

La Iglesia estará separada del Estado, el cual no podrá subvencionar, en caso alguno, ningún culto.

Artículo 27. Toda persona tiene el derecho de dirigir peticiones a las autoridades; de que sus peticiones sean resueltas, y de que se le comunique la resolución que a ellas recaiga.

Artículo 28. Todos los habitantes de la República tienen el derecho de reunirse pacíficamente y sin armas, y el de asociarse para todos los fines ilícitos de la vida.

Artículo 29. Toda persona podrá entrar en el territorio de la República, salir de él, viajar dentro de sus límites, y mudar de residencia, sin necesidad de carta de seguridad, pasaporte u otro requisito semejante, salvo lo que se disponga en las leyes sobre inmigración, y las facultades atribuidas a la autoridad en caso de responsabilidad criminal.

Artículo 30. Ningún cubano podrá ser expatriado ni a ninguno podrá prohibírsele la entrada en el territorio de la República.

Artículo 31. La enseñanza primaria es obligatoria, y así ésta como la de artes y oficios serán gratuitas. Ambas estarán a cargo del Estado, mientras no puedan sostenerlas respectivamente, por carecer de recursos suficientes, los Municipios y las Provincias.

La segunda enseñanza y la superior estarán a cargo del Estado. No obstante, toda persona podrá aprender o enseñar libremente cualquier ciencia, arte, o profesión y fundar y sostener establecimientos de educación y enseñanza; pero corresponde al Estado la determinación de las profesiones en que exija títulos especiales, la de las condiciones para su ejercicio o la de los requisitos necesarios para obtener los títulos, y la expedición de los mismos, de conformidad con lo que establezcan las leyes.

Artículo 32. Nadie podrá ser privado de su propiedad sino por autoridad competente y por causa justificada de utilidad pública, previa la correspondiente indemnización. Si no procediese este requisito, los jueces y tribunales ampararán y, en su caso reintegrarán al expropiado.
Artículo 33. No podrá imponerse, en ningún caso, la pena de confiscación de bienes.

Artículo 34. Nadie está obligado a pagar contribución ni impuesto que no estuvieren legalmente establecidos, y cuya cobranza no se hiciere en la forma prescrita por las leyes.

Artículo 35. Todo autor o inventor gozará de la propiedad exclusiva de su obra, o invención por el tiempo y la forma que determine la ley.

Artículo 36. La enumeración de los derechos garantizados expresamente por esta Constitución no excluye otros que se deriven del principio de la Soberanía del pueblo y de la forma republicana de gobierno.

Artículo 37. Las leyes que regulen el ejercicio de los derechos que esta Constitución garantiza, serán nulas si los disminuyen, restringen o adulteran.

Sección segunda. Derecho de sufragio

Artículo 38. Todos los cubanos, varones, mayores de veintiún años, tienen derecho de sufragio, con excepción de los siguientes:

Primero. Los asilados;

Segundo. Los incapacitados mentalmente, previa declaración judicial de su incapacidad;

Tercero. Los inhabilitados judicialmente por causa de delito;

Cuarto. Los individuos pertenecientes a las fuerzas de mar y tierra que estuvieren en servicio activo.

Artículo 39. Las leyes establecerán reglas y procedimientos que aseguren la intervención de las minorías en la formación del censo de electores y demás operaciones electorales y su representación en la Cámara de Representantes, en los Consejos Provinciales y en los Ayuntamientos.

Sección tercera. Suspensión de las garantías constitucionales

Artículo 40. Las garantías establecidas en los Artículos decimoquinto, decimosexto, decimoséptimo, decimonono, vigésimo segundo, vigésimo tercero, vigésimo cuarto y vigésimo séptimo de la Sección primera de este Título, no podrán suspenderse en toda la República ni en parte de ella sino temporalmente y cuando lo exija la seguridad del Estado, en caso de invasión del territorio o de grave perturbación del orden que amenace la paz pública.

Artículo 41. El territorio en que fueren suspendidas las garantías que se determinan en el **Artículo** anterior se regirá durante la suspensión, por la Ley de Orden Público, dictada de antemano. Pero ni en dicha ley, ni en otra alguna, podrá disponerse la suspensión de más garantías que las ya mencionadas. Tampoco podrá hacerse, durante la suspensión, declaración de nuevos delitos, ni imponerse otras penas que las establecidas en las leyes vigentes al decretarse la suspensión. Queda prohibido al Poder Ejecutivo el extrañamiento o la deportación de los ciudadanos, sin que pueda desterrarlos a más de ciento veinte kilómetros de su domicilio, ni detenerlos por más de diez días sin hacer entrega de ellos a la autoridad judicial; ni repetir la detención durante el tiempo de la suspensión de garantías. Los detenidos no podrán serlo sino en departamentos especiales de los establecimientos públicos, destinados a la detención de procesados por causa de delitos comunes.

Artículo 42. La suspensión de las garantías de que se trata en el **Artículo** cuadragésimo, solo podrá dictarse por medio de una ley o, cuando no estuviere reunido el Congreso, por un decreto del Presidente de la República, pero éste no podrá decretar la suspensión más de una vez durante el periodo comprendido entre dos legislaturas, ni por tiempo indefinido, ni mayor de treinta días, sin convocar al Congreso en el mismo decreto de suspensión. En todo caso deberá darle cuenta para que resuelva lo que estime procedente.

Título V. De la Soberanía y los Poderes Públicos

Artículo 43. La Soberanía reside en el pueblo de Cuba y de éste dimanan todos los Poderes Públicos.

Título VI. Del Poder Legislativo

Sección primera. De los Cuerpos Colegisladores

Artículo 44. El Poder Legislativo se ejerce por dos Cuerpos electivos, que se denominan Cámara de Representantes y Senado, y conjuntamente reciben el nombre de Congreso.

Sección segunda. Del Senado. Su composición y atribuciones

Artículo 45. El Senado se compondrá de cuatro Senadores por Provincia, elegidos en cada una, para un periodo de ocho años, por los Consejeros provinciales y por doble número de Compromisarios, constituidos con aquéllos en Junta Electoral.

La mitad de los Compromisarios serán mayores contribuyentes, y la otra mitad reunirán las condiciones de capacidad que determine la ley, debiendo ser todos, además, mayores de edad y vecinos de términos municipales de la Provincia.

La elección de los Compromisarios se hará por los electores de la Provincia, cien días antes de la de Senadores. El Senado se renovará por mitad, cada cuatro años.

Artículo 46. Para ser Senador se requiere:

1. Ser cubano por nacimiento;

2. Haber cumplido treinta y cinco años de edad;

3. Hallarse en el pleno goce de los derechos civiles y políticos.

Artículo 47. Son atribuciones propias del Senado:

1. Juzgar, constituido en tribunal de justicia, al Presidente de la República, cuando fuere acusado por la Cámara de Representantes, de delito contra la seguridad exterior del Estado, contra el libre funcionamiento de los Poderes Legislativos o Judicial, o de infracción de los preceptos constitucionales;

2. Juzgar, constituido en tribunal de justicia, a los Secretarios del Despacho, cuando fueren acusados por la Cámara de Representantes, de delito contra la seguridad exterior del Estado, contra el libre funcionamiento de los Poderes Legislativo o Judicial, de infracción de los preceptos constitucionales o de cualquier otro delito de carácter político que las leyes determinen;

3. Juzgar, constituidos en tribunal de justicia, a los Gobernadores de las Provincias, cuando fueren acusados por el Consejo Provincial o por el Presidente de la República, de cualquiera de los delitos expresados en el Párrafo anterior.

Cuando el Senado se constituya en tribunal de justicia será presidido por el Presidente del Tribunal Supremo, y no podrá imponer a los acusados otras penas que la destitución o las de destitución e inhabilitación para el ejercicio de cargos públicos, sin perjuicio de que los tribunales que las leyes dejaren competentes, les impongan cualquier otra en que hubieren incurrido;

4. Aprobar los nombramientos que haga el Presidente de la República, del Presidente y Magistrados del Tribunal Supremo de Justicia, de los representantes diplomáticos y agentes consulares de la nación y de los demás funcionarios cuyo nombramiento requiera su aprobación, según las leyes;

5. Autorizar a los nacionales para admitir empleo u honores de otro Gobierno, o para servirlo con las armas;

6. Aprobar los tratados que negociare el Presidente de la República con otras naciones.

Sección tercera. De la Cámara de Representantes, su compromiso y atribuciones

Artículo 48. La Cámara de Representantes se compondrá de un Representante por cada 25.000 habitantes o fracción de más de 12.500, elegido para un periodo de cuatro años, por sufragio directo y en la forma que determine la ley.

La Cámara de Representantes se renovará por mitad, cada dos años.

Artículo 49. Para ser Representante se requiere:

1. Ser cubano por nacimiento o naturalizado con ocho años de residencia en la República, contados desde la naturalización;

2. Haber cumplido veinticinco años de edad;

3. Hallarse en el pleno goce de los derechos civiles y políticos.

Artículo 50. Corresponde a la Cámara de Representantes acusar ante el Senado al Presidente de la República y a los Secretarios del Despacho en los casos determinados en los párrafos 1 y 2 del **Artículo** 47, cuando las dos terceras partes del número total de Representantes acordarán en sesión secreta la acusación.

Sección cuarta. Disposiciones comunes a los Cuerpos Colegiadores

Artículo 51. Los cargos de Senador y Representante son incompatibles con cualesquiera otros retribuidos, de nombramiento del Gobierno, exceptuándose el de catedrático por oposición de establecimiento oficial, obtenido con anterioridad a la elección.

Artículo 52. Los Senadores y Representantes recibirán del Estado una dotación igual para ambos cargos, y cuya cuantía podrá ser alterada en todo tiempo, pero no sufrirá efecto la alteración hasta que sean renovados los cuerpos Colegiadores.

Artículo 53. Los Senadores y Representantes serán inviolables por las opiniones y votos que emitan en el ejercicio de sus cargos. Los Senadores y

Representantes solo podrán ser detenidos o procesados con autorización del Cuerpo a que pertenezcan, si estuviese reunido el Congreso, excepto en el caso de ser hallados in fraganti en la comisión de algún delito. En este caso, y en el de ser detenidos o procesados cuando estuviese cerrado el Congreso, se dará cuenta, lo más pronto posible, al cuerpo respectivo para la resolución que corresponda.

Artículo 54. Las Cámaras abrirán y cerrarán sus sesiones en un mismo día, residirán en una misma población y no podrán trasladarse a otro lugar ni suspender sus sesiones por más de tres días sino por acuerdo de ambas. Tampoco podrán comenzar sus sesiones sin la presencia de las dos terceras partes de número total de sus miembros; ni continuarlas sin la mayoría absoluta de ellos.

Artículo 55. Cada Cámara resolverá sobre la validez de la elección de sus respectivos miembros y sobre las renuncias que presenten. Ningún Senador o Representante podrá ser expulsado de la Cámara a que pertenezca sino en virtud de causa previamente determinada y por acuerdo de las dos terceras partes, por lo menos, del número total de sus miembros.

Artículo 56. Cada Cámara formará su reglamento, y elegirá entre sus miembros su Presidente, Vicepresidente y Secretarios. No obstante, el Presidente del Senado solo ejercerá su cargo cuando falte el Vicepresidente de la República o esté ejerciendo la Presidencia de la misma.

Sección quinta. Del Congreso y sus atribuciones

Artículo 57. El Congreso se reunirá, por derecho propio, dos veces al año, y permanecerá funcionando durante cuarenta días hábiles, por lo menos en cada legislatura. Una empezará el primer lunes de abril, y la otra, el primer lunes de noviembre. Se reunirá en sesiones extraordinarias en los casos y en la forma que determinen los Reglamentos de los Cuerpos Colegisladores, y cuando el Presidente de la República lo convoque con arreglo a lo establecido en esta Constitución. En dichos casos solo se ocupará del asunto o asuntos que motiven su reunión.

Artículo 58. El Congreso se reunirá en un solo Cuerpo para proclamar al Presidente y el Vicepresidente de la República, previa rectificación y aprobación del escrutinio.

En este caso desempeñará la Presidencia del Congreso el Presidente del Senado, y en su defecto, el de la Cámara de Representantes, a título de Vicepresidente del propio Congreso.

Si del escrutinio para Presidente resultare que ninguno de los candidatos reúne mayoría absoluta de votos, o hubiese empate, el Congreso, por igual mayoría, elegirá el Presidente de entre los dos candidatos que hubieren obtenido mayor número de votos. Si fuesen más de dos los que se encontrasen en este caso por haber obtenido dos o más candidatos igual número de votos, elegirá entre todos ellos el Congreso.

Si el Congreso resultare también empate, se repetirá la votación y el resultado de ésta fuese el mismo, el voto del Presidente decidirá.

El procedimiento establecido en el Párrafo anterior se aplicará a la elección del Vicepresidente de la República. El escrutinio se efectuará con anterioridad a la expiración del término presidencial.

Artículo 59. Son atribuciones propias del Congreso:

1. Formar los Códigos y las leyes de carácter general; determinar el régimen que deba observarse para las elecciones generales, provinciales y municipales; dictar las disposiciones que regulen y organicen cuanto se relacione con la Administración general, la provincial y la municipal: y todas las demás leyes y resoluciones que estimase conveniente sobre cualesquiera otros asuntos de interés público;

2. Discutir y aprobar los presupuestos de gastos e ingresos del Estado. Dichos gastos e ingresos, con excepción de los que se mencionarán más adelante, se incluirán en presupuestos anuales y solo regirán durante el año para el cual hubieren sido aprobados. Los gastos del Congreso, los de la Administración de Justicia, los de intereses con que deben ser cubiertos, tendrán el carácter de permanentes y se incluirán en presupuesto fijo, que regirá mientras no sea reformado por leyes especiales;
3. Acordar empréstitos, pero con la obligación de votar, al mismo tiempo, los ingresos permanentes, necesarios para el pago de intereses y amortización. Todo acuerdo sobre empréstitos requiere el voto de las dos terceras partes del número total de los miembros de cada Cuerpo Colegislador;

4. Acuñar moneda, determinando su patrón, ley, valor y denominación;

5. Regular el sistema de pesas y medidas;

6. Dictar disposiciones para el régimen y fomento del comercio interior y exterior;

7. Regular los servicios de comunicaciones y ferrocarriles, caminos, canales y puertos, creando los que exija la conveniencia pública;

8. Establecer las contribuciones e impuestos, de carácter nacional, que sean necesarios para las atenciones del Estado;

9. Fijar las reglas y procedimientos para obtener la naturalización;

10. Conceder amnistías;

11. Fijar el número de las fuerzas de mar y tierra y determinar su organización;

12. Declarar la guerra y aprobar los tratados de Paz que el Presidente de la República haya negociado;

13. Designar, por medio de una ley especial, quién debe ocupar la Presidencia de la República, en el caso de que el Presidente y el Vicepresidente sean destituidos, fallezcan, renuncien o se incapaciten.

Artículo 60. El Congreso no podrá incluir en las leyes de presupuestos, disposiciones que ocasionen reformas legislativas o administrativas de otro orden: ni podrá reducir o suprimir ingresos de carácter permanente, sin establecer al mismo tiempo otros que los sustituyan, salvo el caso de que la reducción o supresión procedan de reducción o supresión de gastos permanentes equivalentes: ni asignar a ningún servicio que deba ser dotado en el presupuesto anual, mayor cantidad que la propuesta en el proyecto del Gobierno; pero sí podrá crear nuevos servicios y reformar o ampliar los existentes, por medio de leyes especiales.

Sección sexta. De la iniciativa y formación de las Leyes. Su sanción y promulgación

Artículo 61. La iniciativa de las leyes se ejercerá por cada uno de los Cuerpos Colegisladores indistintamente.

Artículo 62. Todo proyecto de ley que haya obtenido la aprobación de ambos Cuerpos Colegisladores, y toda resolución de los mismos que haya de ser ejecutada por el Presidente de la República, deberán presentarse a éste para su sanción. Si los aprueba, los autorizará desde luego, devolviéndolos, en otro caso, con las objeciones que hiciere, el cual consignará las referidas objeciones íntegramente en acta, discutiendo de nuevo el proyecto o resolución. Si después de esta discusión dos terceras partes del número total de los miembros del Cuerpo Colegislador votasen en favor del proyecto o resolución, se pasará, con las objeciones del Presidente, al otro Cuerpo, que también lo discutirán y si por igual mayoría lo aprueba, será ley. En todos estos casos las votaciones serán nominales. Si dentro de los últimos diez días de una legislatura se presentare un proyecto de ley al Presidentes de la República, y éste se propusiese utilizar todo el término que al efecto de la sanción, se le concede en el Párrafo anterior, comunicará su propósito, en el mismo día, al Congreso, a fin de que permanezca reunido, si lo quisiere, hasta el vencimiento del expresado término. De no hacerlo así el Presidente, se tendrá por sancionado el proyecto y será ley.

Ningún proyecto de ley desechado totalmente por alguno de los Cuerpos Colegisladores podrá discutirse de nuevo en la misma legislatura.

Artículo 63. Toda ley será promulgada dentro de los diez días siguientes al de su sanción, proceda ésta del Presidente o del Congreso, según los casos mencionados en el **Artículo** precedente.

Título VII. Del Poder Ejecutivo

Sección primera. Del ejercicio del Poder Ejecutivo

Artículo 64. El Poder Ejecutivo se ejerce por el Presidente de la República

Sección segunda. Del Presidente de la República y de sus atribuciones y deberes

Artículo 65. Para ser Presidente de la República se requiere:

1. Ser cubano por nacimiento o naturalización, y en este último caso, haber servido con las armas a Cuba, en sus guerras de Independencia, diez años por lo menos;

2. Haber cumplido cuarenta años de edad;

3. Hallarse en el pleno goce de los derechos civiles y políticos.

Artículo 66. El Presidente de la República será elegido por sufragio de segundo grado, en un solo día, y conforme al procedimiento que establezca la ley.

El cargo durará cuatro años, y nadie podrá ser Presidente en tres periodos consecutivos.

Artículo 67. El Presidente jurará y prometerá, ante el tribunal Supremo de Justicia, al tomar posesión de su cargo, desempeñarlo fielmente, cumpliendo y haciendo cumplir la Constitución y las leyes.

Artículo 68. Corresponde al Presidente de la República:

1. Sancionar y promulgar las leyes, ejecutarlas y hacerlas ejecutar; dictar, cuando no lo hubiere hecho el Congreso, los reglamentos para la mejor ejecución de las leyes, y expedir, además, los decretos y las órdenes que, para este fin y para cuando incumba al gobierno y administración del Estado creyese convenientes, sin contravenir en ningún caso lo establecido en dichas leyes;

2. Convocar a sesiones extraordinarias al Congreso, o solamente al Senado, en los casos que señala esta Constitución, o cuando, a su juicio, fuere necesario;

3. Suspender las sesiones del Congreso, cuando tratándose en éste de su suspensión, no hubiere acuerdo acerca de ella entre los Cuerpos Colegisladores;

4. Presentar al Congreso, al principio de cada legislatura y siempre que lo estime oportuno, un Mensaje referente a los actos de la Administración, y demostrativo del estado general de la República, y recomendar, además la adopción de leyes y resoluciones que creyese necesarias o útiles;

5. Presentar al Congreso, en cualquiera de sus Cámaras, y antes del día 15 de noviembre, el Proyecto de los Presupuestos anuales;

6. Facilitar al Congreso los informes que éste solicitara sobre toda dase de asuntos que no exijan reserva;

7. Dirigir las negociaciones diplomáticas, y celebrar tratados con las otras naciones, debiendo someterlos a la aprobación del Senado, sin cuyo requisito no tendrán validez ni obligarán a la República;

8. Nombrar y remover libremente a los Secretarios del Despacho, dando cuenta al Congreso;

9. Nombrar, con la aprobación del Senado, al Presidente y Magistrados del Tribunal Supremo de Justicia, y a los Representantes diplomáticos y Agentes consulares de la República; pudiendo hacer nombramientos interinos de dichos funcionarios, cuando en caso de vacante no esté reunido el Senado;

10. Nombrar, para el desempeño de los demás cargos instituidos por la ley, a los funcionarios correspondientes, cuyo nombramiento no esté atribuido a otras autoridades;

11. Suspender el ejercicio de los derechos que se enumeran en el **Artículo** 40 de esta Constitución, en los casos y en la forma que se expresan en los Artículos 41 y 42;

12. Suspender los acuerdos de los Consejos Provinciales y de los Ayuntamientos, en los casos y en la forma que determine esta Constitución;

13. Decretar la suspensión de los Gobernadores de Provincia, en los casos de extralimitación de funciones y de infracción de las leyes, dando cuenta al Senado, según lo que se establezca, para la resolución que corresponda;

14. Acusar a los Gobernadores de Provincia en los casos expresados en el Párrafo 3 del **Artículo** 47;

15. Indultar a los delincuentes con arreglo a lo que prescriba la ley, excepto cuando se trate de funcionarios públicos penados por delitos cometidos en el ejercicio de sus funciones;

16. Recibir a los representantes diplomáticos y admitir a los agentes consulares de las otras naciones;

17. Disponer como Jefe Supremo, de las fuerzas del mar y tierra de la República. Proveer a la defensa de su territorio, dando cuenta al Congreso, y a la conservación del orden interior. Siempre que hubiere peligro de invasión o cuando alguna rebelión amenazare gravemente la seguridad pública, no estando reunido el Congreso, el Presidente lo convocará sin demora, para la resolución que corresponda.

Artículo 69. El Presidente no podrá salir del territorio de la República sin autorización del Congreso.

Artículo 70. El Presidente será responsable, ante el Tribunal Supremo de Justicia, por los delitos de carácter común que cometiere durante el ejercicio de su cargo; pero no podrá ser procesado sin previa autorización del Senado.

Artículo 71. El Presidente recibirá del Estado una dotación, que podrá ser alterada en todo tiempo; pero no surtirá efecto la alteración sino en los periodos presidenciales siguientes a aquél en que se acordare.

Título VIII. Del Vicepresidente de la República

Artículo 72. Habrá un Vicepresidente de la República, que será elegido en la misma forma y para igual periodo de tiempo que el Presidente, y conjuntamente con éste; requiriéndose para ser Vicepresidente las mismas condiciones que prescribe esta Constitución para ser Presidente.

Artículo 73. El Vicepresidente de la República ejercerá la Presidencia del Senado, pero solo tendrá voto en los casos de empate.

Artículo 74. Por falta, temporal o definitiva, del Presidente de la República, le sustituirá el Vicepresidente en el ejercicio del Poder Ejecutivo. Si la falta fuere definitiva, durará la sustitución hasta la terminación del periodo presidencial.

Artículo 75. El Vicepresidente recibirá del Estado una dotación que podrá ser alterada en todo tiempo; pero no surtirá efecto la alteración, sino en los periodos presidenciales siguientes a aquél en que se acordare.

Título IX. De los Secretarios del Despacho

Artículo 76. Para el ejercicio de sus atribuciones tendrá el Presidente de la República, los Secretarios del Despacho que determine la ley; debiendo recaer el nombramiento de éstos en ciudadanos cubanos que se hallen en el pleno goce de los derechos civiles y políticos.

Artículo 77. Todos los decretos, órdenes y resoluciones del Presidente de la República habrán de ser refrendados por el Secretario del ramo correspondiente, sin cuyo requisito carecerán de fuerza obligatoria y no serán cumplidos.

Artículo 78. Los Secretarios serán personalmente responsables de los actos que refrenden, y además, solidariamente, de los que, juntos, acuerden o autoricen. Esta responsabilidad no excluye la personal y directa del Presidente de la República.

Artículo 79. Los Secretarios del Despacho serán acusados por la Cámara de Representantes, ante el Senado, en los casos que se mencionan en el Párrafo 2 del **Artículo** 47.

Artículo 80. Los Secretarios del Despacho recibirán del Estado una dotación que podrá ser alterada en todo tiempo; pero no surtirá efecto la alteración sino en los periodos presidenciales siguientes a aquel en que se acordare.

Título X. Del Poder Judicial

Sección primera. Del ejercicio del Poder Judicial

Artículo 81. El Poder Judicial se ejerce por un Tribunal Supremo de Justicia y por los demás Tribunales que las leyes establezcan. Éstas regularán sus respectivas organización y facultades, el modo de ejercerlas y las condiciones que deban concurrir en los funcionarios que los compongan.

Sección segunda. Del Tribunal Supremo de Justicia

Artículo 82. Para ser Presidente o Magistrado del Tribunal Supremo de Justicia se requiere:

1. Ser Cubano por nacimiento;

2. Haber cumplido treinta y cinco años de edad;

3. Hallarse en el pleno goce de los derechos civiles y políticos y no haber sido condenado a pena aflictiva por delito común;

4. Reunir, además, alguna de las circunstancias siguientes:

Haber ejercido, en Cuba, durante diez años, por lo menos, la profesión de Abogado, o desempeñado por igual tiempo, funciones judiciales, o explicado, el mismo número de años, una Cátedra de Derecho en Establecimiento oficial de enseñanza;
Podrán ser también nombrados para los cargos de Presidente y Magistrados del Tribunal Supremo, siempre que reúnan las condiciones de los Números 1, 2, y 3 de este **Artículo**:

a) Los que hubieren ejercido, en la magistratura, cargo de categoría igual o inmediatamente inferior, por el tiempo que determine la ley;

b) Los que, con anterioridad a la promulgación de esta Constitución, hubieren sido Magistrados del Tribunal Supremo de la Isla de Cuba.
El tiempo de ejercicio de funciones judiciales se computará como de ejercicio de la Abogacía, al efecto de capacitar a los Abogados para poder ser nombrados Magistrados del Tribunal Supremo.

Artículo 83. Además de las atribuciones que le estuvieren anteriormente señaladas y de las que en lo sucesivo le confieran las leyes, corresponden al Tribunal Supremo las siguientes:

1. Conocer de los recursos de casación;

2. Dirimir las competencias entre los Tribunales que le sean inmediatamente inferiores o no tengan un superior común;

3. Conocer de los juicios en que litiguen entre sí el Estado, las Provincias y los Municipios;

4. Decidir sobre la constitucionalidad de las leyes, decretos y reglamentos, cuando fuere objeto de controversia entre partes.

Sección tercera. Disposiciones generales acerca de la Administración de Justicia

Artículo 84. La justicia se administrará gratuitamente en todo el territorio de la República.

Artículo 85. Los Tribunales, conocerán de todos los juicios, ya sean civiles, criminales o contencioso administrativos.

Artículo 86. No se podrán crear, en ningún caso, ni bajo ninguna denominación, comisiones judiciales ni Tribunales extraordinarios.

Artículo 87. Ningún funcionario del orden judicial podrá ser suspendido ni separado de su destino o empleo, sino por razón de delito u otra causa grave, debidamente acreditada y siempre con su audiencia.

Tampoco podrá ser trasladado sin su consentimiento, a no ser por motivo evidente de conveniencia pública.

Artículo 88. Todos los funcionarios del orden judicial serán personalmente responsables en la forma que determinen las leyes, de toda infracción de la ley que cometieren.

Artículo 89. La dotación de los funcionarios del orden judicial no podrá ser alterada sino en periodos mayores de cinco años, y por medio de una ley. Ésta no podrá asignar distintas dotaciones a cargos cuyo grado, categoría y funciones sean iguales.

Artículo 90. Los Tribunales de las fuerzas de mar y tierra se regularán por una ley orgánica especial.

Título XI. Del Régimen Provincial

Sección primera. Disposiciones generales

Artículo 91. La Provincia comprende los Términos Municipales enclavados dentro de sus límites.

Artículo 92. En Cada Provincia habrá un Gobernador y un Consejo Provincial, elegidos por sufragio de primer grado, en la forma que prescriba la ley. El número de Consejeros, en cada una, no será menor de ocho ni mayor de veinte.

Sección segunda. De los Consejos Provinciales y de sus atribuciones

Artículo 93. Corresponde a los Consejos Provinciales:

1. Acordar sobre todos los asuntos que conciernan a la Provincia y que, por la Constitución, por los tratados o por las leyes, no correspondan a la competencia general del Estado o a la privativa de los Ayuntamientos;

2. Formar sus presupuestos, estableciendo los ingresos necesarios para cubrirlos, sin otra limitación que la de hacerlos compatibles con el sistema tributario dei Estado;

3. Acordar empréstitos para obras públicas y de interés provincial; pero votando al mismo tiempo los ingresos permanentes necesarios para el pago de su interés y amortización.

Para que dichos empréstitos puedan realizarse habrán de ser aprobadas por las dos terceras partes de los Ayuntamientos de la Provincia;

4. Acusar ante el Senado al Gobernador, en los casos, determinados en el Párrafo tercero del **Artículo** 47, cuando los dos tercios del número total de los Consejeros Provinciales acordaran, en sesión secreta, la acusación;

5. Nombrar y remover los empleados provinciales con arreglo a lo que establezcan las leyes.

Artículo 94. Los Consejos Provinciales no podrán reducir o suprimir ingresos de carácter permanente sin establecer al mismo tiempo otros que los sustituyan; salvo en el caso de que la reducción o supresión procedan de reducción o supresión de gastos permanentes equivalentes.

Artículo 95. Los acuerdos de los Consejos Provinciales serán presentados al Gobernador de la Provincia. Si éste los aprobare, los autorizare con su firma. En otro caso, los devolverá, con sus objeciones, al Consejo, el cual discutirá de nuevo el asunto. Y si después de la segunda discusión, las dos terceras partes del número total de Consejeros votaran en favor del acuerdo, éste será ejecutivo. Cuando el gobernador, transcurridos diez días desde la presentación de un acuerdo, no lo devolviese, se tendrá por aprobado y será también ejecutivo.

Artículo 96. Los acuerdos de los Consejos Provinciales podrán ser suspendidos por el Gobernador de la Provincia o por el Presidente de la República, cuando a su juicio, fueren contrarios a la Constitución, a los tratados, a las leyes o a los acuerdos adoptados por los Ayuntamientos dentro de sus atribulaciones propias. Pero se reservará a los Tribunales el conocimiento y la resolución de las reclamaciones que se promuevan con motivo de la suspensión.

Artículo 97. Ni los Consejos Provinciales ni ninguna Sección o Comisión, de su seno o por ellos designada fuera de él, podrá tener intervención en las operaciones que correspondan al procedimiento electoral para cualquiera clase de elecciones.

Artículo 98. Los Consejeros Provinciales serán personalmente responsables, ante los tribunales, en la forma que las leyes prescriban, de los actos que ejecuten en el ejercicio de sus funciones.

Sección tercera. De los Gobernadores de Provincia y sus atribuciones

Artículo 99. Corresponde a los Gobernadores de Provincia:

1. Cumplir y hacer cumplir, en los extremos que les conciernan, las leyes, decretos y reglamentos de la Nación;

2. Publicar los acuerdos del Consejo Provincial que tengan fuerza obligatoria, ejecutándolos y haciéndolos ejecutar;

3. Expedir órdenes y dictar además las instrucciones y reglamentos para la mejor ejecución de los Acuerdos del Consejo Provincial, cuando éste no los hubiere hecho;

4. Convocar al Consejo Provincial a sesiones extraordinarias cuando, a su juicio, fuere necesario; expresándose en la convocatoria el objeto de las secciones;

5. Suspender los acuerdos del Consejo Provincial y de los Ayuntamientos, en los casos que determine esta Constitución;

6. Acordar la suspensión de los Alcaldes en los casos de extralimitación de facultades, violación de la Constitución o de las leyes, infracción de los acuerdos de los Consejos Provinciales, o incumplimiento de sus deberes; dando cuenta al Consejo Provincial, en los términos que establezcan las leyes;

7. Nombrar y remover los empleados de sus despachos conforme a lo que establezcan las leyes.

Artículo 100. El Gobernador será responsable ante el Senado, en los casos que en esta Constitución se señalan, y ante los tribunales en los demás casos de delito, con arreglo a lo que prescriban las leyes.

Artículo 101. El Gobernador recibirá del Tesoro Provincial una dotación, que podrá ser alterada en todo tiempo; pero no surtirá efecto la alteración sino después que se verifique nueva elección de Gobernador.

Artículo 102. Por falta, temporal o definitiva, del Gobernador de la Provincia le sustituirá en el ejercicio de su cargo, el Presidente del Consejo Provincial.

Si la falta fuere definitiva durará la sustitución hasta que termine el periodo para que hubiere sido electo el Gobernador.

Título XII. Del Régimen Municipal

Sección primera. Disposiciones generales

Artículo 103. Los Términos Municipales serán regidos por Ayuntamientos, compuestos de Concejales elegidos por sufragio de primer grado, en el número y en la forma que la ley prescriba.

Artículo 104. En cada término Municipal habrá un Alcalde, elegido por sufragio de primer grado, en la forma que establezca la ley.

Sección segunda. De los Ayuntamientos y sus atribuciones

Artículo 105. Corresponde a los Ayuntamientos:

1. Acordar sobre todos los asuntos que conciernan exclusivamente al Término Municipal;

2. Formar sus presupuestos, estableciendo los ingresos necesarios para cubrirlos, sin otra limitación que la de hacerlos compatibles con el sistema tributario del Estado;

3. Acordar empréstitos; pero votando al mismo tiempo los ingresos permanentes necesarios para el pago de sus intereses y amortización.

Para que dichos empréstitos puedan realizarse, habrán de ser aprobados por las dos terceras partes de los electores del Término Municipal;

4. Nombrar y remover los empleados municipales conforme a lo que establezcan las leyes.

Artículo 106. Los Ayuntamientos no podrán reducir o suprimir ingresos de carácter permanente sin establecer al mismo tiempo, otros que los sustituyen salvo en el caso de que la reducción o supresión procedan de reducción o supresión de gastos permanentes equivalentes.

Artículo 107. Los acuerdos de los Ayuntamientos serán presentados al Alcalde, si éste los aprobare los autorizará con su firma. En otro caso los devolverá, con sus objeciones, al Ayuntamiento, el cual discutirá de nuevo el asunto. Y si después de la segunda discusión, las dos terceras partes del número total de Concejales votaran en favor del acuerdo, éste será ejecutivo.

Cuando el alcalde, transcurridos diez días, desde la presentación de un acuerdo, no lo devolviese, se tendrá por aprobado, y será también ejecutivo.

Artículo 108. Los acuerdos de los Ayuntamientos podrán ser suspendidos por el Alcalde, por el Gobernador de la Provincia o por el Presidente de la República, cuando a su juicio, fueran contrarios a la Constitución, a los tratados, a las leyes o a los acuerdos adoptados por el Consejo Provincial dentro de sus atribuciones propias. Pero se reservará a los tribunales el conocimiento y la resolución de las reclamaciones que se promuevan con motivo de la suspensión.

Artículo 109. Los Concejales serán personalmente responsables, ante los tribunales de justicia, en la forma que las leyes prescriban, de los actos que ejecuten en el ejercicio de sus funciones.

Sección tercera. De los Alcaldes y sus atribuciones y deberes

Artículo 110. Corresponden a los Alcaldes:

1. Publicar los acuerdos de los Ayuntamientos que tengan fuerza obligatoria, ejecutándolos y haciéndolos ejecutar;

2. Ejercer las funciones activas de la administración municipal, expidiendo, al efecto, órdenes y dictando además instrucciones y reglamentos para la mejor ejecución de los acuerdos del Ayuntamiento, cuando éste no los hubiere hecho;

3. Nombrar y remover los empleados de su despacho, conforme a lo que establezcan las leyes.

Artículo 111. El Alcalde será personalmente responsable ante los tribunales de justicia, en la forma que las leyes prescriban, de los actos que ejecute en el ejercicio de sus funciones.

Artículo 112. El Alcalde recibirá del Tesoro Municipal una dotación, que podrá ser alterada en todo tiempo, pero no surtirá efecto la alteración sino desde que se verifique nueva elección de Alcalde.

Artículo 113. Por falta, temporal o definitiva del Alcalde, le sustituirá en el ejercicio de su cargo el Presidente del Ayuntamiento.

Si la falta fuere definitiva, durará la sustitución hasta que termine el periodo para que hubiere sido electo el Alcalde.

Título XIII. De la Hacienda Nacional

Artículo 114. Pertenecen al Estado todos los bienes, existentes en el territorio de la República, que no correspondan a las Provincias o a los Municipios, ni sean individual o colectivamente, de propiedad particular.

Título XIV. De la reforma de la Constitución

Artículo 115. La Constitución no podrá reformarse, total ni parcialmente, sino por acuerdo de las dos terceras partes del número total de los miembros de cada Cuerpo Colegiador.

Seis meses después de acordada la reforma, se procederá a convocar una Convención Constituyente, que se limitará a aprobar o desechar la reforma votada por los Cuerpos Colegisladores, los cuales continuarán en el ejercicio de sus funciones con entera independencia de la Convención.

Los Delegados a dicha Convención serán elegidos por Provincia, en la proporción de uno cada cincuenta mil habitantes, y en la forma que establezcan las leyes.

Disposiciones transitorias

Primera. La República de Cuba no reconoce más deudas y compromisos que los contraídos legítimamente, en beneficio de la Revolución, por jefes de Cuerpo del Ejército Libertador, después del 24 de febrero de 1895, y con anterioridad al 19 de septiembre del mismo, año fecha en que se promulgó la Constitución de Jimaguayú, y las deudas y compromisos que el Gobierno Revolucionario hubiere contraído posteriormente, por sí o por sus legítimos representantes en el extranjero. El Congreso calificará dichas deudas y compromisos, y resolverá sobre el pago de los que fueren legítimos.

Segunda. Los nacidos en Cuba o los hijos de naturales de Cuba que, al tiempo de promulgarse esta Constitución, fueran ciudadanos de algún estado extranjero, no podrán gozar de la nacionalidad cubana sin renunciar, previa y expresamente, la que tuvieren.

Tercera. El tiempo que los extranjeros hubieran servido en la guerra por la independencia de Cuba, se computará como tiempo de naturalización y de residencia para la adquisición del derecho que a los naturalizados reconoce el **Artículo** 49.

Cuarta. La base de población que se establece, en relación con las elecciones de Representantes y de Delegados a la Convención Constituyente, en los Artículos 48 y 115, podrá modificarse por una ley cuando a juicio del congreso lo exigiere el aumento de Habitantes que resulte de los censos periódicamente formados.

Quinta. Al constituirse por primera vez el Senado los Senadores, al efecto de su renovación, se dividirán en dos series. Los comprendidos en la primera, cesarán al fin del cuarto año y los comprendidos en la segunda, al terminar el octavo, decidiendo la suerte los dos Senadores que correspondan, por cada Provincia a una y otra serie.

La ley establecerá el procedimiento para la formación de las dos series en que haya de dividirse, a los efectos de su renovación parcial, la Cámara de Representantes.

Sexta. Noventa días después de promulgada la Ley Electoral que habrá de redactar y adoptar la Convención Constituyente, se procederá a elegir los funcionarios creados por la Constitución, para el traspaso del Gobierno de Cuba a los que resulten elegidos, conforme a los dispuesto en la Orden número 301 del cuartel General de la División de Cuba, de 23 de julio del año 1900.

Séptimo. Todas las leyes, decretos, reglamentos, órdenes y demás disposiciones que estuvieren en vigor al promulgarse esta Constitución, continuarán observándose en cuanto no se opongan a ella, mientras no fueren legalmente derogadas o modificadas.

Sala de sesiones de la Convención constituyente, en La Habana, a 21 de febrero de 1901.

Domingo Méndez Capote, Presidente. Juan Rius Rivera, Primer vicepresidente. José Miguel Gómez. Eudaldo Tamayo. José B. Alemán. José J. Monteagudo. Martín Morúa Delgado. José Luis Robau. Luis Fortún. Manuel R. Silva. Pedro Betancourt. Eliseo Giberga. Joaquín Quilez. Gonzalo de Quesada. Diego Tamayo. Manuel Sanguily. Alejandro Rodríguez. Miguel Gener. Rafael Portuondo. José Fernández de Castro. Antonio Bravo. Correoso José N. Ferrer. Juan Gualberto Gómez. Rafael Manduley. Alfredo Zayas, Secretario. Enrique Villuenda, Secretario.

Enmienda Platt de 1901

Que en cumplimiento de la declaración contenida en la Resolución Conjunta aprobada en 20 de abril de mil ochocientos noventa y ocho, estimulaba «Para el conocimiento de la Independencia del Pueblo cubano» exigiendo que el Gobierno de España renuncie a su autoridad y gobierno en la Isla de Cuba, y retire sus fuerzas terrestres, y marítimas de Cuba y de las aguas de Cuba y ordenando al Presidente de los Estados Unidos que haga uso de las fuerzas de tierra y mar de los Estados Unidos para llevar a efecto estas resoluciones; el Presidente por la presente quedó autorizado para dejar el Gobierno y Control de dicha isla, a su pueblo, tan pronto como se haya establecido en esa Isla un Gobierno bajo una Constitución en la cual, como parte de la misma, o en una ordenanza agregada a ella se definan las futuras relaciones entre Cuba y los Estados Unidos sustancialmente como sigue:

I. Que el Gobierno de Cuba nunca celebrará con ningún Poder o Poderes extranjeros ningún tratado u otro convenio que pueda menoscabar o tienda a menoscabar la Independencia de Cuba ni en manera alguna autorice o permita a ningún Poder o Poderes extranjeros, obtener por colonización o para propósitos militares o navales, o de otra manera, asiento en o control sobre ninguna porción de dicha Isla.

II. Que dicho Gobierno no asumirá o contraerá ninguna deuda pública para el pago de cuyos intereses y amortización definitiva después de cubierto los gastos del Gobierno, resulten inadecuados los ingresos ordinarios.

III. Que el Gobierno de Cuba consiente que los Estados Unidos puedan ejercitar el derecho de intervenir para la conservación de la Independencia cubana, el mantenimiento de un Gobierno adecuado para la protección de vidas, propiedad y libertad individual y para cumplir las obligaciones que con respecto a Cuba han sido impuestas a los Estados Unidos por el tratado de París y que deben ahora ser asumidas y cumplidas por el Gobierno de Cuba.

IV. Que todos los actos realizados por los Estados Unidos en Cuba, durante su ocupación militar, sean tenidos por válidos, ratificados y que todos los derechos legalmente adquiridos a virtud de ellos, sean mantenidos y protegidos.

V. Que el Gobierno de Cuba ejecutará y en cuanto fuese necesario cumplirá los planes ya hechos y otros que mutuamente se convengan para el saneamiento de las poblaciones de la Isla, con el fin de evitar el desarrollo de enfermedades epidémicas e infecciones, protegiendo así al pueblo y al comercio de Cuba, lo mismo que el comercio y el pueblo de los puertos del Sur de los Estados Unidos.

VI. Que la Isla de Pinos será omitida de los límites de Cuba propuestos por la Constitución, dejándose para su futuro arreglo por Tratado la propiedad de la misma.

VII. Que para poner en condiciones a los Estados Unidos de mantener la Independencia de Cuba y proteger al pueblo de la misma, así como para su propia defensa, el Gobierno de Cuba venderá o arrendará a los Estados Unidos las tierras necesarias para carboneras o estaciones navales en ciertos puntos determinados que se convendrán con el Presidente de los Estados Unidos.

VIII. Que para mayor seguridad en lo futuro, el Gobierno de Cuba insertará las anteriores disposiciones en un Tratado Permanente con los Estados Unidos.

Constitución de 1902

Gobierno militar de la isla de cuba
Orden militar número 181, de 20 de mayo de 1902 y reformas
Primera constitución de Cuba como nación independiente
Asamblea constituyente de 1901

Patriotas cubanos que la integraron:

Doctor	Domingo Méndez Capote, Presidente
General	Juan Rius Rivera, Vicepresidente
General	Diego Tamayo
	Elíseo Giberga
	Eudaldo Tamayo
	Gonzalo de Quesada
	Joaquín Quílez
	José B. Alemán
	José J. Monteagudo
	José Luis Robau
	José Miguel Gómez
	Luis Fortún
	Manuel R. Silva
	Manuel Sanguily
	Martín Morúa Delgado
	Pedro Betancourt
General	Alejandro Rodríguez
	Antonio Bravo
	Emilio Núñez
	José Fernández de Castro
	José Lacret
	Leopoldo Berrier
	Miguel Gener
	Rafael Portuondo Correoso
	Alfredo Zayas, Secretario

Enrique Villuendas, Secretario
José N. Ferrer
Juan Gualberto Gómez
Pedro G. Llorente
Salvador Cisneros

Constitución de la República de Cuba de 1901

Nosotros, los Delegados del pueblo de Cuba, reunidos en Convención Constituyente, a fin de redactar y adoptar la Ley Fundamental de su organización como Estado independiente y soberano, estableciendo un gobierno capaz de cumplir sus obligaciones internacionales, mantener el orden, asegurar la libertad y la justicia y promover el bienestar general, acordamos y adoptamos, invocando el favor de Dios, la siguiente Constitución:

Título I. De la Nación, de su forma de Gobierno y del territorio nacional

Artículo 1. El pueblo de Cuba se constituye en Estado Independiente y soberano y adopta como forma de gobierno la republicana.

Artículo 2. Componen el territorio de la República, la Isla de Cuba, así como las islas y cayos adyacentes que con ella estaban bajo la soberanía de España hasta la ratificación del Tratado de París, de 10 de diciembre de 1898.

Artículo 3. El territorio de la República se divide en las seis provincias que existen actualmente y con sus mismos límites, correspondiendo al Consejo Provincial de cada una determinar sus respectivas denominaciones.

Las Provincias podrán incorporarse unas a otras o dividirse para formar nuevas Provincias mediante acuerdo de los respectivos Consejos Provinciales y aprobación del Congreso.

Título II. De los cubanos

Artículo 4. La condición de cubano se adquiere por nacimiento o por naturalización.

Artículo 5. Son cubanos por nacimiento:

1. Los nacidos, dentro o fuera del territorio de la República, de padres cubanos.

2. Los nacidos en el territorio de la República de padres extranjeros, siempre que, cumplida la mayor edad, reclamen su inscripción como cubanos en el Registro correspondiente.

3. Los nacidos en el extranjero de padres naturales de Cuba que hayan perdido la nacionalidad cubana, siempre que, cumplida la mayor edad, reclamen su inscripción como cubanos en el mismo Registro.

Artículo 6. Son cubanos por naturalización:

1. Los extranjeros que, habiendo pertenecido al Ejército libertador, reclamen la nacionalidad cubana dentro de los seis meses siguientes a la promulgación de esta Constitución.

2. Los extranjeros que, establecidos en Cuba antes del 1 de enero de 1899, hayan conservado su domicilio después de dicha fecha, siempre que reclamen la nacionalidad cubana dentro de los seis meses siguientes a la promulgación de esta Constitución, o si fueren menores, dentro de un plazo igual desde que alcanzasen la mayoría de edad.

3. Los extranjeros que después de cinco años de residencia en el territorio de la República, y no menos de dos desde que declaren su intención de adquirir la nacionalidad cubana, obtengan carta de naturalización con arreglo a las leyes.

4. Los españoles residentes en el territorio de Cuba al 11 de abril de 1899 que no se hayan inscrito como tales españoles en los Registros correspondientes hasta igual mes y día de 1900.

5. Los africanos que hayan sido esclavos en Cuba y los emancipados comprendidos en el **Artículo** 13 del Tratado de 28 de junio de 1835 celebrado entre España e Inglaterra.

Artículo 7. La condición de cubano se pierde:

1. Por adquirir ciudadanía extranjera.

2. Por adquirir empleo u honores de otro Gobierno sin licencia del Senado.

3. Por entrar al servicio de las armas de una Nación extranjera sin la misma licencia.

4. Por residir el cubano naturalizado cinco años continuos en el país de su nacimiento, a no ser por razón de empleo o comisión del Gobierno de la República.

Artículo 8. La condición de cubano podrá recobrarse con arreglo a lo que prescriban las leyes.

Artículo 9. Todo cubano está obligado:

1. A servir a la patria con las armas en los casos y forma que determinen las leyes.
2. A contribuir para los gastos públicos en la forma y proporción que dispongan las leyes.

Título III. De los extranjeros

Artículo 10. Los extranjeros residentes en el territorio de la República se equiparan a los cubanos:

1. En cuanto a la protección de sus personas y bienes.
2. En cuanto al goce de los derechos garantizados en la Sección primera del Título siguiente, con excepción de los que en ella se reconocen exclusivamente a los nacionales.
3. En cuanto al goce de los derechos civiles, en las condiciones y con las limitaciones que establezca la Ley de Extranjería.
4. En cuanto a la obligación de observar y cumplir las leyes, decretos, reglamentos y demás disposiciones que estén en vigor en la República.
5. En cuanto a la sumisión a la potestad y a las resoluciones de los Tribunales y demás autoridades de la República.

16. Y en cuanto a la obligación de contribuir a los gastos públicos del Estado, la Provincia y el Municipio.

Título IV. De los derechos que garantiza esta Constitución

Sección primera. De los Derechos individuales

Artículo 11. Todos los cubanos son iguales ante la Ley. La República no reconoce fueros ni privilegios personales.

Artículo 12. Ninguna ley tendrá efecto retroactivo, excepto las penales cuando sean favorables al delincuente o procesado.

Artículo 13. Las obligaciones de carácter civil que nazcan de los contratos o de otros actos u omisiones que las produzcan no podrán ser anuladas ni alteradas por el Poder Legislativo ni por el Ejecutivo.

Artículo 14. No podrá, imponerse en ningún caso la pena de muerte por delitos de carácter político, los cuales serán definidos por la Ley.

Artículo 15. Nadie podrá ser detenido sino en los casos y en la forma que prescriban las leyes.

Artículo 16. Todo detenido será puesto en libertad o entregado al Juez o Tribunal competente dentro de las veinticuatro horas siguientes al acto de la detención.

Artículo 17. Toda detención se dejará sin efecto, o se elevará a prisión, dentro de las setenta y dos horas de haber sido entregado el detenido al Juez o Tribunal competente.

Dentro del mismo plazo se notificará al interesado la providencia que se dictare.

Artículo 18. Nadie podrá ser preso sino en virtud de mandamiento de Juez o Tribunal competente.

El auto en que se haya dictado el mandamiento se ratificará o repondrá, oído el presunto reo, dentro de las setenta y dos horas siguientes al acto de la prisión.

Artículo 19. Nadie podrá ser procesado ni sentenciado sino por Juez o Tribunal competente, en virtud de leyes anteriores al delito y en la forma que éstas establezcan.

Artículo 20. Toda persona detenida o presa sin las formalidades legales, o fuera de los casos previstos en esta Constitución o en las leyes, será puesta en libertad a petición suya o de cualquier ciudadano.

La Ley determinará la forma de proceder sumariamente en este caso.

Artículo 21. Nadie está obligado a declarar contra sí mismo, ni contra su cónyuge o sus parientes dentro del cuarto grado de consanguinidad o segundo de afinidad.

Artículo 22. Es inviolable el secreto de la correspondencia y demás documentos privados, y ni aquélla ni éstos podrán ser ocupados ni examinados sino por disposición de Autoridad competente y con las formalidades que prescriban las leyes. En todo caso se guardará secreto respecto de los extremos ajenos al asunto que motiva la ocupación o examen.

Artículo 23. El domicilio, es inviolable y, en consecuencia, nadie podrá penetrar de noche en el ajeno sin el consentimiento de su morador, a no ser para auxiliar o socorrer víctimas de delito o desastre; ni de día, sino en los casos y en la forma determinados por las leyes.

Artículo 24. Nadie podrá ser compelido a mudar de domicilio o residencia sino por mandato de autoridad competente y en los casos previstos por las leyes.

Artículo 25. Toda persona podrá libremente, y sin sujeción a censura previa, emitir su pensamiento, de palabra o por escrito, por medio de la imprenta o por cualquier otro procedimiento, sin perjuicio de las responsabilidades que impongan las leyes, cuando por alguno de aquellos medios se atente contra la honra de las personas, el orden social o la tranquilidad pública.

Artículo 26. Es libre la profesión de todas las religiones, así como el ejercicio de todos los cultos, sin otra limitación que el respeto a la moral cristiana y al orden público.

La Iglesia estará separada del Estado, el cual no podrá subvencionar en caso alguno ningún culto.

Artículo 27. Toda persona tiene el derecho de dirigir peticiones a las Autoridades, de que sus peticiones sean resueltas y de que se la comunique la resolución que a ellas recaiga.

Artículo 28. Todos los habitantes de la República tienen el derecho de reunirse pacíficamente y sin armas y el de asociarse para todos los fines lícitos de la vida.

Artículo 29. Toda persona podrá entrar en el territorio de la República, salir de él, viajar dentro de sus límites y mudar de residencia sin necesidad de carta de seguridad, pasaporte u otro requisito semejante, salvo lo que se disponga en las leyes sobre inmigración y las facultades atribuidas a la Autoridad en caso de responsabilidad criminal.

Artículo 30. Ningún cubano podrá ser expatriado ni a ninguno podrá prohibírsele la entrada en el territorio de la República.

Artículo 31. La enseñanza primaria es obligatoria, y así ésta como la de Artes y Oficios serán gratuitas. Ambas estarán a cargo del Estado mientras no puedan sostenerlas, respectivamente, por carecer de recursos suficientes, los Municipios y las Provincias.

La segunda enseñanza y la superior estarán a cargo del Estado. No obstante, toda persona podrá aprender o enseñar libremente cualquier ciencia, arte o profesión y fundar o sostener establecimientos de educación y enseñanza; pero corresponde al Estado la determinación de las profesiones en que exija títulos especiales, la de las condiciones para su ejercicio, la de los requisitos necesarios para obtener los títulos y la expedición de los mismos, de conformidad con lo que establezcan las leyes.

Artículo 32. Nadie podrá ser privado de su propiedad sino por Autoridad competente y por causa justificada de utilidad pública, previa la correspondiente indemnización. Si no procediere este requisito, los Jueces y Tribunales ampararán y, en su caso, reintegrarán al expropiado.

Artículo 23. No podrá imponerse en ningún caso la pena de confiscación de bienes.

Artículo 34. Nadie está obligado a pagar contribución ni impuesto que no estuvieren legalmente establecidos y cuya cobranza no se hiciere en la forma prescrita por las leyes.

Artículo 35. Todo autor o inventor gozará de la propiedad exclusiva de su obra o invención por el tiempo y en la forma que determine la ley.

Artículo 36. La enumeración de los derechos garantizados expresamente por esta Constitución no excluye otros que se deriven del principio de la soberanía del pueblo y de la forma republicana de gobierno.

Artículo 37. Las leyes que regulen el ejercicio de los derechos que esta Constitución garantiza serán nulas si los disminuyen, restringen o adulteran.

Sección segunda. Derecho de sufragio

Artículo 38. Todos los cubanos mayores de veintiún años tienen derecho de sufragio, con excepción de los siguientes:

1. Los asilados.
2. Los incapacitados mentalmente, previa declaración judicial de su incapacidad.
3. Los inhabilitados judicialmente por causa de delito.
4. Los individuos pertenecientes a las Fuerzas de Mar y Tierra que estuvieren en servicio activo.

Las leyes determinarán la oportunidad, grado y forma en que la mujer cubana pueda ejercer el derecho de sufragio. Estas leyes deberán ser acordadas por las dos terceras partes de la totalidad de los miembros componentes de la Cámara y el Senado de la República.

Artículo 39. Las leyes establecerán reglas y procedimientos, que aseguren la intervención de las minorías en la formación del Censo de electores y demás operaciones electorales y su representación en el Senado, en la Cámara de Representantes, en los Consejos provinciales y en los Ayuntamientos.

Artículo 40. Las garantías establecidas en los Artículos decimoquinto, decimosexto, decimoséptimo, decimonono, vigésimo segundo, vigésimo tercero, vigésimo cuarto y vigésimo octavo de la Sección primera de este Título no podrán suspenderse en toda la República ni en parte de ella sino temporalmente y cuando lo exija la seguridad del Estado, en caso de invasión del territorio o de grave perturbación del orden que amenace la paz pública.

Artículo 41. El territorio en que fueren suspendidas las garantías que se determinan en el **Artículo** anterior se regirán durante la suspensión por la Ley de Orden Público, dictada de antemano. Pero ni en dicha Ley, ni en otra alguna, podrá disponerse la suspensión de más garantías que las ya mencionadas.

Tampoco podrá hacerse durante la suspensión declaración de nuevos delitos ni imponerse otras penas que las establecidas en las leyes vigentes al decretarse la suspensión.

Queda prohibido al Poder Ejecutivo el extrañamiento o la deportación de los ciudadanos, sin que pueda desterrarlos a más de ciento veinte kilómetros de su domicilio, ni detenerlos por más de diez días, sin hacer entrega de ellos a la Autoridad judicial ni repetir la detención durante el tiempo de suspensión de garantías. Los detenidos no podrán serlo sino en departamentos especiales de los establecimientos públicos destinados a la detención de procesados por causa de delitos comunes.

Artículo 42. La suspensión de garantías de que se trata en el **Artículo** cuadragésimo solo podrá dictarse por medio de una ley o, cuando no estuviere reunido el Congreso, por un Decreto del Presidente de la República. Pero éste no podrá decretar la suspensión más de una vez durante el período comprendido entre dos legislaturas, ni por tiempo indefinido, ni mayor de treinta días, sin convocar al Congreso en el mismo decreto de suspensión. En todo caso deberá darle cuenta para que resuelva lo que estime procedente.

Título V. De la soberanía y los poderes públicos

Artículo 43. La soberanía reside en el pueblo de Cuba y de éste dimanan todos los Poderes públicos.

Título VI. Del Poder Legislativo

Sección primera. De los Cuerpos Colegisladores

Artículo 44. El Poder Legislativo se ejerce por dos Cuerpos electivos que se denominan: «Cámara de Representantes» y «Senado», y conjuntamente reciben el nombre de «Congreso».

Sección segunda. Del Senado, su composición y atribuciones

Artículo 45. El Senado se compondrá de seis Senadores por Provincia, elegidos en cada una para un período de nueve años por sufragio de segundo grado de Compromisarios, que serán de por mitad mayores y no mayores contribuyentes, debiendo ser además mayores de edad y vecinos de términos municipales de la Provincia o del Distrito Central.

Los Compromisarios senatoriales del Partido político que hayan obtenido mayor número de votos en las respectivas Provincias se reunirán en Asamblea electoral senatorial y elegirán simultáneamente dos Senadores en el día y en la forma determinados por la Ley.

Los Compromisarios senatoriales del Partido Político que siga en votación a los de la mayoría en las respectivas Provincias se reunirán en Asamblea electoral senatorial y elegirán un Senador en el día y en la forma determinados por la Ley.

La elección de los Compromisarios se hará por los electores de la Provincia cien días antes de la de Senadores.

Será además Senador por derecho propio durante un término de seis años subsiguientes a la terminación de su período presidencial el que ocupare la Presidencia de la República en propiedad.

La inmunidad a que se refiere el **Artículo** 43 de la Constitución no será aplicable al Senador por derecho propio cuando se tratare de actos realizados durante su administración como Presidente.

El Senado se renovará por mitad en cada dos elecciones sucesivas de las tres que se efectúen en un período de nueve años.

Artículo 46. Para ser Senador se requiere:

1. Ser cubano por nacimiento
2. Haber cumplido treinta y cinco años.
3. Hallarse en el pleno goce de los derechos civiles y políticos.

Artículo 47. Son atribuciones propias del Senado:

1. Juzgar, constituido en Tribunal de Justicia, al Presidente de la República cuando fuere acusado por la Cámara de Representantes de delito contra la seguridad exterior del Estado, contra el libre funcionamiento de los Poderes Legislativo o Judicial o de infracción de los preceptos constitucionales.
2. Juzgar, constituido en Tribunal de Justicia, a los Secretarios del Despacho cuando fueren acusados por la Cámara de Representantes de delitos contra la seguridad exterior del Estado, contra el libre funcionamiento de los Poderes Legislativo o Judicial, de infracción de los preceptos constitucionales o de cualquier otro delito de carácter político que las leyes determinen.
3. Juzgar, constituido en Tribunal de Justicia, a los Gobernadores de las Provincias cuando fueren acusados por el Consejo Provincial o por el Presidente de la República de cualquiera de los delitos expresados en el párrafo anterior.

Cuando el Senado se constituya en Tribunal de Justicia será presidido por el Presidente del Tribunal Supremo y no podrá imponer a los acusados otras penas que la de destitución o las de destitución e inhabilitación para el ejercicio de cargos públicos, sin perjuicio de que los Tribunales que las leyes declaren competentes les impongan cualquier otra en que hubieren incurrido.

4. Aprobar los nombramientos que haga el Presidente de la República del Presidente y Magistrados del Tribunal Supremo de Justicia; de los Representantes diplomáticos y Agentes consulares de la Nación, y de los demás funcionarios cuyo nombramiento requiere su aprobación, según las leyes.
5. Autorizar a los nacionales para admitir empleos u honores de otro Gobierno o para servirlo con las armas.

6. Aprobar los Tratados que negociare el Presidente de la República con otras naciones.

Artículo 48. La Cámara de Representantes se compondrá de un Representante por cada veinticinco mil habitantes o fracción de más de doce mil quinientos, elegido para un período de seis años, por sufragio directo y en la forma que determine la Ley.

La Cámara de Representantes se renovará por mitad cada tres años.

Cuando el número de Representantes electos, de acuerdo con la proporción establecida en el párrafo primero e este artículo, alcance a ciento veintiocho, no podrá aumentarse sino a razón de uno por cada cincuenta mil habitantes, siempre de acuerdo con el último censo decenal de población verificado.

Una ley regulará la forma en que deberá cumplirse lo dispuesto en este último párrafo.

Artículo 49. Para ser Representante se requiere:

1. Ser cubano por nacimiento o naturalizado con ocho años de residencia en la República, contados desde la naturalización.
2. Haber cumplido veinticinco años de edad.
3. Hallarse en el pleno goce de los derechos civiles y políticos.

Artículo 50. Corresponde a la Cámara de Representantes acusar ante el Senado al Presidente de la República y a los Secretarios del Despacho en los casos determinados en los párrafos 1 y 2 del **Artículo** 47, cuando las dos terceras partes del número total de Representantes acordaren en sesión secreta la acusación.

Sección tercera. Disposiciones comunes a los Cuerpos Colegisladores

Artículo 51. Los cargos de Senador y de Representante son incompatibles con cualesquiera otros retribuidos de nombramiento del Gobierno, exceptuándose el de catedrático por oposición de Establecimiento oficial, obtenido con anterioridad a la elección.

Artículo 52. Los Senadores y Representantes recibirán del Estado una dotación igual para ambos cargos y cuya cuantía podrá ser alterada en todo tiempo, pero no surtirá efecto la alteración hasta que sean renovados los Cuerpos colegisladores.

Artículo 53. Los Senadores y Representantes serán inviolables por las opiniones y votos que emitan en el ejercicio de sus cargos. Los Senadores y Representantes solo podrán ser detenidos o procesados con autorización del Cuerpo a que pertenezcan si estuviese reunido el Congreso, excepto en el caso de ser hallados in fraganti en la comisión de algún delito. En este caso, y en el de ser detenidos o procesados cuando estuviese cerrado el Congreso, se dará cuenta, lo más pronto posible, al Cuerpo respectivo para la resolución que corresponda.

Artículo 54. Las Cámaras abrirán y cerrarán sus sesiones en un mismo día residirán en una misma población Y no podrán trasladarse a otro lugar ni suspender sus sesiones por más de tres días sino por acuerdo de ambas.

Tampoco podrán comenzar sus sesiones ni continuarlas sin la presencia de la mayoría absoluta de sus miembros.

Artículo 55. Cada Cámara resolverá sobre la validez de la elección de sus respectivos miembros y sobre las renuncias que presenten. Ningún Senador o Representante podrá ser expulsado de la Cámara a que pertenezca sino en virtud de causa previamente determinada y por acuerdo de las dos terceras partes, por lo menos, del número total de sus miembros.

Artículo 56. Cada Cámara formará su Reglamento y elegirá de entre sus miembros su Presidente, Vicepresidente y Secretarios. Será Presidente del Congreso el que lo sea del Senado y Vicepresidente el Presidente de la Cámara de Representantes

Sección cuarta. Del Congreso y sus atribuciones

Artículo 57. El Congreso se reunirá, por derecho propio, dos veces al año y permanecerá funcionando durante cuarenta días hábiles, por lo menos, en cada legislatura. Una empezará el primer lunes de abril y la otra el primer lunes de noviembre.

Se reunirá en sesiones extraordinarias en los casos y en la forma que determinen los Reglamentos de los Cuerpos colegisladores y cuando el Presidente de la República lo convoque con arreglo a lo establecido en esta Constitución. En dichos casos solo se ocupará del asunto o asuntos que motiven su reunión.

Artículo 58. El Congreso se reunirá en un solo Cuerpo para proclamar al Presidente de la República, previa rectificación y comprobación del escrutinio. En este caso desempeñará la Presidencia del Congreso el Presidente del Senado y en su defecto, el de la Cámara de Representantes, a título de Vicepresidente del propio Congreso.

Si del escrutinio para Presidente resultare que ninguno de los candidatos reuniere mayoría absoluta de votos o hubiere empate, el Congreso, por igual mayoría, elegirá al Presidente de entre los dos candidatos que hubieren obtenido mayor número de votos.

Si fueren más de dos los que se encontraren en este caso por haber obtenido dos o más candidatos igual número de votos, elegirá entre todos ellos el Congreso.

Si en el Congreso resultare también empate se repetirá la votación, y si el resultado de ésta fuere el mismo, el voto del Presidente decidirá.

El escrutinio se efectuará con anterioridad a la expiración del término presidencial.

Artículo 59. Son atribuciones propias del Congreso:

1. Formar los Códigos y las leyes de carácter general; determinar el régimen que deba observarse para las elecciones generales, provinciales y municipales; dictar las disposiciones que regulen y organicen cuanto se relacione con la Administración general, la provincial y la municipal, y todas las demás leyes y resoluciones que estimare conveniente sobre cualesquiera otros asuntos de interés público.

2. Discutir y aprobar los presupuestos de gastos e ingresos del Estado. Dichos gastos e ingresos, con excepción de los que se mencionarán más adelante, se incluirán en presupuestos anuales y solo regirán durante el año para el cual hubieren sido aprobados.

Los gastos del Congreso, los de la Administración de Justicia, los de intereses y amortización de empréstitos y los ingresos con que deben ser cubiertos tendrán el carácter de permanentes y se incluirán en presupuesto fijo, que regirá mientras no sea reformado por leyes especiales.

3. Acordar empréstitos, pero con la obligación de votar al mismo tiempo los ingresos permanentes necesarios para el pago de intereses y amortización.

Todo acuerdo sobre empréstitos requiere el voto de las dos terceras partes del número total de los miembros de cada Cuerpo colegislador.

4. Acuñar moneda, determinando su patrón, ley, valor y denominación.

5. Regular el sistema de pesos y medidas.

6. Dictar disposiciones para el régimen y fomento del comercio interior y exterior.

7. Regular los servicios de comunicaciones de ferrocarriles, caminos, canales y puertos, creando los que exija la conveniencia pública.

8. Establecer las contribuciones e impuestos de carácter nacional que sean necesarios para las atenciones del Estado.

9. Fijar las reglas y procedimientos para obtener la naturalización.

10. Conceder amnistías.

11. Fijar el número de las fuerzas de mar y tierra y determinar su organización.

12. Declarar, la guerra y aprobar los Tratados de paz que el Presidente de la República haya negociado.

Artículo 60. El Congreso no podrá incluir en las leyes de presupuestos disposiciones que ocasionen reformas legislativas o administrativas de otro orden ni podrá reducir o suprimir ingresos de carácter permanente sin establecer al mismo tiempo otros que los sustituyan, salvo el caso que la reducción o supresión procedan de reducción o supresión de gastos permanentes equivalentes, ni asignar a ningún servicio que deba ser dotado in el presupuesto anual mayor cantidad que la propuesta en el proyecto del Gobierno; pero sí podrá crear nuevos servicios y reformar o ampliar los existentes por medio de leyes especiales.

Sección quinta. De la iniciativa y formación de las Leyes, su sanción, y promulgación

Artículo 61. La iniciativa de las leyes se ejercerá por cada uno de los Cuerpos colegisladores indistintamente, y por el Presidente de la República, por medio de Mensaje.

Artículo 62. Todo proyecto de Ley que haya obtenido la aprobación de los dos Cuerpos colegisladores y toda resolución de los mismos que haya de ser ejecutada por el Presidente de la República deberán presentarse a éste para su sanción. Si los aprueba, los autorizará desde luego, devolviéndolos, en otro caso, con las objeciones que hiciere, al Cuerpo colegislador que los hubiere propuesto, el cual consignará las referidas objeciones íntegramente en acta, discutiendo de nuevo el proyecto o resolución.

Si después de esta discusión dos terceras partes del número total de los miembros del Cuerpo colegislador votasen en favor del proyecto o resolución, se pasará, con las objeciones del Presidente, al otro Cuerpo, que también lo discutirá, y si por igual mayoría lo aprueba será ley. En todos estos casos las votaciones serán nominales.

Si dentro de los diez días hábiles siguientes a la remisión del proyecto o resolución del Presidente, éste no lo devolviere se tendrá por sancionado y será ley.

Si dentro de los últimos diez días de una legislatura se presentare un proyecto de ley al Presidente de la República y éste se propusiere utilizar todo el término que al efecto de la sanción se le concede en el párrafo anterior, comunicará su propósito en el mismo día al Congreso, a fin de que permanezca reunido, si lo quisiere, hasta el vencimiento del expresado término. De no hacerlo así el Presidente se tendrá por sancionado el proyecto y será ley.

Ningún proyecto de ley desechado totalmente, por alguno de los Cuerpos colegisladores podrá discutirse de nuevo en la misma legislatura.

Artículo 63. Toda ley será promulgada dentro de los diez días siguientes al de su sanción, proceda ésta del Presidente o del Congreso, según los casos mencionados en el **Artículo** precedente.

Título VII. Del Poder Ejecutivo

Sección primera. Del ejercicio del Poder Ejecutivo

Artículo 64. El Poder Ejecutivo se ejerce por el Presidente de la República.

Sección segunda. Del Presidente de la República y de sus atribuciones y deberes

Artículo 65. Para ser Presidente de la República se requiere:

1. Ser cubano por nacimiento o naturalización, y en este último caso haber servido con las armas a Cuba en sus guerras de Independencia diez años por lo menos.

2. Haber cumplido cuarenta años de edad.

3. Hallarse en el pleno goce de los derechos civiles y políticos.

Artículo 66. El Presidente de la República será elegido por sufragio de segundo grado, en un solo día y conforme al procedimiento que establezca la ley.

El cargo durará seis años y nadie podrá desempeñar las funciones de Presidente en dos períodos consecutivos.

Artículo 67. El Presidente jurará o prometerá ante el Tribunal Supremo de Justicia, al tomar posesión de su cargo, desempeñarlo fielmente, cumpliendo y haciendo cumplir la Constitución y las leyes.

Artículo 68. Corresponde al Presidente de la República:

1. Sancionar y promulgar las leyes, ejecutarlas y hacerlas ejecutar; dictar, cuando no lo hubiere hecho el Congreso, los reglamentos para la mejor ejecución de las leyes, y expedir además los decretos y las órdenes que para este fin y para cuanto incumba al gobierno y administración del Estado creyere convenientes, sin contravenir en ningún caso lo establecido en dichas leyes.

2. Convocar a sesiones extraordinarias al Congreso, o solamente al Senado, en los casos que señala esta Constitución o cuando, a su juicio, fuere necesario.

3. Suspender las sesiones del Congreso cuando, tratándose en éste de su suspensión, no hubiere acuerdo acerca de ella entre los Cuerpos colegisladores.

4. Presentar al Congreso, al principio de cada legislatura y siempre que lo estimase oportuno, un Mensaje referente a los actos de la Administración y demostrativo del estado general de la República, y recomendar además la adopción de las leyes y resoluciones que creyere necesarias o útiles.

5. Presentar al Congreso, en cualquiera de sus Cámaras y antes del 15 de noviembre, el Proyecto de los Presupuestos anuales.

6. Facilitar al Congreso los informes que éste solicitare sobre toda clase de asuntos que no exijan reserva.

7. Dirigir las negociaciones diplomáticas y celebrar tratados con las otras naciones, debiendo someterlos a la aprobación del Senado, sin cuyo requisito no tendrán validez ni obligarán a la República.
8. Nombrar y remover libremente a los Secretarios del Despacho, dando cuenta al Congreso.
9. Nombrar, con la aprobación del Senado, al Presidente y Magistrados del Tribunal Supremo de Justicia y a los Representantes diplomáticos y Agentes consulares de la República, pudiendo hacer nombramientos interinos de dichos funcionarios cuando en caso de vacante no está reunido el Senado.
10. Nombrar, para el desempeño de los demás cargos instituidos por la Ley a los funcionarios correspondientes cuyo nombramiento no esté atribuido a otras Autoridades.
11. Suspender el ejercicio de los derechos que se enumeran en el **Artículo** 40 de esta Constitución, en los casos y en la forma que se expresan en los Artículos 41 y 42.
12. Suspender los acuerdos de los Consejos Provinciales y de los Ayuntamientos, en los casos y en la forma que determina esta Constitución.
13. Decretar la suspensión de los Gobernadores de Provincia, en los casos de extralimitación de funciones y de infracción de las leyes, dando cuenta al Senado, según lo que se establezca, para la resolución que corresponda.
14. Acusar a los Gobernadores de Provincia en los casos expresados en el párrafo tercero del **Artículo** 47.
15. Indultar a los delincuentes con arreglo a lo que prescriba la Ley, excepto cuando se trate de funcionarios públicos penados por delitos cometidos en el ejercicio de sus funciones.
16. Recibir a los Representantes diplomáticos y admitir a los Agentes consulares de las otras Naciones.
17. Disponer, como Jefe Supremo, de las fuerzas de mar y tierra de la República. Proveer a la defensa de su territorio, dando cuenta al Congreso, y a la conservación del orden interior. Siempre que hubiere peligro de invasión o cuando alguna rebelión amenazare gravemente la seguridad pública, no estando reunido el Congreso, el Presidente lo convocará sin demora para la resolución que corresponda.

Artículo 69. El Presidente no podrá salir del territorio de la República sin autorización, del Congreso.
Artículo 70. El Presidente será responsable ante el Tribunal Supremo de Justicia por los delitos de carácter común que cometiere durante el ejercicio de su cargo; pero no podrá ser procesado sin previa autorización del Senado.
Artículo 71. El Presidente recibirá del Estado una dotación, que podrá ser alterada en todo tiempo; pero no surtirá efecto la alteración sino en los dos períodos presidenciales siguientes a aquel en que se acordare.

Título VIII. De la sustitución del Presidente de la República y de las elecciones

Artículo 72. Por falta temporal del Presidente de la República, se encargará inmediatamente y con carácter interino del ejercicio del Poder Ejecutivo el Secretario de Estado que esté desempeñando ese cargo en propiedad, y, en su defecto, el Secretario de Despacho en propiedad a quien le correspondiere según el orden en que aparezca en la ley. En todo caso, el Secretario que deba ocupar el cargo tendrá que reunir necesariamente las mismas condiciones de elegibilidad que se exigen para ser Presidente de la República.
A falta de Secretarios del Despacho que deban ocupar el cargo de Presidente de la República interino, por cualquier causa, lo desempeñará con el mismo carácter de interino el Presidente del Tribunal Supremo de Justicia, o el que haga sus veces, y, en defecto de éstos, el Magistrado de dicho Tribunal de mayor edad.
Artículo 73. Cuando la falta del Presidente fuere definitiva, será sustituido interinamente en la forma señalada en el **Artículo** anterior.
Inmediatamente que ocurra la vacante se convocará para la elección presidencial. Tendrá efecto ésta a los sesenta días siguientes a la fecha en que se produzca la vacante.
Artículo 74. Si la vacante definitiva se produjere, la elección del nuevo Presidente se hará por el espacio de tiempo que aquél le faltare cumplir de su período.
No podrá ser elegido Presidente de la República, para cubrir la vacante producida, la persona que ocupare o hubiese ocupado interinamente la Presidencia de la República.

Artículo 75. Cada tres años se celebrarán elecciones en todo el territorio de la República para cubrir los cargos que deban vacar en el año siguiente al de la elección.

Título IX. De los Secretarios del despacho

Artículo 76. Para el ejercicio de sus atribuciones tendrá el Presidente de la República los Secretarios del Despacho que determine la Ley, debiendo recaer el nombramiento de éstos en ciudadanos cubanos que se hallen en el pleno goce de los derechos civiles y políticos.

Artículo 77. Todos los decretos, órdenes y resoluciones del Presidente de la República habrán de ser refrendados por el Secretario del Ramo correspondiente, sin cuyo requisito carecerán de fuerza obligatoria y no serán cumplidos.

Artículo 78. Los Secretarios serán personalmente responsables de los actos que refrenden, y, además, solidariamente, de los que, juntos, acuerden o autoricen. Esta responsabilidad no excluye la personal y directa del Presidente de la República.

Artículo 79. Los Secretarios del Despacho serán acusados por la Cámara de Representantes ante el Senado, en los casos que se mencionan en el párrafo segundo del **Artículo** 47.

Artículo 80. Los Secretarios del Despacho recibirán del Estado una dotación que podrá ser alterada en todo tiempo; pero no surtirá efecto la alteración sino en los períodos presidenciales siguientes a aquel en que se acordare.

Título X. Del Poder Judicial

Sección primera. Del ejercicio del Poder Judicial

Artículo 81. El Poder Judicial se ejerce por un Tribunal Supremo de Justicia y por los demás Tribunales que las leyes establezcan. Estas regularán sus respectivas organización y facultades, el modo de ejercerlas y las condiciones que deban concurrir en los funcionarios que los compongan.

Sección segunda. Del Tribunal Supremo de Justicia

Artículo 82. Para ser Presidente o Magistrado del Tribunal Supremo de Justicia se requiere:

1. Ser cubano por nacimiento.
2. Haber cumplido treinta y cinco años de edad.
3. Hallarse en el pleno goce de los derechos civiles y políticos y no haber sido condenado a pena aflictiva por delito común.
4. Reunir, además, alguna de las circunstancias siguientes:

Haber ejercido, en Cuba, durante diez años por lo menos, la profesión de abogado, o desempeñado, por igual tiempo, funciones judiciales; o explicado, el mismo número de años, una Cátedra de Derecho en Establecimiento Oficial de enseñanza.

Podrán ser también nombrados para los cargos de Presidente y Magistrados del Tribunal Supremo, siempre que reúnan las condiciones de los números 1, 2. y 3. de este **Artículo**:

a) Los que hubieren ejercido, en la Magistratura, cargo de categoría igual o inmediatamente inferior, por el tiempo que determine la ley.

b) Los que, con anterioridad a la promulgación de esta Constitución, hubieren sido Magistrados del Tribunal Supremo de la Isla de Cuba.

El tiempo de ejercicio de funciones judiciales se computará como de ejercicio de la Abogacía, al efecto de capacitar a los Abogados para poder ser nombrados Magistrados del Tribunal Supremo.

Artículo 83. Además de las atribuciones que le estuvieren anteriormente señaladas y de las que en lo sucesivo le confieran las leyes, corresponden al Tribunal Supremo las siguientes:

1. Conocer de los recursos de casación.
2. Dirimir las competencias entre los Tribunales que le sean inmediatamente inferiores o no tengan un superior común.
3. Conocer de los juicios en que litiguen entre sí el Estado, las Provincias y los Municipios.

4. Decidir sobre la constitucionalidad de las leyes, decretos y reglamentos, cuando fuere objeto de controversia entre partes.

Sección tercera. Disposiciones generales acerca de la Administración de Justicia

Artículo 84. La justicia se administrará gratuitamente en todo el territorio de la República.

Artículo 85. Los Tribunales conocerán de todos los juicios, ya sean civiles, criminales o contencioso-administrativos.

Artículo 86. No se podrán crear, en ningún caso ni bajo ninguna denominación, Comisiones judiciales ni Tribunales extraordinarios.

Artículo 87. Ningún funcionario del orden judicial podrá ser suspendido ni separado de su destino o empleo sino por razón de delito u otra causa grave, debidamente acreditada, y siempre con su audiencia.

Tampoco podrá ser trasladado sin su consentimiento, a no ser por motivo evidente de conveniencia pública.

Artículo 88. Todos los funcionarios del orden judicial serán personalmente responsables, en la forma que determinen las leyes, de toda infracción de ley que cometieren.

Artículo 89. La dotación de los funcionarios del orden judicial no podrá ser alterada sino en períodos mayores de cinco años, y por medio de una Ley. Esta no podrá asignar distintas dotaciones a cargos cuyo grado, categoría y funciones sean iguales.

Artículo 90. Los Tribunales de las fuerzas de mar tierra se regularán por una ley orgánica especial.

Título XI. Del régimen Provincial

Sección primera. Disposiciones generales

Artículo 91. La Provincia comprende los términos municipales enclavados dentro de sus límites.

La Provincia de La Habana comprenderá, además, a todos los efectos, el Distrito Central. Tendrá éste los límites que la Ley determine. La Ley determinará también la forma de gobierno del Distrito y todo lo que con el mismo se relacione, sin alterar la unidad administrativa electoral de la Provincia y del Municipio extinguido, a los efectos de cubrir cargos nacionales y provinciales.

En el caso de suprimirse uno o varios Municipios porque su territorio pase a formar parte de un Distrito, la Provincia a que pertenezca el Municipio o Municipios suprimidos seguirá percibiendo la cuota de contribución que le corresponda con arreglo a la Ley.

No se podrán anexar al Distrito Central más de tres Municipios.

Artículo 92. En cada Provincia habrá un Gobernador y un Consejo Provincial, elegidos por sufragio de primer grado, en la forma que prescriba la ley.

El número de Consejeros, en cada una, no será menor de ocho ni mayor de veinte.

Sección segunda. De los Concejos Provinciales y de sus atribuciones

Artículo 93. Corresponde a los Consejos Provinciales:

1. Acordar sobre todos los asuntos que conciernan a la Provincia y que, por la Constitución, por los Tratados o por las leyes, no correspondan a la competencia general del Estado o a la privativa de los Ayuntamientos.

2. Formar sus presupuestos, estableciendo los ingresos necesarios para cubrirlos, sin otra limitación que la de hacerlos compatibles con el sistema tributario del Estado.

3. Acordar empréstitos para obras públicas de interés provincial, pero votando al mismo tiempo los ingresos permanentes necesarios para el pago de sus intereses y amortización.

Para que dichos empréstitos puedan realizarse habrán de ser aprobados por las dos terceras partes de los Ayuntamientos de la Provincia.

4. Acusar ante el Senado al Gobernador, en los casos determinados en el párrafo tercero del **Artículo** 47, cuando los dos tercios del número total de los Consejeros Provinciales acordaren, en sesión secreta, la acusación.

5. Nombrar y remover los empleados provinciales con arreglo a lo que establezcan las leyes.

Artículo 94. Los Consejos Provinciales no podrán reducir o suprimir ingresos de carácter permanente, sin establecer al mismo tiempo otros que los sustituyan, salvo en el caso de que la reducción o supresión procedan de reducción o supresión de gastos permanentes equivalentes.

Artículo 95. Los acuerdos de los Consejos Provinciales serán presentados al Gobernador de la Provincia. Si éste los aprobare, los autorizará con su firma. En otro caso, los devolverá con sus objeciones al Consejo, el cual discutirá de nuevo el asunto. Y si después de la segunda discusión las dos terceras partes del número total de Consejeros votaren en favor del acuerdo, éste será ejecutivo.

Cuando el Gobernador, transcurridos diez días desde la presentación de un acuerdo, no lo devolviere, se tendrá por aprobado y será también ejecutivo.

Artículo 96. Los acuerdos de los Consejos Provinciales podrán ser suspendidos por el Gobernador de la Provincia o por el Presidente de la República cuando, a su juicio, fueren contrarios a la Constitución, a los Tratados, a las leyes o a los acuerdos adoptados por los Ayuntamientos, dentro de sus atribuciones propias. Pero se reservará a los Tribunales el conocimiento y la resolución de las reclamaciones que se promuevan con motivo de la suspensión.

Artículo 97. Ni los Consejos Provinciales ni ninguna Sección o Comisión de su seno o por ellos designada fuera de él, podrán tener intervención en las operaciones que correspondan al procedimiento electoral para cualquier clase de elecciones.

Artículo 98. Los Consejeros Provinciales serán personalmente responsables, ante los Tribunales, en la forma que las leyes prescriban, de los actos que ejecuten en el ejercicio de sus funciones.

Sección tercera. De los Gobernadores de Provincias y sus atribuciones

Artículo 99. Corresponde a los Gobernadores de Provincia:

1. Cumplir y hacer cumplir, en los extremos que les conciernan, las leyes, decretos y reglamentos de la Nación.
2. Publicar los acuerdos del Consejo Provincial que tengan fuerza obligatoria, ejecutándolos y haciéndolos ejecutar.

3. Expedir órdenes y dictar además las instrucciones y reglamentos para la mejor ejecución de los acuerdos del Consejo Provincial, cuando éste no los hubiere hecho.
4. Convocar al Consejo Provincial a sesiones extraordinarias cuando, a su juicio, fuere necesario, expresándose en la convocatoria el objeto de las sesiones.
5. Suspender los acuerdos del Consejo Provincial y de los Ayuntamientos, en los casos que determina esta Constitución.
6. Acordar la suspensión de los Alcaldes en los casos de extralimitación de facultades, violación de la Constitución o de las leyes, infracción de los acuerdos de los Consejos Provinciales, o incumplimiento de sus deberes, dando cuenta al Consejo Provincial, en los términos que establezcan las leyes.
7. Nombrar y remover los empleados de su despacho conforme a lo que establezcan las leyes.

Artículo 100. El Gobernador será responsable ante el Senado, en los casos que en esta Constitución se señalan, y ante los Tribunales en los demás casos de delito, con arreglo a lo que prescriban las leyes.

Artículo 101. El Gobernador recibirá del Tesoro Provincial una dotación que podrá ser alterada en todo tiempo; pero no surtirá efecto la alteración sino después que se verifique nueva elección de Gobernador.

Artículo 102. Por falta, temporal o definitiva, del Gobernador de la Provincia, le sustituirá en el ejercicio de su cargo el Presidente del Consejo Provincial. Si la falta fuere definitiva, durará la sustitución hasta que termine el período para que hubiere sido electo el Gobernador.

Título XII. Del régimen municipal

Sección primera. Disposiciones generales

Artículo 103. Los Términos Municipales serán regidos por Ayuntamientos, compuestos de Concejales elegidos por sufragio de primer grado, en el número y en la forma que la Ley prescriba.

Artículo 104. En cada Término Municipal habrá un Alcalde, elegido por sufragio de primer grado, en la forma que establezca la Ley.

Sección segunda. De los Ayuntamientos y sus atribuciones

Artículo 105. Corresponde a los Ayuntamientos:

1. Acordar sobre todos los asuntos que conciernan exclusivamente al Término Municipal.
2. Formar sus presupuestos, estableciendo los ingresos necesarios para cubrirlos, sin otra limitación que la de hacerlos compatibles con el sistema tributario del Estado.
3. Acordar empréstitos, pero votando al mismo tiempo los ingresos permanentes necesarios para el pago de sus intereses y amortización. Para que dichos empréstitos puedan realizarse habrán de ser aprobados por las dos terceras partes de los electores del Término Municipal.
4. Nombrar y remover los empleados municipales conforme a lo que establezcan las leyes.

Artículo 106. Los Ayuntamientos no podrán reducir o suprimir ingresos de carácter permanente sin establecer al mismo tiempo otros que los sustituyan, salvo en el caso de que la reducción o supresión procedan de reducción o supresión de gastos permanentes equivalentes.

Artículo 107. Los acuerdos de los Ayuntamientos serán presentados al Alcalde. Si éste los aprobare, los autorizará con su firma. En otro caso, los devolverá, con sus objeciones, al Ayuntamiento, el cual discutirá de nuevo el asunto. Y si después de la segunda discusión, las dos terceras partes del número total de Concejales votaren en favor del acuerdo, éste será ejecutivo.

Artículo 108. Los acuerdos de los Ayuntamientos podrán ser suspendidos por el Alcalde, por el Gobernador de la Provincia o por el Presidente de la República, cuando, a su juicio, fueren contrarios a la Constitución, a los Tratados, a las leyes o a los acuerdos adoptados por el Consejo Provincial dentro de sus atribuciones propias. Pero se reservará a los Tribunales el conocimiento y la resolución de las reclamaciones que se promuevan con motivo de la suspensión.

Artículo 109. Los Concejales serán personalmente responsables, ante los Tribunales de Justicia, en la forma que las leyes prescriban, de los actos que ejecuten en el ejercicio de sus funciones.

Sección tercera. De los Alcaldes y sus atribuciones y deberes

Artículo 110. Corresponde a los Alcaldes:

1. Publicar los acuerdos de los Ayuntamientos que tengan fuerza obligatoria, ejecutándolos y haciéndolos ejecutar.
2. Ejercer las funciones activas de la administración municipal, expidiendo al efecto órdenes y dictando además instrucciones y reglamentos para la mejor ejecución de los acuerdos del Ayuntamiento, cuando éste no los hubiere hecho.
3. Nombrar y remover los empleados de su despacho, conforme a lo que establezcan las leyes.

Artículo 111. El Alcalde será personalmente responsable, ante los Tribunales de Justicia, en la forma que las leyes prescriban, de los actos que ejecute en el ejercicio de sus funciones.

Artículo 112. El Alcalde recibirá del Tesoro Municipal una dotación que podrá ser alterada en todo tiempo, pero no surtirá efecto la alteración sino después que se verifique nueva elección de Alcalde.

Artículo 113. Por falta, temporal o definitiva, del Alcalde, le sustituirá en el ejercicio de su cargo el Presidente del Ayuntamiento.

Si la falta fuere definitiva, durará la sustitución hasta que termine el período para que hubiere sido elegido el Alcalde.

Título XIII. De la Hacienda Nacional

Artículo 114. Pertenecen al Estado todos los bienes existentes en el territorio de la República, que no correspondan a las Provincias o a los Municipios, ni sean, individual o colectivamente, de propiedad particular.

Título XIV. De la reforma de la Constitución

Artículo 115. La Constitución no podrá reformarse total ni parcialmente sino por acuerdo de las dos terceras partes del número total de los miembros de cada Cuerpo Colegislador.

Seis meses después de acordada la reforma se procederá a convocar una Convención Constituyente, que se limitará a aprobar o a desechar la reforma votada por los Cuerpos Colegisladores, los cuales continuarán en el ejercicio de sus funciones con entera independencia de la Convención.
Los Delegados a dicha Convención serán elegidos por Provincias en la proporción de uno por cada cincuenta mil habitantes y en la forma que establezcan las leyes.
Ello no obstante, cuando la reforma tenga por objeto directa o indirectamente autorizar la permanencia en el cargo de algún funcionario de carácter electivo, por mayor tiempo de aquel para el que fue elegido, o la reelección del Presidente de la República, deberá obtener necesariamente, para que sea eficaz, la aprobación previa por la unanimidad del número total de los miembros de cada Cuerpo Colegislador y por las tres cuartas partes del número total de los miembros de la Convención Constituyente, debiendo además ser ratificada después por medio de un plebiscito directo de todos los electores de la República, considerándose efectivamente aprobada si en dicho plebiscito alcanza el voto favorable de las tres cuartas partes del número total de los ciudadanos aptos para ejercer el derecho del sufragio.
Asimismo la reforma de la Constitución que tenga por objeto modificar las disposiciones del párrafo precedente, requerirá ser aprobada con iguales formalidades y requisitos.

Disposiciones transitorias

Primera. La República de Cuba no reconoce más deudas y compromisos que los contraídos legítimamente, en beneficio de la Revolución, por los Jefes de Cuerpo del Ejército Libertador, después del 24 de febrero de 1895, y con anterioridad al 19 de septiembre del mismo año, fecha en que se promulgó la Constitución de Jimaguayú; y las deudas y compromisos que el Gobierno Revolucionario hubiere contraído posteriormente, por sí o por sus legítimos representantes en el extranjero. El Congreso calificará dichas deudas y compromisos y resolverá sobre el pago de los que fueren legítimos.
Segunda. Los nacidos en Cuba o los hijos de naturales de Cuba que al tiempo de promulgar esta Constitución fueren ciudadanos de algún Estado

extranjero, no podrán gozar de la nacionalidad cubana sin renunciar, previa y expresamente, la que tuvieren.

Tercera. El tiempo que los extranjeros hubieren servido en las guerras por la independencia de Cuba, se computará como tiempo de naturalización y de residencia para la adquisición del derecho que a los naturalizados reconoce el **Artículo** 49.

Cuarta. La base de población que se establece, en relación con las elecciones de Representantes y de Delegados a la Convención Constituyente, en los Artículos 48 y 115, podrá modificarse por una Ley cuando a juicio del Congreso lo exigiere el aumento de habitantes que resulte de los censos periódicamente formados.

Quinta. Todas las leyes, decretos, reglamentos, órdenes y demás disposiciones que estuvieren en vigor al promulgarse esta Constitución, continuarán observándose en cuanto no se opongan a ella, mientras no fueren legalmente derogadas o modificadas.

Sexta. La primera elección que se efectúe después de la aprobación de esta reforma será en el año de mil novecientos veintiocho, para cubrir el cargo de Presidente de la República, y el primer período presidencial, de acuerdo con la reforma aprobada del **Artículo** 66, comenzará a contarse desde el día veinte de mayo de mil novecientos veintinueve.

Séptima. La modificación del Título VIII de la Constitución comenzará a regir el día veinte de mayo de mil novecientos veintinueve.

Octava.

a) Los Senadores elegidos en primero de noviembre de mil novecientos veinte, cesarán el primer lunes de abril de mil novecientos treinta y uno.

b) Los Senadores elegidos en primero de noviembre de mil novecientos veinticuatro, cesarán el primer lunes de abril de mil novecientos treinta y cinco.

c) Los Representantes elegidos en primero de noviembre de mil novecientos veinticuatro, cesarán el primer lunes de abril de mil novecientos treinta y uno.

d) Los Representantes elegidos en primero de noviembre de mil novecientos veintiséis, cesarán el primer lunes de abril de mil novecientos treinta y tres.

e) Cesarán el veinticuatro de febrero de mil novecientos treinta y tres, los Gobernadores, Consejeros Provinciales, Alcaldes Municipales, Concejales y Miembros de la Junta de Educación elegidos en primero de noviembre de mil novecientos veintiséis, con excepción de los del Término Municipal de La Habana, por la creación del Distrito Central.

f) Cesará en las fechas señaladas anteriormente el derecho a sustituir de los Representantes a la Cámara, Consejeros Provinciales, Concejales y Miembros de la Junta de Educación que sean suplentes.

Novena. El Presidente y Vicepresidente de la República actualmente en funciones pasarán, al terminar sus períodos, a ser Senadores por derecho propio, por un término de seis años.

Décima. En el año de mil novecientos treinta se celebrarán elecciones en que se elegirán: los Representantes a la Cámara que deben cesar el primer lunes de abril de mil novecientos treinta y uno, por un período de siete años; veinticuatro Senadores, doce que corresponden a los que cesan el primer lunes de abril de mil novecientos treinta y uno y doce nuevas plazas; de estos Senadores dieciocho serán elegidos por diez años, y seis por cuatro años, decidiendo la suerte en una sesión del Senado, quiénes lo serán por diez años y quiénes por cuatro.

A los efectos del **Artículo** cuarenta y cinco de esta Constitución, la Asamblea de Compromisarios Senatoriales del Partido Político que haya obtenido mayor número de votos en las respectivas Provincias, elegirá tres Senadores, y la del Partido Político siguiente en número de votos elegirá un Senador en el día y en la forma determinados por la Ley.

Los Partidos Políticos que postularen Senadores para esta elección, postularán tres candidatos, en sus respectivos organismos provinciales, dos por la mayoría y uno por la minoría.

Decimoprimera. En el año de mil novecientos treinta y dos se elegirán los Gobernadores, Alcaldes Municipales, Consejeros Provinciales, Concejales y Miembros de la Junta de Educación que cesan en veinticuatro de febrero de mil novecientos treinta y tres, por un período que comenzará en dicho veinticuatro de febrero de mil novecientos treinta y tres y terminará en veinticuatro de febrero de mil novecientos treinta y ocho.

También se elegirán los Representantes a la Cámara que cesan en el primer lunes de abril de mil novecientos treinta y tres, por un período que comenzará en dicho primer lunes de abril de mil novecientos treinta y tres y concluirá el primer lunes de abril de mil novecientos cuarenta y uno.
Duodécima. En el año de mil novecientos treinta y cuatro se elegirán dieciocho Senadores, que deben cesar el primer lunes de abril de mil novecientos treinta y cinco, por un período que comenzará en dicho primer lunes de abril de mil novecientos treinta y cinco y terminará el primer lunes de abril de mil novecientos cuarenta y cuatro.
Decimotercera. A partir de las elecciones que se celebren en mil novecientos treinta y cuatro, el Senado se renovará, ya definitivamente, de por mitad; y en las elecciones de ese año y en las de mil novecientos cuarenta y tres se elegirán dieciocho Senadores, no eligiéndose estos cargos en las de mil novecientos cuarenta y seis; y renovándose, nuevamente por mitad, en las elecciones de mil novecientos cuarenta y nueve y mil novecientos cincuenta y dos y así sucesivamente, en cada dos elecciones de las tres que se celebren en cada período de nueve años, según establece el **Artículo** 45 de esta Constitución.
Decimocuarta. A partir del año de mil novecientos treinta y cuatro, las elecciones se celebrarán de acuerdo con lo dispuesto en el **Artículo** setenta y cinco de la Constitución.
Decimoquinta. La Ley creando el Distrito Central regirá necesariamente el veinticuatro de febrero de mil novecientos treinta y uno.
Decimosexta. Todos los funcionarios de la Administración Pública que, para entrar en el desempeño de sus cargos, hayan jurado o prometido guardar y defender la Constitución, deberán jurar o prometer nuevamente guardar y defender esta Constitución con las modificaciones aprobadas por la Convención Constituyente.
Decimoséptima. Las precedentes reformas de la Constitución de la República comenzarán a regir desde que se publiquen en la «Gaceta Oficial».

Domingo Méndez Capote, Presidente. Juan Rius Rivera, primer Vicepresidente. José Gómez. Eudaldo Tamayo. José B. Alemán. José J. Monteagudo. Martín Morúa Delgado. José Luis Robau. Luis Fortún. Manuel R. Silva. Pedro

Betancourt. Eliseo Giberga. Joaquín Quílez. Gonzalo de Quesada. Diego Tamayo. Manuel Sanguily. Alejandro Rodríguez. Miguel Gener. Emilio Núñez. Leopoldo Berrier. José Lacret. Rafael Portuondo. José Fernández de Castro. Antonio Bravo Correoso. José N. Ferrer. Juan Gualberto Gómez. Rafael Manduley. Salvador Cisneros Betancourt. Pedro González Llorente. Alfredo Zayas, Secretario. Enrique Vulluendas, Secretario.

Constitución de la República de Cuba de 1940

(5 de julio de 1940)

Constitución de 1940

Nosotros los delegados del pueblo de Cuba, reunidos en Convención Constituyente, a fin de dotarlo de una nueva ley fundamental que consolide su organización como Estado independiente y soberano, apto para asegurar la libertad y la justicia, mantener el orden y promover el bienestar general, acordamos, invocando el favor de Dios, la siguiente Constitución:

Título I. De la nación, su territorio y forma de gobierno

Artículo 1. Cuba es un Estado independiente y soberano organizado como República unitaria y democrática, para el disfrute de la libertad política, la justicia social, el bienestar individual y colectivo y la solidaridad humana.

Artículo 2. La Soberanía reside en el pueblo y de éste dimanan todos los poderes públicos.

Artículo 3. El territorio de la República está integrado por la Isla de Cuba, la Isla de Pinos y las demás islas y cayos adyacentes que con ellas estuvieron bajo la soberanía de España hasta la ratificación del tratado de París, de 10 de diciembre de 1898. La República no concertará ni ratificará pactos o tratados que en forma alguna limiten o menoscaben la Soberanía nacional o la integridad del territorio.

Artículo 4. El Territorio de la República se divide en Provincias y éstas en Términos Municipales. Las actuales Provincias se denominan Pinar del Río, La Habana, Matanzas, Las Villas, Camagüey y Oriente.

Artículo 5. La Bandera de la República es la de Narciso López, que se izó en la fortaleza del Morro de La Habana el día 20 de mayo de 1902, al transmitirse los poderes públicos al pueblo de Cuba. El escudo nacional es el que como tal está establecido por la ley. La República no reconocerá ni consagrará con carácter nacional otra bandera, himno o escudo que aquellos a que este artículo se refiere.

En los edificios, fortalezas y dependencias públicas y en los actos oficiales no se izará más bandera que la nacional, salvo las extranjeras en los casos y en la forma permitidos por el protocolo y por los usos internacionales, los tratados y las leyes. Por excepción podrá enarbolarse en la ciudad de Bayamo, declarada monumento nacional, la bandera de Carlos Manuel de Céspedes. El Himno nacional es el de Bayamo, compuesto por Pedro Figueredo, y será el único que se ejecute en todas las dependencias de Gobierno, cuarteles y actos oficiales. Los Himnos extranjeros podrán ejecutarse en los casos expresados anteriormente en relación con las banderas extranjeras.

No obstante lo dispuesto en el Párrafo segundo de este **Artículo** en las fortalezas y cuarteles se podrán izar banderas pertenecientes a las Fuerzas Armadas. Asimismo las sociedades, organizaciones o centros de cualquier clase podrán izar sus banderas o insignias en sus edificios, pero siempre el pabellón nacional ocupará lugar preferente.

Artículo 6. El idioma oficial de la República es el español.

Artículo 7. Cuba condena la guerra de agresión; aspira a vivir en paz con los demás Estados y a mantener con ellos relaciones y vínculos de cultura y de comercio.

El Estado cubano hace suyos los principios y prácticas del derecho internacional que propendan a la solidaridad humana, al respeto de la Soberanía de los pueblos, a la reciprocidad entre los Estados y a la paz y la civilización universales.

Título II. De la nacionalidad

Artículo 8. La ciudadanía comporta deberes y derechos, cuyo ejercicio adecuado será regulado por la ley.

Artículo 9. Todo cubano está obligado:

a) A servir con las armas a la patria en los casos y en la forma que establezca la ley;

b) A contribuir a los gastos públicos en la forma y cuantía que la ley disponga;

c) A cumplir la Constitución y las leyes de la República y observar conducta cívica, inculcándola a los propios hijos y a cuantos estén bajo su abrigo, promoviendo en ellos la más pura conciencia nacional.

Artículo 10. El ciudadano tiene derecho:

a) A residir en su patria sin que sea objeto de discriminación ni extorsión alguna, no importa cuáles sean su raza, clase, opiniones políticas o creencias religiosas;
b) A votar según disponga la ley en las elecciones y referendos que se convoquen en la República;
c) A recibir los beneficios de la asistencia social y de la cooperación pública, acreditando previamente en el primer caso su condición de pobre;
d) A desempeñar funciones y cargos públicos;
e) A la preferencia que en el trabajo dispongan la Constitución y la ley.
Artículo 11. La ciudadanía cubana se adquiere por nacimiento o por naturalización.
Artículo 12. Son cubanos por nacimiento:
a) Todos los nacidos en el territorio de la República, con excepción de los hijos de los extranjeros que se encuentren al servicio de su gobierno;
b) Los nacidos en territorio extranjero, de padre o madre cubanos, por el solo hecho de avecindarse aquéllos en Cuba;
c) Los que habiendo nacido fuera del territorio de la República de padre o madre natural de Cuba que hubiesen perdido esta nacionalidad, reclamen la ciudadanía cubana en la forma y con sujeción a las condiciones que señale la ley;
d) Los extranjeros quc por un año o más hubiesen prestado servicios en el Ejército Libertador, permaneciendo en éste hasta la terminación de la Guerra de Independencia, siempre que acrediten esta condición con documento fehaciente expedido por el Archivo Nacional.
Artículo 13. Son cubanos por naturalización:
a) Los extranjeros que después de cinco años de residencia continua en el territorio de la República y no menos de uno después de haber declarado su intención dc adquirir la nacionalidad cubana, obtengan la carta de ciudadanía con arreglo a la ley, siempre que conozcan el idioma español;
b) El extranjero que contraiga matrimonio con cubana, y la extranjera que lo contraiga con cubano, cuando tuvieren prole de esa unión o llevaren dos años de residencia continua en el país después de la celebración del matrimonio, y siempre que hicieren previa renuncia de su nacionalidad de origen.

Artículo 14. Las cartas de ciudadanía y los certificados de nacionalidad cubana estarán exentas de tributación.
Artículo 15. Pierden la ciudadanía cubana:
a) Los que adquieran una ciudadanía extranjera;
b) Los que sin permiso del Senado entren al servicio militar de otra Nación, o al desempeño de funciones que lleven aparejada autoridad o jurisdicción propia;
c) Los cubanos por naturalización que residan tres años consecutivos en el país de su nacimiento, a no ser que expresen cada tres años, ante la autoridad consular correspondiente, su voluntad de conservar la ciudadanía cubana.
La ley podrá determinar delitos y causas de indignidad que produzcan la pérdida de la ciudadanía por naturalización, mediante sentencia firme de los tribunales competentes;
d) Los naturalizados que aceptasen una doble ciudadanía. La pérdida de la ciudadanía por los motivos consignados en los Incisos b) y c) de este **Artículo** no se hará efectiva sino por sentencia firme dictada en juicio contradictorio ante Tribunal de Justicia, según disponga la ley.
Artículo 16. Ni el matrimonio ni su disolución afectan a la nacionalidad de los cónyuges o de sus hijos.
La cubana casada con extranjero conservará la nacionalidad cubana.
La extranjera que se case con cubano y el extranjero que se case con cubana conservarán su nacionalidad de origen, o adquirirán la cubana, previa opción regulada por la Constitución, la ley o los tratados internacionales.
Artículo 17. La ciudadanía cubana podrá recobrarse en la forma que prescriba la ley.
Artículo 18. Ningún cubano por naturalización podrá desempeñar, a nombre de Cuba, funciones oficiales en su país de origen.

Título III. De la extranjería

Artículo 19. Los extranjeros residentes en el territorio de la República se equiparan a los cubanos:
a) En cuanto a la protección de su persona y bienes;

b) En cuanto al goce de los derechos reconocidos en esta Constitución, con excepción de los que se otorgan exclusivamente a los nacionales.

El Gobierno, sin embargo, tiene la potestad de obligar a un extranjero a salir del territorio nacional en los casos y formas señalados en la ley.

Cuando se trate de extranjeros con familia cubana constituida en Cuba, deberá mediar fallo judicial para expulsión, conforme a lo que prescriben las leyes en la materia.

La ley regulará la organización de las asociaciones de extranjeros, sin permitir discriminación contra los derechos de los cubanos que formen parte de ellas;

c) En la obligación de acabar el régimen económico social de la República;

d) En la obligación de observar la Constitución y la ley;

e) En la obligación de contribuir a los gastos públicos en la forma y cuantía que la ley disponga;

f) En la sumisión a la jurisdicción y resoluciones de los tribunales de justicia y autoridades de la República;

g) En cuanto al disfrute de los derechos civiles, bajo las condiciones y con las limitaciones que la ley prescriba.

Título IV. Derechos fundamentales

Sección I. De los derechos fundamentales

Artículo 20. Todos los cubanos son iguales ante la ley. La República no reconoce fueros ni privilegios.

Se declara ilegal y punible toda discriminación por motivo de sexo, raza, color o clase, y cualquiera otra lesiva a la dignidad humana.

La ley establecerá las sanciones en que incurran los infractores de este precepto.

Artículo 21. Las leyes penales tendrán efecto retroactivo cuando sean favorables al delincuente. Se excluye de este beneficio, en los casos en que haya mediado dolo, a los funcionarios o empleados públicos que delinquen en el ejercicio de su cargo y a los responsables de delitos electorales y contra los derechos individuales que garantiza esta Constitución. A los que incurriesen en estos delitos se les aplicarán las penas y calificaciones de la ley vigente al momento de delinquir.

Artículo 22. Las demás leyes no tendrán efecto retroactivo, salvo que la propia ley lo determine por razones de orden público, de utilidad social o de necesidad nacional, señaladas expresamente en la ley con el voto conforme de las dos terceras partes del número total de los miembros de cada Cuerpo Colegislador. Si fuera impugnado el fundamento de la retroactividad en vía de inconstitucionalidad, corresponderá al Tribunal de Garantías Constitucionales y Sociales decidir sobre el mismo, sin que pueda dejar de hacerlo por razón de forma y otro motivo cualquiera. En todo caso la propia ley establecerá el grado, modo y forma en que se indemnizarán los daños, si los hubiere, que la retroactividad infiriese a los derechos adquiridos legítimamente al amparo de una legislación anterior.

La ley acordada al amparo de este **Artículo** no será válida si produce efectos contrarios a lo dispuesto en el **Artículo** 24 de esta Constitución.

Artículo 23. Las obligaciones de carácter civil que nazcan de los contratos o de otros actos u omisiones que las produzcan no podrán ser anuladas ni alteradas por el Poder Legislativo ni por el Ejecutivo y por consiguiente, las leyes no podrán tener efecto retroactivo respecto a dichas obligaciones. El ejercicio de las acciones que de éstas se deriven podrá ser suspendido, en caso de grave crisis nacional, por el tiempo que fuere razonablemente necesario, mediante los mismos requisitos y sujeto a la impugnabilidad a que se refiere el Párrafo primero del **Artículo** anterior.

Artículo 24. Se prohíbe la confiscación de bienes. Nadie podrá ser privado de su propiedad sino por autoridad judicial competente y por causa justificada de utilidad pública o interés social, y siempre previo al pago de la correspondiente indemnización en efectivo fijada judicialmente.

La falta de cumplimiento de estos requisitos determinará el derecho del expropiado a ser amparado por tribunales de justicia, y en su caso reintegrado en su propiedad.

La certeza de la causa de utilidad pública o interés social y la necesidad de la expropiación corresponderá decidirlas a los tribunales de justicia en caso de impugnación.

Artículo 25. No podrá imponerse la pena de muerte. Se exceptúan los miembros de las Fuerzas Armadas por delitos de carácter militar y las personas culpables de traición o de espionaje en favor del enemigo en tiempo de guerra con Nación extranjera.

Artículo 26. La Ley Procesal Penal establecerá las garantías necesarias para que todo delito resulte probado independientemente del testimonio del acusado, del cónyuge y también de sus familiares hasta el cuarto grado de consanguinidad y segundo de afinidad. Se considerará inocente a todo acusado hasta que se dicte condena contra él.

En todos los casos las autoridades y sus agentes levantarán acta de la detención que firmará el detenido, a quien se le comunicará la autoridad que la ordenó, el motivo que la produce y el lugar adonde va a ser conducido, dejándose testimonio en el acta de todos estos particulares.

Son públicos los registros de detenidos y presos.

Todo hecho contra la integridad personal, la seguridad o la honra de un detenido será imputable a sus aprehensores o guardianes, salvo que se demuestre lo contrario. El subordinado podrá rehusar el cumplimiento de las órdenes que infrinjan esta garantía. El custodio que hiciere uso de las armas contra un detenido o preso que intentare fugarse será necesariamente inculpado y responsable, según las leyes del delito que hubiere cometido.

Ningún detenido o preso será incomunicado.

Solamente la jurisdicción ordinaria conocerá de las infracciones de este precepto, cualesquiera que sean el lugar, circunstancias y personas que en la detención intervengan.

Artículo 27. Todo detenido será puesto en libertad o entregado a la autoridad judicial competente dentro de las veinticuatro horas siguientes al acto de su detención.

Toda detención quedará sin efecto, o se elevará a prisión, por auto judicial fundado, dentro de las setenta y dos horas de haberse puesto el detenido a la disposición del juez competente. Dentro del mismo plazo se notificará al interesado el auto que se dictare.

La prisión preventiva se guardará en lugares distintos y completamente separados de los destinados a la extinción de las penas, sin que puedan ser sometidos los que así guarden prisión a trabajo alguno, ni a la reglamentación del penal para los que extingan condenas.

Artículo 28. Nadie será procesado ni condenado sino por juez o tribunal competente, en virtud de leyes anteriores al delito y con las formalidades y garantías que éstas establezcan. No se dictará sentencia contra el procesado rebelde ni será nadie condenado en causa criminal sin ser oído. Tampoco se le obligará a declarar contra sí mismo, ni contra su cónyuge o parientes dentro del cuarto grado de consanguinidad o segundo de afinidad.
No se ejercerá violencia ni coacción de ninguna clase sobre las personas para forzarlas a declarar. Toda declaración obtenida con infracción de este precepto será nula, y los responsables incurrirán en las penas que fije la ley.
Artículo 29. Todo el que se encuentre detenido o preso fuera de los casos o sin las formalidades y garantías que prevean la Constitución y las leyes, será puesto en libertad, a petición suya o de cualquier otra persona, sin necesidad de poder ni de dirección letrada mediante o sumarísimo procedimiento de hábeas corpus ante los tribunales ordinarios de justicia.
El Tribunal Supremo no podrá dedicar su jurisdicción ni admitir cuestiones de competencia en ningún caso ni por motivo alguno, ni aplazar su resolución que será preferente a cualquier otro asunto. Es absolutamente obligatoria la presentación ante el Tribunal que haya expedido el hábeas corpus de toda persona detenida o presa, cualquiera que sea la autoridad o funcionario, persona o entidad que la retenga, sin que pueda alegarse obediencia debida. Serán nulas, y así lo declarará de oficio la autoridad judicial cuantas disposiciones impidan o retarden la presentación de la persona privada de libertad, así como las que produzcan cualquier dilación en el procedimiento de hábeas corpus.
Cuando el detenido o preso no fuere presentado ante el Tribunal que conozca de hábeas corpus, éste decretará la detención del infractor, el que será juzgado de acuerdo con lo que disponga la ley.
Los jueces o magistrados que se negasen a admitir la solicitud de mandamiento de hábeas corpus, o no cumplieren las demás disposiciones de este **Artículo**, serán separados de sus respectivos cargos por la Sala de Gobierno del Tribunal Supremo.
Artículo 30. Toda persona podrá entrar y permanecer en el territorio nacional, salir de él, trasladarse de un lugar a otro y mudar de residencia, sin necesidad de carta de seguridad, pasaporte u otro requisito semejante,

salvo lo que se disponga en las leyes sobre inmigración y las atribuciones de la autoridad en caso de responsabilidad criminal.

A nadie se obligará a mudar de domicilio o residencia sino por mandato de autoridad judicial y en los casos y con los requisitos que la ley señale.

Ningún cubano podrá ser expatriado ni se le prohibirán la entrada en el territorio de la República.

Artículo 31. La República de Cuba brinda y reconoce el derecho de asilo a los perseguidos políticos, siempre que los acogidos a él respeten la Soberanía y las leyes nacionales.

El Estado no autorizará la extradición de reos de delitos políticos ni intentará extraditar a los cubanos reos de esos delitos que se refugiarán en territorio extranjero.

Cuando procediere, conforme a la Constitución y la ley, la expulsión de un extranjero del territorio nacional, ésta no se verificará si se tratase de asilado político hacia el territorio del Estado que pueda reclamarlo.

Artículo 32. Es inviolable el secreto de la correspondencia y demás documentos privados, y ni aquélla ni éstos podrán ser ocupados ni examinados sino a virtud de auto fundado de juez competente y por los funcionarios o agentes oficiales. En todo caso, se guardará secreto respecto de los extremos ajenos al asunto que motivará la ocupación o examen. En los mismos términos se declara inviolable el secreto de la comunicación telegráfica, telefónica y cablegráfica.

Artículo 33. Toda persona podrá, sin sujeción a censura previa, emitir libremente su pensamiento de palabra, por escrito o por cualquier otro medio gráfico u oral de expresión, utilizando para ello cualesquiera o todos los procedimientos de difusión disponibles.

Solo podrá ser recogida la edición de libros, folletos, discos, películas, periódicos o publicaciones de cualquier índole cuando atente contra la honra de las personas, el orden social o la paz pública, previa resolución fundada de autoridad judicial competente y sin perjuicio de las responsabilidades que se deduzcan del hecho delictuoso cometido.

En los casos a que se refiere este **Artículo** no se podrá ocupar ni impedir el uso y disfrute de los locales, equipos o instrumentos que utilice el órgano de publicidad de que se trate, salvo por responsabilidad civil.

Artículo 34. El domicilio es inviolable y, en su consecuencia nadie podrá entrar de noche en el ajeno sin el consentimiento de su morador, a no ser para socorrer a víctimas de delito o desastre; ni de día, sino en los casos y en la forma determinados por la ley. En caso de suspensión de esta garantía será requisito indispensable para penetrar en el domicilio de una persona que lo haga la propia autoridad competente, mediante orden o resolución escrita de la que se dejará copia auténtica al morador, a su familia o al vecino más próximo, según proceda. Cuando la autoridad delegue en alguno de sus agentes se procederá del mismo modo.

Artículo 35. Es libre la profesión de todas las religiones, así como el ejercicio de todos los cultos, sin otra limitación que el respeto a la moral cristiana y al orden público. La iglesia estará separada del Estado, el cual no podrá subvencionar ningún culto.

Artículo 36. Toda persona tiene derecho a dirigir peticiones a las autoridades y a que le sean atendidas y resueltas en término no mayor de cuarenta y cinco días, comunicándosele lo resuelto. Transcurrido el plazo de la ley, o en su defecto, el indicado anteriormente, el interesado podrá recurrir, en la forma que la ley autorice, como si su petición hubiese sido denegada.

Artículo 37. Los habitantes de la República tienen el derecho de reunirse pacíficamente y sin armas, y el de desfilar y asociarse para todos los fines lícitos de la vida, conforme a las normas legales correspondientes, sin más limitaciones que la indispensable para asegurar el orden público.

Es ilícita la formación y existencia de organizaciones políticas contrarias al régimen del gobierno representativo democrático de la República, o que atenten contra la plenitud de la Soberanía nacional.

Artículo 38. Se declara punible todo acto por el cual se prohíba o limite al ciudadano participar en la vida política de la Nación.

Artículo 39. Solamente los ciudadanos cubanos podrán desempeñar funciones públicas que tengan aparejada jurisdicción.

Artículo 40. Las disposiciones legales, gubernativas o de cualquier otro orden que regulen el ejercicio de los derechos que esta Constitución garantiza, serán nulas si los disminuyen, restringen o adulteran.

Es legítima la resistencia adecuada para la protección de los derechos individuales garantizados anteriormente.

La acción para perseguir las infracciones de este Título es pública, sin caución ni formalidad de ninguna especie y por simple denuncia.
La enumeración de los derechos garantizados en este Título no excluye los demás que esta Constitución establezca, ni otros de naturaleza análoga o que se deriven del principio de la soberanía del pueblo y de la forma republicana del gobierno.

Sección II. De las garantías constitucionales

Artículo 41. Las garantías constitucionales de los derechos reconocidos en los Artículos veintiséis, veintisiete, veintiocho, veintinueve, treinta (Párrafos primero y segundo), treinta y dos, treinta y tres, treinta y seis, y treinta siete (Párrafo primero) de esta Constitución podrán suspenderse, en todo o en parte del territorio nacional, por un periodo no mayor de cuarenta y cinco días naturales, cuando lo exija la seguridad del Estado, o en caso de guerra o invasión del territorio nacional, grave alteración del orden u otros que perturben hondamente la tranquilidad pública.
La suspensión de las garantías constitucionales solo podrá dictarse mediante una ley especial acordada por el Congreso, o mediante Decreto del Poder Ejecutivo; pero en este último caso en el mismo Decreto de suspensión se convocará al Congreso para que, dentro de un plazo de cuarenta y ocho horas y reunido en un solo cuerpo, ratifique o no la suspensión, en votación nominal y por mayoría de votos. En el caso de que el Congreso así reunido vetase en contra de la suspensión, las garantías quedarán automáticamente restablecidas.
Artículo 42. El territorio en que fueron suspendidas las garantías a que se refiere el **Artículo** anterior se regirá por la Ley de Orden Público dictada con anterioridad; pero ni en dicha ley ni en otra alguna podrá disponer la suspensión de más garantías que las mencionadas.
Tampoco podrá hacerse declaración de nuevos delitos ni imponerse otras penas que las establecidas por la ley al disponerse la suspensión.
Los detenidos por los motivos que hayan determinado la suspensión deberán ser recluidos en lugares especiales destinados a los procesados o penados por delitos políticos o sociales.

Queda prohibida al Poder Ejecutivo la detención de persona alguna por más de diez días sin hacer entrega de ella a la autoridad judicial.

Título V. De la familia y la cultura

Sección I. Familia

Artículo 43. La familia, la maternidad y el matrimonio tienen la protección del Estado.

Solo es válido el matrimonio autorizado por funcionarios con capacidad legal para realizarlo. El matrimonio judicial es gratuito y será mantenido por la ley.

El matrimonio es el fundamento legal de la familia y descansa en la igualdad absoluta de derechos para ambos cónyuges; de acuerdo con este principio se organizará su régimen económico.

La mujer casada disfruta de la plenitud de la capacidad civil, sin que necesite de licencia o autorización marital para regir sus bienes, ejercer libremente el comercio, la industria, profesión, oficio o arte y disponer del producto de su trabajo.

El matrimonio puede disolverse por acuerdo de los cónyuges o a petición de cualquiera de los dos, por las causas y en la forma establecidas en la ley.

Los tribunales determinarán los casos en que por razón de equidad la unión entre personas con capacidad legal para contraer matrimonio será equiparada, por su estabilidad y singularidad, al matrimonio civil.

Las pensiones por alimentos a favor de la mujer y de los hijos gozarán de preferencia respecto a cualquier obligación y no podrá oponerse a esa preferencia la condición de inembargable de ningún sueldo, pensión o ingreso económico de cualquier clase que sea.

Salvo que la mujer tuviera medios justificados de subsistencia o fuere declarada culpable, se fijará en su beneficio una pensión proporcionada a la posición económica del marido y teniendo en cuenta a la vez las necesidades de la vida social. Esta pensión será pagada y garantizada por el marido divorciado y subsistirá hasta que su ex-cónyuge contrajera nuevo matrimonio, sin perjuicio de la pensión que se fijará a cada hijo, la cual deberá ser también garantizada. La ley impondrá adecuadas sanciones a los que en caso de divorcio, de separación o cualquiera otra circunstancia, traten de burlar o eludir esa responsabilidad.

Artículo 44. Los padres están obligados a alimentar, asistir, educar e instruir a sus hijos, y éstos a respetar y asistir a sus padres. La ley asegurará el cumplimiento de estos deberes con garantías y sanciones adecuadas.

Artículo 45. El régimen fiscal, los seguros y la asistencia social se aplicarán de acuerdo con las normas de protección a la familia establecidas en esta Constitución.

La niñez y la juventud estarán protegidas contra la explotación y el abandono moral y material. El Estado, la Provincia y el Municipio organizarán instituciones adecuadas al efecto.

Artículo 46. Dentro de las restricciones señaladas en esta Constitución, el cubano tendrá libertad de testar sobre la mitad de la herencia.

Sección II. Cultura

Artículo 47. La cultura, en todas sus manifestaciones, constituye un interés primordial del Estado, son libres la investigación científica, la expresión artística y la publicación de sus resultados, así como la enseñanza, sin perjuicio, en cuanto a ésta, de la inspección y reglamentación que al Estado corresponda y que la ley establezca.

Artículo 48. La instrucción primaria es obligatoria para el menor en edad escolar, y su dispensación lo será para el Estado, sin perjuicio de la cooperación encomendada a la iniciativa municipal. Tanto esta enseñanza como la preprimaria y las vocaciones serán gratuitas cuando las imparta el Estado, la Provincia o el Municipio. Asimismo lo será el material docente necesario.

Será gratuita la segunda enseñanza elemental y toda enseñanza superior que imparta el Estado o los Municipios, con exclusión de los estudios preuniversitarios especializados y los universitarios. En los Institutos creados o que se creasen en lo sucesivo con categoría de preuniversitarios, la ley podrá mantener o establecer el pago de una matrícula módica de cooperación, que se destinará a las atenciones de cada establecimiento.

En cuanto le sea posible, la República ofrecerá becas para el disfrute de las enseñanzas oficiales no gratuitas a los jóvenes que habiendo acreditado vocación y aptitud sobresalientes, se vieren impedidos, por insuficiencia de recursos, de hacer tales estudios por su cuenta.

Artículo 49. El Estado mantendrá un sistema de escuelas para adultos, dedicadas particularmente a la eliminación y prevención del analfabetismo; escuelas rurales predominantemente prácticas, organizadas con vista de los intereses de las pequeñas comunidades agrícolas, marítimas o de cualquier clase y escuelas de artes y oficios y de técnica y agrícola, industrial y comercial, orientadas de modo que respondan a las necesidades de la economía nacional. Todas estas enseñanzas serán gratuitas, y a su sostenimiento colaborarán las Provincias y los Municipios en la medida de sus posibilidades.

Artículo 50. El Estado sostendrá las escuelas normales indispensables para la preparación técnica de los maestros encargados de la enseñanza primaria en las escuelas públicas. Ningún otro centro podrá expedir títulos de maestros primarios, con excepción de las Escuelas de Pedagogía de las Universidades.

Lo anteriormente dispuesto no excluye el derecho de las escuelas creadas por la ley para la expedición de títulos docentes en relación con las materias especiales objeto de sus enseñanzas.

Estos títulos docentes de capacidad especial darán derecho a ocupar con toda preferencia las plazas vacantes o que se creen en las respectivas escuelas y especialidades.

Para la enseñanza de la economía doméstica, corte y costura e industria para la mujer, deberá de poseerse el título de maestra de economía, artes, ciencias domésticas e industriales, expedido por la Escuela del Hogar.

Artículo 51. La enseñanza pública se constituirá en forma orgánica de modo que exista una adecuada articulación y continuidad entre todos sus grados, incluyendo el superior. El sistema oficial proveerá al estímulo y desarrollo vocacionales, atendiendo a la multiplicidad de las profesiones y teniendo en cuanta las necesidades culturales y prácticas de la Nación.

Toda enseñanza, pública o privada, estará inspirada en un espíritu de cubanidad y de solidaridad humana, tendiendo a formar en la conciencia de los educandos el amor a la patria, a sus instituciones democráticas y a todos los que por una y otras lucharon.

Artículo 52. Toda enseñanza pública será dotada en los presupuestos del Estado, la Provincia o el Municipio y se hallará bajo la dirección técnica y administrativa del Ministerio de Educación, salvo aquellas enseñanzas que por su índole especial dependan de otros Ministerios.
El Presupuesto del Ministerio de Educación no será inferior al ordinario de ningún otro Ministerio, salvo caso de emergencia declarada por la ley.
El sueldo mensual del maestro de instrucción primaria no deberá ser, en ningún caso, inferior a la millonésima parte del presupuesto total de la Nación.
El personal docente oficial tiene los derechos y deberes de los funcionarios públicos.
La designación, ascensos, traslados y separación de los maestros y profesores públicos, inspectores, técnicos y demás funcionarios escolares se regulará de modo que en ello no influyan consideraciones ajenas a las estrictamente técnicas, sin perjuicio de la vigilancia sobre las condiciones morales que deban concurrir en tales funcionarios.
Todos los cargos de dirección y supervisión de la enseñanza primaria oficial serán desempeñados por técnicos graduados de la facultad universitaria correspondiente.
Artículo 53. La Universidad de La Habana es autónoma y estará gobernada de acuerdo a sus estatutos y con la ley que los mismos deban anteponerse.
El Estado contribuirá a crear el patrimonio universitario y al sostenimiento de dicha Universidad, consignando a este último fin, en sus presupuestos nacionales, la cantidad que fije la ley.
Artículo 54. Podrán crearse Universidades oficiales o privadas y cualesquiera otras instituciones y centros de altos estudios. La ley determinará las condiciones que hayan de regularlos.
Artículo 55. La enseñanza oficial será laica. Los centros de enseñanza privada estarán sujetos a la reglamentación e inspección del Estado; pero en todo caso conservarán el derecho de impartir, separadamente de la instrucción técnica, la educación religiosa que deseen.
Artículo 56. En todos los centros docentes, públicos o privados, la enseñanza de la Literatura, la Historia y la Geografía Cubana, y de la Cívica y de la Constitución, deberán ser impartidas por maestros cubanos por nacimiento y mediante textos de autores que tengan esa misma condición.

Artículo 57. Para ejercer la docencia se requiere acreditar la capacidad en la forma que la ley disponga.

La ley determinará qué profesiones, artes u oficios no docentes requieren títulos para su ejercicio, y la forma en que deben obtenerse.

El Estado asegurará la preferencia en la Provincia de los servicios públicos a los ciudadanos preparados oficialmente para la respectiva especialidad.

Artículo 58. El Estado regulará por medio de la ley la conservación del tesoro cultural de la Nación, su riqueza artística e histórica, así como también protegerá especialmente los monumentos nacionales y lugares notables por su belleza natural o por su reconocido valor artístico o histórico.

Artículo 59. Se creará un Consejo Nacional de Educación y cultura que, presidido por el Ministerio de Educación, estará encargado de fomentar, orientar técnicamente o inspeccionar las actividades educativas, científicas y artísticas de la Nación.

Su opinión será oída por el Congreso en todo proyecto de ley que se relacione con materias de su competencia.

Los cargos del Consejo Nacional de Educación y Cultura serán honoríficos y gratuitos.

Título VI. Del trabajo y de la propiedad

Sección I. Trabajo

Artículo 60. El trabajo es un derecho inalienable del individuo. El Estado empleará los recursos que estén a su alcance para proporcionar ocupación a todo el que carezca de ella y asegurará a todo trabajador, manual o intelectual, las condiciones económicas necesarias a una existencia digna.

Artículo 61. Todo trabajador manual o intelectual de empresas públicas o privadas, del Estado, la Provincia o el Municipio, tendrá garantizado un salario o sueldo mínimo, que se determinará atendiendo a las condiciones de cada región y a las necesidades normales del trabajador en el orden material, moral, y cultural y considerándolo como jefe de familia.

La ley establecerá la manera de regular periódicamente los salarios sueldos mínimos por medio de comisiones paritarias para cada rama del trabajo, de

acuerdo con el nivel de vida y con las peculiaridades de cada región y de cada actividad industrial, comercial o agrícola.
En los trabajos a destajo, por ajuste o precio alzado, será obligatorio que quede racionalmente asegurado el salario mínimo por jornada de trabajo.
El mínimo de todo salario o sueldo es inembargable, salvo las responsabilidades por pensiones alimenticias en la forma que establezca la ley. Son también inembargables los instrumentos de labor de los trabajadores.
Artículo 62. A trabajo igual en idénticas condiciones corresponderá siempre igual salario, cualesquiera que sean las personas que lo realicen.
Artículo 63. No se podrá hacer en el sueldo o salario de los trabajadores manuales e intelectuales ningún descuento que no esté autorizado por la ley.
Artículo 64. Queda totalmente prohibido el pago en vales, fichas, mercancías o cualquier otro signo representativo con que se pretenda sustituir la moneda del curso legal. Su contravención será sancionada por la ley.
Artículo 65. Se establecen los seguros sociales como derecho irrenunciable e imprescindible de los trabajadores, con el concurso equitativo del Estado, los patronos y los propios trabajadores, a fin de proteger a éstos de manera eficaz contra la invalidez, la vejez, el desempleo y demás contingencias del trabajo en la forma que la ley determine. Se establece asimismo el derecho de jubilación por antigüedad y el de pensión por causa de muerte.
La administración y el gobierno de las instituciones a que se refiere el Párrafo primero de este **Artículo** estarán a cargo de organismos paritarios elegidos por patronos y obreros con la intervención de un representante del Estado, en la forma que determine la ley salvo el caso de que se creara por el Estado el Banco de Seguros Sociales.
Se declara igualmente obligatorio el seguro por accidentes del trabajo y enfermedades profesionales, a expensas exclusivamente de los patronos y bajo la fiscalización del Estado.
Los fondos o reservas de los seguros sociales no podrán ser objeto de transferencias, ni se podrá disponer de los mismos para fines distintos de los que determinaron su creación.
Artículo 66. La jornada máxima de trabajo no podrá exceder de ocho horas al día. Este máximo podrá ser reducido hasta seis horas diarias para los mayores de catorce años y menores de dieciocho.

La labor máxima semanal será de cuarenta y cuatro horas, equivalentes a cuarenta y ocho en el salario, exceptuándose las industrias que, por su naturaleza, tienen que realizar su producción ininterrumpidamente dentro de cierta época del año, hasta que la ley determine sobre el régimen definitivo de esta excepción.

Queda prohibido el trabajo y el aprendizaje a los menores de catorce años.

Artículo 67. Se establece para todos los trabajadores manuales e intelectuales el derecho al descanso retribuido de un mes por cada once de trabajo dentro de cada año natural. Aquellos que, por la índole de su trabajo u otra circunstancia, no hayan laborado los once meses, tienen derecho al descanso retribuido de duración proporcional al tiempo trabajado.

Cuando por ser fiesta o duelo nacional los obreros vaguen en su trabajo los patronos deberán abonarles los salarios correspondientes.

Solo habrá cuatro días de fiesta y duelos nacionales en que sea obligatorio el cierre de los establecimientos industriales o comerciales o de los espectáculos públicos, en su caso. Los demás serán de fiesta o duelo oficial y se celebrarán sin que se suspendan las actividades económicas de la Nación.

Artículo 68. No podrá establecerse diferencia entre casadas y solteras a los efectos del trabajo.

La ley regulará la protección a la maternidad obrera, extendiéndola a las empleadas.

La mujer grávida no podrá ser separada de su empleo, ni se le exigirá efectuar, dentro de los tres meses anteriores al alumbramiento, trabajos que requieran esfuerzos físicos considerables.

Durante las seis semanas que precedan inmediatamente al parto, y las seis que le sigan, gozará de descanso forzoso, retribuido igual que su trabajo conservando el empleo y todos los derechos anexos al mismo y correspondientes a su contrato de trabajo. En el periodo de lactancia se le concederán dos descansos extraordinarios al día, de media hora cada uno, para alimentar a su hijo.

Artículo 69. Se reconoce el derecho de sindicación a los patronos, empleados privados y obreros, para los fines exclusivos de su actividad económico social.

La autoridad competente tendrá un término de treinta días para admitir o rechazar la inscripción de un sindicato obrero o patronal. La inscripción determinará la personalidad jurídica del sindicato obrero patronal. La ley regulará lo concerniente al reconocimiento del sindicato por los patronos y por los obreros, respectivamente.

No podrán disolverse definitivamente los sindicatos sin que recaiga sentencia firme de los tribunales de justicia.

Las directivas de estas asociaciones estarán integradas exclusivamente por cubanos por nacimiento.

Artículo 70. Se establece la colegiación obligatoria de las demás profesiones reconocidas oficialmente por el Estado.

Artículo 71. Se reconoce el derecho de los trabajadores a la huelga y el de los patrones al paro, conforme a la regulación que la ley establezca para el ejercicio de ambos derechos.

Artículo 72. La ley regulará el sistema de contratos colectivos de trabajo, los cuales serán de obligatorio cumplimiento para patronos y obreros.

Serán nulas y no obligarán a los contratantes, aunque se expresen en un convenio de trabajo u otro pacto cualquiera, las estipulaciones que impliquen renuncia, disminución, adulteración o dejación de algún derecho reconocido a favor del obrero en esta Constitución o en la ley.

Artículo 73. El cubano por nacimiento tendrá en el trabajo una participación preponderante, tanto en el importe total de los sueldos y salarios como en las distintas categorías de trabajo, en la forma que determine la ley.

También se extenderá la protección al cubano naturalizado con familia nacida en el territorio nacional, con preferencia sobre el naturalizado que no se halle en esas condiciones y sobre los extranjeros.

En el desempeño de los puestos técnicos indispensables se exceptuará de lo preceptuado en los párrafos anteriores al extranjero, previa las formalidades de la ley y siempre con la condición de facilitar a los nativos el aprendizaje del trabajo técnico de que se trate.

Artículo 74. El Ministerio del Trabajo cuidará, como parte esencial, entre otras, de su política social permanente, de que en la distribución de oportunidades de trabajo en la industria y en el comercio no prevalezcan prácticas discriminatorias de ninguna clase. En las remociones de personal, y en la creación de nuevas plazas, así como en las nuevas fábricas, industrias o comercios que se establecieren será obligatorio distribuir las oportunidades de trabajo sin distingos de raza o color, siempre que se satisfagan los requisitos de idoneidad. La ley establecerá que toda otra práctica será punible y perseguible de oficio o a instancia de parte afectada.

Artículo 75. La formación de empresas cooperativas, ya sean comerciales, agrícolas, industriales, de consumo o de cualquier otra índole, serán auspiciadas por la ley; pero ésta regulará la definición, Constitución y funcionamiento de tales empresas de modo que no sirvan para eludir o adulterar las disposiciones que para el régimen del trabajo establece esta Constitución.

Artículo 76. La ley regulará la inmigración atendiendo el régimen económico nacional y a las necesidades sociales. Queda prohibida la importación de braceros contratados, así como toda inmigración que tienda a envilecer las condiciones del trabajo.

Artículo 77. Ninguna empresa podrá despedir a un trabajador sin previo expediente y con las demás formalidades que establezca la ley, la cual determinará las causas justas de despido.

Artículo 78. El patrono será responsable del cumplimiento de las leyes sociales, aun cuando contrate el trabajo por intermediario. En todas las industrias y clases de trabajo en que se requieran conocimientos técnicos, será obligatorio el aprendizaje en la forma que establezca la ley.

Artículo 79. El Estado fomentará la creación de viviendas baratas para obreros.

La ley determinará las empresas que, por emplear obreros fuera de los centros de población, estarán obligadas a proporcionar a los trabajadores habitaciones adecuadas escuelas, enfermerías, y demás servicios y atenciones propicias al bienestar físico y moral del trabajador y su familia.

Asimismo la ley reglamentará las condiciones que deban reunir los talleres, fábricas y locales de trabajo de todas clases.

Artículo 80. Se establecerá la asistencia social bajo la dirección del Ministerio de Salubridad y Asistencia Social, organizándolo por medio de la legislación pertinente, y proveyéndolo a las reservas necesarias con los fondos que la misma determine.

Se establecen las carreras hospitalarias, sanitarias, forense y las demás que fueren necesarias para organizar en forma adecuada los servicios oficiales correspondientes.
Las instituciones de beneficencia del Estado, la Provincia y el Municipio prestarán sus servicios con carácter gratuito solo a los pobres.

Artículo 81. Se reconoce el mutualismo como principio y práctica sociales. La ley regulará su funcionamiento de manera que disfruten de sus beneficios las personas de recursos modestos y sirva, a la vez de justa y adecuada protección al profesional.

Artículo 82. Solamente podrán ejercer las profesiones que requieren título oficial, salvo lo dispuesto en el **Artículo** 57 de esta Constitución, los cubanos por nacimiento, los naturalizados que hubieren obtenido esa condición con cinco años o más de anterioridad a la fecha en que solicitaren la autorización para ejercer. El Congreso podrá, sin embargo por ley extraordinaria, acordar la suspensión temporal de este precepto cuando, por razones de utilidad pública resultase necesaria o conveniente la cooperación de profesionales o técnicos extranjeros en el desarrollo de iniciativas públicas o privadas de interés nacional. La ley que así lo acordare fijará el alcance y término de la autorización.
En el cumplimiento de este precepto, así como en los casos en que por alguna ley o reglamento se regule el ejercicio de cualquiera nueva profesión, arte u oficio, se respetarán los derechos al trabajo adquiridos por las personas que hasta ese momento hubieran ejercido la profesión, arte u oficio de que se trate, y se observarán los principios de reciprocidad internacional.

Artículo 83. La ley regulará la forma en que podrá realizarse el traslado de fábricas y talleres a los efectos de evitar que se envilezcan las condiciones de trabajo.

Artículo 84. Los problemas que se deriven de las relaciones entre el capital y el trabajo se someterán a comisiones de conciliación integradas por representaciones paritarias de patronos y obreros. La ley señalará el funcionario judicial que presidirá dichas comisiones en el Tribunal nacional ante el cual sus resoluciones serán recurribles.

Artículo 85. A fin de asegurar el cumplimiento de la legislación social, el Estado proveerá a la vigilancia e inspección de las empresas.

Artículo 86. La enumeración de los derechos y beneficios a que esta Sección se refiere no excluye otros que se deriven del principio de la justicia social y serán aplicables por igual a todos los factores concurrentes al proceso de la producción.

Sección II. Propiedad

Artículo 87. El Estado cubano reconoce la existencia y legitimidad de la propiedad privada en su más amplio concepto de función social y sin más limitaciones que aquellas que por motivos de necesidad pública o interés social establezca la ley.

Artículo 88. El subsuelo pertenece al Estado, que podrá hacer concesiones para su explotación, conforme a lo que establezca la ley. La propiedad minera concedida y no explotada dentro del término que fije la ley, será declarada nula y reintegrada al Estado.

Artículo 89. El Estado tendrá el derecho de tanteo en toda adjudicación, o venta forzosa de propiedades inmuebles y de valores representativos de propiedades inmobiliarias.

Artículo 90. Se proscribe el latifundio y a los efectos de su desaparición, la ley señalará el máximo de extensión de la propiedad que cada persona o entidad pueda poseer para cada tipo de explotación a que la tierra se dedique y tomando en cuenta las respectivas peculiaridades.

La ley limitará restrictivamente la adquisición y posesión de la tierra por personas y compañías extranjeras y adoptará medidas que tiendan a revertir la tierra al cubano.

Artículo 91. El padre de familia que habite, cultive, y explote directamente una finca rústica de su propiedad, siempre que el valor de ésta no exceda de 2.000 pesos, podrá declararla con carácter irrevocable como propiedad familiar, en cuanto fuera imprescindible para su vivienda y subsistencia, y quedará exenta de impuestos y será inembargable e inalienable salvo por responsabilidades anteriores a esta Constitución. Las mejoras que excedan de la suma anteriormente mencionada abonarán los impuestos correspondientes en la forma que establezca la ley. A los efectos de que pueda explorarse dicha propiedad, su dueño podrá gravar o dar en garantía siembras, plantaciones, frutos y productos de la misma.

Artículo 92. Todo autor o invento disfrutará de la propiedad exclusiva de su obra o invención, con las limitaciones que señale la ley en cuanto a tiempo y forma.

Las concesiones de marcas industriales y comerciales y demás reconocimiento de crédito mercantil con indicaciones de procedencia cubana, serán nulos si se usaren, en cualquier forma, para amparar o cubrir artículos manufacturados fuera del territorio nacional.

Artículo 93. No se podrán imponer gravámenes perpetuos sobre la propiedad del carácter de los censos y otros de naturaleza análoga y en tal virtud queda prohibido su establecimiento. El Congreso en término de tres legislaturas, aprobará una ley regulando la liquidación de los existentes.

Quedan exceptuados de lo prescrito en el Párrafo anterior los censos o gravámenes establecidos o que se establezcan a beneficio del Estado, la Provincia o el Municipio, o a favor de instituciones públicas de toda clase o de instituciones privadas de beneficencia.

Artículo 94. Es obligación del Estado hacer cada diez años por lo menos un Censo de población que refleje todas las actividades económicas y sociales del país, así como publicar regularmente un Anuario Estadístico.

Artículo 95. Se declaran imprescriptibles sobre los bienes de las instituciones de beneficencia.

Artículo 96. Se declaran de utilidad pública, y por lo tanto en condiciones de ser expropiadas por el Estado, la Provincia o el Municipio, aquellas porciones de terreno que donadas por personas de la antigua nobleza española para la fundación de una villa o población y empleadas efectivamente para este fin, adquiriendo el carácter de Ayuntamiento, fueron posteriormente ocupadas o inscritas por los herederos o causahabientes del donante.

Los vecinos de dicha villa o ciudad que posean edificios u ocupen solares en la parte urbanizada podrán obtener en la entidad expropiadora, que se le transmita el dominio y posesión de los solares o parcelas que ocupen, mediante el pago del precio proporcional que corresponda.

Título VII. Del sufragio y de los oficios públicos

Sección I. Sufragio

Artículo 97. Se establece para todos los ciudadanos cubanos como derecho, deber y función el sufragio universal, igualitario y secreto.

Esta función será obligatoria; y todo el que salvo impedimento admitido por la ley, dejare de votar en una elección o referendo será objeto de las sanciones que la ley le imponga y carecerá de capacidad para ocupar magistratura o cargo público alguno durante dos años, a partir de la fecha de la infracción.

Artículo 98. Por medio del referendo decidirá la mayoría de los votos válidamente emitidos, salvo las excepciones establecidas en esta Constitución. El resultado se hará público de modo oficial tan pronto como lo conozca el organismo competente. El voto se contará única y exclusivamente a la persona a cuyo favor se haya depositado, sin que pueda acumulársele a otro candidato. Además, en los casos de representación proporcional se contará el sufragio emitido a favor del candidato para determinar el factor del partido.

Artículo 99. Son electores todos los cubanos de uno u otro sexo, mayores de veinte años, con excepción de los siguientes:

a) Los asilados;

b) Los incapacitados mentalmente, previa declaración judicial de su incapacidad;

c) Los inhabilitados judicialmente por causa de delito;

d) Los individuos pertenecientes a las Fuerzas Armadas o de Policía que estén en servicio activo.

Artículo 100. El código electoral establecerá el carnet de identidad, con la fotografía del elector, su firma y huellas digitales y los demás requisitos necesarios para la mejor identificación.

Artículo 101. Es punible toda forma de coacción para obligar a un ciudadano a afiliarse, votar o manifestar su voluntad en cualquier operación electoral. Se castigará esta infracción y se aplicará el duplo de la pena, además de imponerse la inhabilitación permanente para el desempeño de cargos públicos, cuando la coacción la ejecute por sí o por persona intermedia una autoridad o su agente, funcionario o empleado.

Artículo 102. Es libre la organización de partidos y asociaciones políticas, no podrán, sin embargo, formarse agrupaciones políticas de raza, sexo o clase. Para la Constitución de nuevos partidos políticos es indispensable presentar, junto con la solicitud correspondiente, un número de adhesiones igual o mayor al 2 % del Censo electoral correspondiente, según se trate de partidos nacionales, provinciales o municipales. El partido que en una elección general o especial no obtenga un número de votos que represente dicho tanto por ciento desaparecerá como tal o se procederá de oficio a tacharlo del Registro de Partidos. Solo podrán presentar candidatura los partidos políticos. Se reorganizarán en un solo día, seis meses antes de cada elección presidencial o de gobernadores y de alcaldes o concejales o para delegados a una Convención Constituyente. El Tribunal Superior Electoral tachará, de oficio, del Registro de Partidos los que en tal oportunidad no se reorganizaron.

Las Asambleas de los partidos conservarán todas sus facultades y no podrán disolverse sino mediante reorganización legal. En todo caso serán los únicos organismos encargados de acordar postulaciones, sin que en ningún caso pueda delegarse esta facultad.

Artículo 103. La ley establecerá reglas y procedimientos que garanticen la intervención de las minorías en la formación del Censo de electores, en la organización o reorganización de las asociaciones y partidos políticos y en las demás operaciones electorales, y les asegurará representación en los organismos electivos del Estado, la Provincia y el Municipio.

Artículo 104. Son nulas todas aquellas disposiciones modificativas de la legislación electoral que sean dictadas después de haberse convocado una elección o referendo o antes de que tomen posesión los que resulten electos o se conozca el resultado definitivo del referendo. Se exceptúan de esta prohibición aquellas modificaciones que fueren pedidas expresamente por el Tribunal Superior Electoral y se acordasen por las dos terceras partes del Congreso.

Desde la convocatoria a elecciones hasta la toma de posesión de los electos, el Tribunal Superior Electoral tendrá jurisdicción sobre las Fuerzas Armadas y sobre los Cuerpos de Policía, al solo objeto de garantizar la pureza de la función electoral.

Sección II. Oficios públicos

Artículo 105. Son funcionarios, empleados y obreros públicos los que, previa demostración de capacidad y cumplimiento de los demás requisitos y formalidades establecidos por la ley, sean designados por autoridad competente para el desempeño de funciones o servicios públicos y perciban o no sueldo o jornal con cargo a los presupuestos del Estado, la Provincia o el Municipio o de entidades autónomas.

Artículo 106. Los funcionarios, empleados y obreros públicos civiles de todos los poderes del Estado, los de la Provincia, del Municipio y de las entidades o corporaciones autónomas, son servidores exclusivamente de los intereses generales de la República y su inamovilidad se garantiza por esta Constitución, con excepción de los que desempeñen cargos políticos y de confianza.

Artículo 107. Son cargos políticos y de confianza:

a) Los ministros y subsecretarios de despacho, los embajadores, enviados extraordinarios y ministros plenipotenciarios y los directores generales, éstos en los casos en que la ley no los declare técnicos;

b) Todo el personal adscrito a la oficina particular inmediata de los ministros y subsecretarios de despacho;

c) Los secretarios particulares de los funcionarios;

d) Los secretarios de las Administraciones provinciales y municipales, los jefe de departamento de esos organismos y el personal adscrito a la oficina particular inmediata de los gobernadores y alcaldes;

e) Los funcionarios, empleados y obreros públicos civiles nombrados con carácter temporal, con cargo a consignaciones ocasionales, cuya duración no alcance el año fiscal.

Artículo 108. El ingreso y el ascenso en los cargos públicos no exceptuados en el **Artículo** anterior solo podrán obtenerse después que los aspirantes hayan cumplido los requisitos y sufrido, en concurso de méritos, las pruebas de idoneidad y de capacidad que la ley establecerá, salvo en aquellos casos que, por la naturaleza de las funciones de que se trate, sean declarados exentos por la ley.

Artículo 109. No se podrán imponer sanciones administrativas a los funcionarios, empleados y obreros públicos sin previa formación de expediente, instruido con audiencia del interesado y con los recursos que establezca la ley. El procedimiento deberá ser siempre sumario.

Artículo 110. El funcionario, empleado u obrero público que sustituya al que haya sido removido de su cargo se considerará sustituto provisional mientras no sea resuelta definitivamente la situación del sustituido, y solo podrá invocar, en su caso los derechos que le correspondan en el cargo de que proceda.

Artículo 111. Las excedencias forzosas solo podrán decretarse por refundición o supresión de plazas, respetando la antigüedad de quienes las desempeñen. Los excedentes tendrán derecho preferente a ocupar, por orden de antigüedad, cargos de iguales o análogas funciones que se establecieran o vacaren en la misma categoría o en la inmediata inferior.

Artículo 112. Nadie podrá desempeñar simultáneamente más de un cargo en las entidades o corporaciones autónomas, con excepción de los casos que señala esta Constitución.

Las pensiones o jubilaciones del Estado, la Provincia y el Municipio son supletorias de las necesidades de sus beneficiarios. Los que tengan bienes de fortuna propio solo podrán percibir la parte de la pensión o jubilación que sea necesaria para que sumada a los ingresos propios, no exceda del máximum de pensión que la ley fijará. Igual criterio se aplicará para la percepción de más de una pensión.

Nadie podrá percibir efectivamente, por concepto alguno, pensión, jubilación o retiro de más de 2.400 pesos al año, y la escala porque se abonen será unificada y extensiva a todos los pensionados o jubilados.

Las personas que hoy disfrutan pensiones, retiros o jubilaciones mayores de 2.400 pesos anuales no recibirán efectivamente mayor cantidad anual.

Como homenaje de la República a sus libertadores quedan exceptuados de lo dispuesto en los Párrafos anteriores los miembros del Ejército Libertador de Cuba, sus viudas e hijos con derecho a pensión.

Artículo 113. Será obligación del Estado el pago mensual de las jubilaciones y pensiones por servicios prestados al Estado, la Provincia y el Municipio en la proporción que permita la situación del Tesoro Público y que en ningún caso será menor del 50 % de la cuantía básica legal.
Las cantidades para jubilaciones y pensiones se consignarán cada año en el presupuesto general de la nación.
Ninguna pensión o jubilación será menor de la cantidad que como jornal mínimo se halle vigente a virtud de lo establecido en el **Artículo** sesenta y uno de esta Constitución.
Las jubilaciones y pensiones de los funcionarios y empleados del Estado, la Provincia y el Municipio comprendidas en la Ley General de Pensiones que rija, se pagarán en la misma oportunidad que sus haberes a los funcionarios y empleados en activo servicio quedando el Estado, la Provincia y el Municipio obligados en su caso, a arbitrar los recursos necesarios para atender a esta obligación.
El pago de las pensiones a veteranos de la Guerra de Independencia y a sus familiares se considerará preferente a toda otra obligación del Estado.
Artículo 114. El ingreso de la carrera notarial y en el Cuerpo de registradores de la Propiedad será, en lo sucesivo, por oposición regulada por la ley.
Artículo 115. La acumulación y manejo de los fondos de los retiros sociales podrán ser independientes en la forma que determine la ley; pero dentro de las cuatro legislaturas siguientes a la promulgación de esta Constitución el Congreso dictará una ley estableciendo las normas de carácter general por la que se regirán todas las jubilaciones y pensiones existentes, o que se creen en el futuro en lo que se refiere a beneficios, contribuciones, requisitos mínimos y garantías.
Artículo 116. Para resolver las cuestiones relativas a los servicios públicos se crea un organismo de carácter autónomo, que se denominará Tribunal de Oficios Públicos y que estará integrado por siete miembros, designados en la siguiente forma:
Uno, por el pleno del Tribunal Supremo de Justicia y que deberá reunir las mismas condiciones requeridas para ser magistrado de dicho Tribunal.
Uno, designado por el Congreso, que deberá poseer título académico expedido por entidad oficial;

Uno, designado por el presidente de la República, previo acuerdo del Consejo de Ministros, y que deberá tener reconocida experiencia en cuestiones administrativas;
Uno, designado por el Consejo Universitario, previa la toma elevada al efecto por la Facultad de Ciencias Sociales, de la cual deberá ser graduado;
Uno, por los empleados del Estado;
Uno, por los empleados de la Provincia; y
Uno, por los del Municipio. Los tres últimos miembros deberán tener conocida experiencia en las ramas respectivas.
La resolución que dicte el Tribunal de Oficios Públicos causará estado y será de inmediato cumplimiento, sin perjuicio de los recursos que la ley establezca.
Artículo 117. La ley establecerá las sanciones correspondientes a quienes infrinjan los preceptos contenidos en esta Sección.

Título VIII. De los órganos del Estado

Artículo 118. El Estado ejerce sus funciones por medio de los Poderes Legislativo, Ejecutivo y Judicial y los organismos reconocidos en la Constitución o que conforme a la misma se establezcan por la ley.
Las Provincias y los Municipios, además de ejercer sus funciones propias coadyuvan a la realización de los fines del Estado.

Título IX. Del Poder Legislativo

Sección I. De los Cuerpos Colegisladores

Artículo 119. El Poder Legislativo se ejerce por dos cuerpos, denominados, respectivamente, Cámara de Representantes y Senado, que juntos reciben el nombre de Congreso.

Sección II. Del Senado, su composición y atribuciones

Artículo 120. El Senado se compone de nueve senadores por provincia, elegidos en cada una para un periodo de cuatro años, por sufragio universal, igual, directo, secreto, en un solo día y en la forma que prescriba la ley.
Artículo 121. Para ser senador se requiere:
a) Ser cubano por nacimiento;

b) Haber cumplido treinta años de edad;

c) Hallarse en el pleno goce de los derechos civiles y políticos;

d) No haber pertenecido en servicio activo a las Fuerzas Armadas de la República durante los dos años inmediatamente anteriores a la fecha de su designación como candidato.

Artículo 122. Son atribuciones propias del Senado:

a) Juzgar, constituido en Tribunal, al presidente de la República cuando fuere acusado por la Cámara de Representantes de delito contra la seguridad exterior del Estado, el libre funcionamiento de los Poderes Legislativo o Judicial o de infracción de los preceptos constitucionales.

Para actuar con esta atribución será indispensable que la acusación formulada por la Cámara de Representantes haya sido acordada por las dos terceras partes de sus miembros.

Integrarán el Tribunal, a los efectos de este **Artículo**, los miembros del Senado y todos los del Tribunal Supremo, presididos por quien ostente en ese instante el cargo de presidente de este Tribunal;

b) Juzgar, constituido en Tribunal, a los ministros de Gobierno cuando fueren acusados por la Cámara de Representantes de delito contra la seguridad exterior del Estado, el libre funcionamiento de los Poderes Legislativo o Judicial o de infracción de los preceptos constitucionales, así como de cualquier otro delito de carácter político que la ley determine;

c) Juzgar, constituido en Tribunal, a los gobernadores de las Provincias cuando fueren acusados por el Consejo Provincial o por el presidente de la República mediante acuerdos del Consejo de Ministros, de cualquiera de los delitos expresados en el Inciso anterior.

En todos los casos en que el Senado se constituya en Tribunal será presidido por el presidente del Tribunal Supremo. No podrá imponer a los acusados otra sanción que la pena de destitución o las de destitución e inhabilitación para el ejercicio de cargos públicos, sin perjuicio de que los tribunales ordinarios les impongan cualquier otra en que hubieren incurrido;

d) Aprobar los nombramientos que haga el presidente de la República. Asistido del Consejo de Ministros, de los jefes de misión diplomática permanente y de los demás funcionarios cuyo nombramiento requiera su aprobación según la ley;

e) Aprobar los nombramientos de miembros del Tribunal de Cuentas del Estado;

f) Nombrar comisiones de investigación. Éstas tendrán el número de miembros que acuerde el Senado, el derecho de citar tanto a los particulares como a los funcionarios y autoridades para que concurran a informar ante ellas y el de solicitar los datos y documentos que estimen necesarios para los fines de la investigación. Los tribunales de justicia, autoridades administrativas y particulares están en el deber de suministrar a las comisiones de investigación todos los datos y documentos que solicitaren. Para acordar estas comisiones se requiere el voto favorable de las dos terceras partes de los miembros del Senado si la investigación ha de producirse sobre actividades del Gobierno. En otro caso bastará el voto conforme de la mitad más uno;

g) Autorizar a los cubanos para servir militarmente a un país extranjero o para aceptar de otro Gobierno empleo y honores que lleven aparejadas autoridad o jurisdicción propia;

h) Aprobar los Tratados que negociare el presidente de la República con otras naciones;

i) Solicitar la comparecencia de los ministros de Gobierno para responder de las interpelaciones de que hayan sido objeto de acuerdo con la Constitución;

j) Las demás facultades que emanen de esta Constitución.

Sección III. De la Cámara de Representantes, su composición y atribuciones

Artículo 123. La Cámara de Representantes se compondrá de un representante por cada treinta y cinco mil habitantes o fracción mayor de diecisiete mil quinientas. Los representantes serán elegidos por Provincias, por un periodo de cuatro años, por sufragio universal, igual, directo y secreto, en un solo día y en la forma que prescriba la ley.

Ésta determinará la base numérica de proporcionalidad en cada Provincia, de acuerdo con el último Censo nacional oficial de población.

La Cámara de Representantes se renovará por mitad cada dos años.

Artículo 124. Para ser representante se requiere:

a) Ser cubano por nacimiento o por naturalización, y en este último caso con diez años de residencia continuada en la República, contados desde la fecha de la naturalización;
b) Haber cumplido veintiún años de edad;
c) Hallarse en el pleno goce de los derechos civiles y políticos;
d) No haber pertenecido en servicio activo a las Fuerzas Armadas de la República durante los dos años inmediatamente anteriores a la fecha de su designación como candidato.
Artículo 125. Corresponde a la Cámara de Representantes:
a) Acusar ante el Senado al presidente de la República y a los ministros del Gobierno en los casos determinados en los Incisos a) y h) del **Artículo** ciento veintidós, cuando las dos terceras partes del número total de representantes acordasen en sesión secreta la acusación;
b) La prioridad en la discusión y aprobación de los Presupuestos Generales de la Nación;
c) Todas las demás facultades que le sean otorgadas por esta Constitución.

Sección IV. Disposiciones comunes a los Cuerpos Colegisladores
Artículo 126. Los cargos de senador y de representante son incompatibles con cualquier otro retribuido con cargo al Estado, la Provincia o el Municipio o a organismos mantenidos total o parcialmente con fondos públicos, exceptuándose el de ministro de gobierno y el de catedrático de establecimiento oficial obtenido con anterioridad a la elección.
El nombramiento de ministro de gobierno puede recaer en miembros del Poder Legislativo, pero en ningún caso podrán ostentar ambos cargos más de la mitad de los componentes del Consejo de Ministros.
Los senadores y representantes recibirán del Estado una dotación que será igual para ambos cargos. La cuantía de esta dotación podrá ser alterada en todo tiempo, pero la alteración no surtirá efecto hasta que sean renovados los Cuerpos Colegisladores.
Artículo 127. Los senadores y representantes serán inviolables por las opiniones y votos que emitan en el ejercicio de sus cargos.
Los senadores y representantes solo podrán ser detenidos o procesados con autorización del Cuerpo a que pertenezcan. Si el senador o Cámara

de Representantes no resolvieren sobre la autorización solicitada dentro de los cuarenta días consecutivos de legislatura abierta y después de recibido el suplicatorio del juez o tribunal, se entenderá concedida la autorización para instruir el proceso y sujetar el mismo al senador o representante. No se proseguirá la causa si el Cuerpo a que el legislador pertenezca niega la autorización para continuar el procedimiento.

En caso de ser hallado in fraganti en la comisión de un delito podrá ser detenido un legislador sin la autorización del cuerpo a que pertenezca. En este caso, y en el de ser detenido o procesado cuando estuviese cerrado el Congreso, se dará cuenta inmediatamente al presidente del Cuerpo respectivo para la resolución que corresponda, debiendo éste convocar inmediatamente a sesión extraordinaria al Cuerpo Colegislador de que se trate para que resuelva exclusivamente sobre la autorización solicitada por el juez o tribunal. Si no se denegase dentro de las veinte sesiones ordinarias celebradas a partir de esta notificación se entenderá concedida la autorización.

Todo acuerdo accediendo o negando la solicitud de autorización para procesar o detener a un miembro del Congreso tendrá que ser precedido de la lectura de los antecedentes que hayan de fundamentar la resolución que se adopte por el Cuerpo Colegislador respectivo.

Artículo 128. El Senado y la Cámara de Representantes abrirán y cerrarán sus sesiones en un mismo día, residirán en una misma población y no podrán trasladarse a otro lugar ni suspender sus sesiones por más de tres días sino por acuerdo de ambas.

No podrá abrirse una legislatura ni celebrar sesiones sin la presencia de la mitad más uno de la totalidad de los miembros de cada Cuerpo.

La comprobación del quórum se hará mediante el pase de lista.

La inmunidad parlamentaria no comprende ni protege los hechos que se relacionen con la veracidad y legitimidad de los actos o con las formalidades prescritas para la aprobación de las leyes.

Las leyes en todo caso deberán ser sometidas previamente a una votación nominal sobre su totalidad.

Ningún proyecto de ley podrá ser votado en un Cuerpo Colegislador sin el informe previo y razonado de una comisión de ese Cuerpo, por lo menos.

Artículo 129. Cada Cuerpo legislativo resolverá sobre la validez de la elección de sus respectivos miembros y sobre las renuncias que presentaren, ningún senador o representante podrá ser expulsado del Cuerpo a que pertenezca sino en virtud de causa previamente determinada y por acuerdo de las dos terceras partes, por lo menos, del número total de sus miembros. Cada Cuerpo legislativo formará su reglamento y elegirá su presidente, vicepresidentes y secretarios de entre sus miembros. El presidente del Senado solo presidirá las sesiones cuando falte el vicepresidente de la República.

Artículo 130. Ningún senador o representante podrá tener en arrendamiento directa, o indirectamente, bienes del Estado ni obtener de éste contratas ni concesiones de ninguna clase.

Tampoco podrá ocupar cargos de consultor legal o director, ni cargo alguno que lleve aparejada jurisdicción, en empresas que sean extranjeras o cuyos negocios estén vinculados de algún modo a entidad que tenga esa condición.

Artículo 131. Las relaciones entre el senador y la Cámara de Representantes, no previstas en esta Constitución, se regirán por la Ley de Relaciones entre ambos Cuerpos Colegisladores. Contra cualquier acuerdo que viole dicha ley se dará el recurso de inconstitucionalidad.

Sección V. Del Congreso y sus atribuciones

Artículo 132. El Congreso se reunirá, por derecho propio y sin necesidad de convocatoria, dos veces al año. No funcionará menos de sesenta días hábiles en cada una de las legislaturas, ni más de ciento cuarenta días sumadas las dos. Una legislatura empezará el tercer lunes de septiembre y otra el tercer lunes de marzo.

El Senado y la Cámara de Representantes se reunirán en sesiones extraordinarias en los casos y en la forma que determinen sus reglamentos o establezcan la Constitución o la ley y cuando el presidente de la República los convoque, con arreglo a esta Constitución. En dichos casos solo tratarán del asunto o asuntos que motivan su reunión.

Artículo 133. El Senado y la Cámara de Representantes se reunirán en un solo Cuerpo para:

a) Proclamar el presidente y vicepresidente de la República con vista de la certificación del escrutinio respectivo remitida por el Tribunal Superior Electoral.

Si de esta certificación resultare empate entre dos o más candidatos, el Congreso procederá a la selección del presidente entre los candidatos que hayan obtenido empate en la elección general. Si en el Congreso resultase también empate se repetirá la votación, y si el resultado de ésta fuese el mismo el voto del presidente decidirá.

El procedimiento establecido en los Párrafos anteriores será aplicable al vicepresidente de la República;

b) En los demás casos que establezca la ley de relaciones entre los dos Cuerpos Colegisladores.

Cuando el Senado y la Cámara de Representantes se reúnan formando un solo Cuerpo, lo presidirá el presidente del Senado en su condición de presidente del Congreso; y en su defecto, el de la Cámara de Representantes, como vicepresidente del propio Congreso.

Artículo 134. Son facultades no delegables del Congreso:

a) Formar los Códigos y las leyes de carácter general, determinar el régimen de las elecciones, dictar las disposiciones relativas a la administración general, la provincial y la municipal y acordar las demás leyes y resoluciones que estimase convenientes sobre cualquiera otros asuntos de interés público o que sean necesarios para la efectividad de esta Constitución;

b) Establecer las contribuciones e impuestos de carácter nacional que sean necesarios para las atenciones del Estado;

c) Discutir y aprobar los presupuestos de gastos e ingresos del Estado;

d) Resolver sobre los informes anuales que el Tribunal de Cuentas presente acerca de la liquidación de los Presupuestos, el estado de la deuda pública y la moneda nacional;

e) Acordar empréstitos, pero con la obligación de votar al mismo tiempo los ingresos permanentes necesarios para el pago de intereses y amortización;

f) Acordar lo pertinente sobre la acuñación de la moneda, determinando su patrón, ley, valor y denominación y resolver lo que estime necesario sobre la emisión de signos fiduciarios y sobre el régimen bancario y financiero;

g) Regular el sistema de pesas y medidas;

h) Dictar disposiciones para el régimen y fomento del comercio interior y exterior, de la agricultura y la industria, seguros del trabajo y vejez, maternidad y desempleo;

i) Regular los servicios de comunicaciones, atendiendo al régimen de los ferrocarriles, caminos, canales y puertos y al tránsito por vía terrestre, aérea y marítima, creando los que exija la conveniencia pública;

j) Fijar las reglas y procedimientos para obtener la naturalización y regular el régimen de los extranjeros;

k) Conceder amnistía de acuerdo con esta Constitución. Las amnistías para delitos comunes solo podrán ser acordadas por el voto favorable de las dos terceras partes de la totalidad de cada uno de los Cuerpos Colegisladores y ramificadas por el mismo número de votos en la siguiente legislatura.

Las amnistías de delitos políticos requieren igual votación extraordinaria si en relación con los mismos se hubieren cometido homicidio o asesinato;

l) Fijar el cupo de las Fuerzas Armadas y acordar su organización;

ll) Otorgar o retirar su confianza al Consejo de Ministros o a cualquiera de sus integrantes en la forma y oportunidad que determina esta Constitución;

m) Citar al Consejo de Ministros o a cualquiera de sus miembros para que responda a las interpelaciones que se le hayan formulado.

La citación deberá hacerse por cada Cuerpo Colegislador, previa notificación al presidente de la República y al primer ministro, con diez días de antelación, expresando el asunto sobre el cual versará la interpelación.

El ministro citado podrá hacerse acompañar, cuando haya de responder a una interpelación o informar sobre un proyecto de ley, de los asesores que designe, pero estos asesores se limitarán a rendir los informes técnicos que indique el ministro interpelado o informante;

n) Declarar la guerra y aprobar los tratados de paz que el presidente de la República haya negociado;

ñ) Acordar todas las leyes que dispone esta Constitución y las que desenvuelvan los principios contenidos en sus normas.

Sección VI. De la iniciativa y formación de las leyes, de su sanción y su promulgación

Artículo 135. La iniciativa de las leyes compete:

a) A los senadores y representantes, de acuerdo con las disposiciones reglamentarias de cada Cuerpo;

b) Al Gobierno;

c) Al Tribunal Superior, en materia relativa a la administración de justicia;

d) Al tribunal Superior, en materia de su competencia;

e) Al Tribunal de Cuentas, en asuntos de su competencia y jurisdicción;

f) A los ciudadanos. En este caso será requisito indispensable que ejerciten la iniciativa diez mil ciudadanos, por lo menos, que tengan la condición de electores.

Toda iniciativa legislativa se formulará como proposición de ley y será elevada a uno de los Cuerpos Colegisladores.

Artículo 136. Las leyes se clasificarán en Ordinarias y Extraordinarias. Son Leyes Extraordinarias las que se indican como tales en la Constitución, las Orgánicas y cualesquiera otras a las que el Congreso dé este carácter. Son Leyes Ordinarias todas las demás.

Las Leyes Extraordinarias necesitan para su aprobación los votos favorables de la mitad más uno de los componentes de cada Cuerpo Colegislador. Las Leyes Ordinarias solo requerirán los votos favorables de la mayoría absoluta de los presentes en la sesión en que se aprueben.

Artículo 137. El proyecto de ley que obtenga la aprobación de ambos Cuerpos Colegisladores se presentará necesariamente al presidente de la República por el del Cuerpo que le impartió la aprobación.

El presidente de la República, dentro de los diez días de haber recibido el proyecto, y previo acuerdo del Consejo de Ministros, sancionará y promulgará la ley, o la devolverá, con las objeciones que considere oportunas, al Cuerpo Colegislador de que precediera.

Recibido el proyecto por dicho Cuerpo asentará íntegramente en acta las objeciones y procederá a una nueva decisión del proyecto.

Si después de esta discusión dos terceras partes del número total de los miembros del Cuerpo Colegislador votasen en favor del proyecto de ley, se pasará, con las objeciones del presidente al otro Cuerpo, que también lo discutirá, y si por igual mayoría lo aprobase, será ley.

En todos estos casos las votaciones serán nominales.

Si dentro de los diez días hábiles siguientes a la remisión del proyecto de ley al presidente éste no lo devolviere, se tendrá por sancionado y será ley.
Si dentro de los últimos diez días de una legislatura se presentare un proyecto de ley al presidente de la República y éste se propusiese utilizar todo el término que al efecto de la sanción se le concede en el Párrafo anterior, comunicará su propósito en término de cuarenta y ocho horas, al Congreso, a fin de que permanezca reunido, si lo quisiere, hasta el vencimiento del expresado término. De no hacerlo así el presidente, se tendrá por sancionado el proyecto y será ley.
Ningún proyecto de ley desechado totalmente por alguno de los Cuerpos Colegisladores podrá discutirse de nuevo en la misma legislatura.
El proyecto de ley aprobado por uno de los Cuerpos Colegisladores será discutido y resuelto preferentemente por el otro. Este precepto no es de aplicación a las leyes extraordinarias.
Toda ley será promulgada dentro de los diez días siguientes al de su sanción.

Título X. Del Poder Ejecutivo

Sección I. El ejercicio del Poder Ejecutivo

Artículo 138. El presidente de la República es el jefe del Estado y representa a la Nación. El Poder Ejecutivo se ejerce por el presidente de la República con el Consejo de Ministros, de acuerdo con lo establecido en esta Constitución.
El presidente de la República actúa como poder director, moderador y de solidaridad nacional.

Sección II. Del presidente de la República, sus atribuciones y deberes

Artículo 139. Para ser presidente de la República se requiere:
a) Ser cubano por nacimiento; pero si esta condición resultare de lo dispuesto en el Inciso d) del **Artículo** 12 de esta Constitución, será necesario haber servido con las armas a Cuba, en sus guerras de Independencia, diez años por lo menos;
b) Haber cumplido treinta y cinco años de edad;
c) Hallarse en el pleno goce de los derechos civiles y políticos;

d) No haber pertenecido en servicios activos a las Fuerzas Armadas de la República durante el año inmediatamente anterior a la fecha de su designación como candidato presidencial.

Artículo 140. El presidente de la República será elegido por sufragio universal, igual, directo y secreto, en un solo día, para un periodo de cuatro años, conforme al procedimiento que establezca la ley.

El cómputo de la votación se hará por Provincia. Al candidato que mayor número de sufragio obtenga en cada una de ellas se le contará un número de voto provincial igual al total de senadores y representantes que, conforme a la ley, corresponda elegir al electorado de la Provincia respectiva y se considerará electo el que mayor número de votos provincial acumule en toda la República.

El que haya ocupado una vez el cargo no podrá desempeñarlo nuevamente hasta ocho años después de haber cesado en el mismo.

Artículo 141. El presidente de la República jurará o prometerá ante el Tribunal Superior de Justicia, al tomar posesión de su cargo, desempeñarlo fielmente, cumpliendo y haciendo cumplir la Constitución y las leyes.

Artículo 142. Corresponde al presidente de la República, asistido del Consejo de Ministros:

a) Sancionar y promulgar las leyes, ejecutarlas y hacerlas ejecutar; dictar, cuando no lo hubiere hecho el Congreso, los reglamentos para la mejor ejecución de las mismas, y expedir los Decretos y las Órdenes que para este fin y para cuanto incumba al gobierno y administración del Estado fuere conveniente, sin contravenir en ningún caso lo establecido en las leyes;

b) Convocar a sesiones extraordinarias al Congreso o solamente al Senado, en los casos que señale esta Constitución o cuando fuere necesario;

c) Suspender las sesiones del Congreso cuando no se hubiere logrado acuerdo al efecto entre los Cuerpos Colegisladores;

d) Presentar al Congreso, al principio de cada legislatura y siempre que fuere oportuno, un mensaje sobre los actos de administración, demostrativos del estado general de la República; y recomendar o iniciar la adopción de las leyes y resoluciones que considere necesarias o útiles;

e) Presentar a la Cámara de Representantes, sesenta días antes de la fecha en que debe comenzar a regir, el proyecto de presupuesto anual;

f) Facilitar al Congreso los informes que éste solicitare, directamente o por medio de interpelaciones, al Gobierno, sobre toda clase de asuntos que no exijan reserva;
g) Dirigir las negociaciones diplomáticas y celebrar tratados con las otras naciones, debiendo someterlos a la aprobación del Senado, sin cuyo requisito no tendrán validez ni obligarán a la República;
h) Nombrar, con la aprobación del Senado, al presidente de sala y magistrados del Tribunal Superior de Justicia en la forma que dispone esta Constitución, así como a los jefes de misiones diplomáticas;
i) Nombrar, para el desempeño de los demás cargos instituidos por la ley, a los funcionarios correspondientes cuya designación no esté atribuida a otras autoridades;
j) Suspender el ejercicio de los derechos que se enumeren en el **Artículo** 41 de esta Constitución, en los casos y en la forma que en la misma se establece;
k) Conceder indultos con arreglo a lo que prescriban la Constitución y la ley, excepto cuando se trate de delitos electorales dolosos. Para indultar a los funcionarios y empleados públicos sancionados por delitos cometidos en el ejercicio de sus funciones, será necesario que éstos hubiesen cumplido por lo menos la tercera parte de la sanción que le fuera impuesta por los Tribunales;
l) Recibir a los representantes diplomáticos y admitir a los agentes consultores de las otras naciones;
ll) Disponer de las Fuerzas Armadas de la República, como jefe superior de las mismas;
m) Proveer a la defensa del territorio nacional y a la conservación del orden interior, dando cuenta al Congreso. Siempre que hubiere peligro de invasión, o cuando alguna rebelión amenazare gravemente la seguridad pública, no estando reunido el Congreso, el presidente lo convocará sin demora para la resolución que proceda;
n) Cumplir y hacer cumplir cuantas reglas, órdenes y disposiciones acuerden y dicte el Tribunal Superior Electoral;

ñ) Nombrar y remover libremente a los ministros de gobierno, dando cuentas al Congreso; sustituirlos en las oportunidades que procedan de acuerdo con esta Constitución y suscribir en su caso los acuerdos del Consejo;
o) Ejercer las demás atribuciones que les confieran expresamente la Constitución y la ley.

Artículo 143. Todos los Decretos, Órdenes y resoluciones del presidente de la República habrán de ser refrendados por el ministro correspondiente, sin cuyo requisito carecerán de fuerza obligatoria.

No será necesario este referendo en los casos de nombramientos de ministros de gobierno.

Artículo 144. El presidente no podrá salir del territorio de la República sin autorización del Congreso.

Artículo 145. El presidente será responsable ante el Pleno del Tribunal Superior de Justicia por los delitos de carácter común que cometiere durante el ejercicio de su cargo, pero no podrá ser procesado sin previa autorización del Senado, acordada por el voto favorable de las dos terceras partes de sus miembros. En este caso el Tribunal resolverá si procede suspenderlo en sus funciones hasta que recaiga sentencia.

Artículo 146. El presidente recibirá del Estado una dotación que podrá ser alterada en todo tiempo, pero esta alteración no surtirá efecto sino en los periodos presidenciales siguientes a aquel en que se acordare.

Título XI. Del vicepresidente de la República

Artículo 147. Habrá un vicepresidente de la República que será elegido en la misma forma y por igual periodo de tiempo que el presidente y conjuntamente con éste. Para ser vicepresidente se requieren las mismas condiciones que prescribe esta Constitución para ser presidente.

Artículo 148. El vicepresidente de la República sustituirá al presidente en los casos de ausencia, incapacidad o muerte. Si la vacante fuese definitiva, durará la sustitución hasta terminación del periodo presidencial. En caso de ausencia, incapacidad o muerte de ambos, le sustituirá por el resto del periodo el presidente del Congreso.

Artículo 149. En cualquier caso que faltaren los sustitutos presidenciales que establece esta Constitución, ocupará interinamente la Presidencia de la

República el magistrado más antiguo del Tribunal Supremo, el cual convocará a elecciones nacionales dentro de un plazo no mayor de noventa días. Cuando la vacante hubiera ocurrido dentro del último año del periodo presidencial, el magistrado sustituto ocupará el cargo hasta finalizar el periodo. La persona que ocupare la Presidencia en cualquiera de las sustituciones a que refieren los Artículos anteriores no podrá ser candidato presidencial para la próxima elección.

Artículo 150. El vicepresidente de la República ejerce la Presidencia del Senado y solo tendrá voto en los casos de empate.

El vicepresidente recibirá del Estado una dotación que podrá ser alterada en todo tiempo, pero la alteración no surtirá efecto sino en el periodo presidencial siguiente a aquel en que se acordare.

Título XII. Del Consejo de Ministros

Artículo 151. Para el ejercicio del Poder Ejecutivo el presidente de la República estará asistido de un Consejo de Ministros, integrado por el número de miembros que determine la ley.

Uno de estos ministros tendrá la categoría de primer ministro por designación del presidente de la República, y podrá desempeñar el cargo con o sin cartera.

Artículo 152. Para ser ministro se requiere:

a) Ser cubano por nacimiento;

b) Haber cumplido treinta años de edad;

c) Hallarse en el pleno goce de los derechos civiles y políticos;

d) No tener negocios con el Estado, la Provincia o el Municipio.

Artículo 153. Cada ministro tendrá uno o más subsecretarios que lo sustituirán en los casos de ausencia o falta temporal.

Artículo 154. El Consejo de Ministros será presidido por el presidente de la República. Cuando el presidente no asista a las sesiones del Consejo, lo presidirá el primer ministro. El primer ministro representará la política general del Gobierno y a éste ante el Congreso.

Artículo 155. El Consejo de Ministros tendrá un secretario encargado de levantar las actas del Consejo, certificar sus acuerdos, atender al despacho de los asuntos de la Presidencia de la República y del Consejo de Ministros.

Artículo 156. Los ministros tendrán a su cargo el despacho de su respectivos Ministerios y deliberarán y revolverán sobre todas las cuestiones de interés general que no estén atribuidas a otras dependencias o autoridades y ejercerán las facultades que les correspondan con arreglo a la Constitución y la ley.

Artículo 157. Los acuerdos del Consejo de Ministros se tomarán por mayoría de votos en sesiones a las que concurra la mitad más uno de los ministros.

Artículo 158. Los ministros de gobierno serán personalmente responsables de los actos que refrenden y solidariamente de los que juntos acuerden o autoricen.

Artículo 159. El primer ministro y los ministros de gobierno son criminalmente responsables ante el Tribunal Superior de Justicia de los delitos comunes que cometieren en el ejercicio de sus cargos.

Artículo 160. Los Ministerios de Educación, de Salubridad y Asistencia Social, de Agricultura y de Obras Públicas actuarán exclusivamente como organismos técnicos.

Artículo 161. El primer ministro y los ministros de gobierno jurarán o prometerán ante el presidente de la República cumplir fielmente los deberes inherentes a sus cargos, así como observar y hacer cumplir la Constitución y la ley.

Artículo 162. Corresponderá al primer ministro despachar con el presidente de la República los asuntos de la política general del Gobierno, y, acompañados de los ministros, los asuntos de los respectivos departamentos.

Artículo 163. Son atribuciones de los ministros:

a) Cumplir y hacer cumplir la Constitución, y las leyes, Decreto-leyes, Decretos, reglamentos y demás resoluciones y disposiciones;

b) Redactar proyectos de ley, reglamentos, Decretos y cualesquiera otras resoluciones y presentarlos a la consideración del Gobierno;

c) Refrendar, conjuntamente con el primer ministro, las leyes y demás documentos autorizados con la firma del presidente de la República, salvo los decretos de nombramientos o separación de ministros;

d) Concurrir al Congreso por su propia iniciativa o a instancia de cualesquiera de su Cuerpo, informar ante ellos, contestar las interpelaciones, deliberar en su seno y producir, individual o colectivamente, cuestiones de confianza.

El ministro, si fuere congresista, solo tendrá derecho a votar en el Cuerpo a que pertenezca.

Título XIII. De las relaciones entre el Congreso y el Gobierno

Sección única

Artículo 164. El primer ministro y el Consejo de Ministros son responsables de sus actos de gobierno ante la Cámara y el Senado.

Éstos podrán otorgar o retirar su confianza al primer ministro, a un ministro o al Consejo en pleno, en la forma que se especifica en esta Constitución.

Artículo 165. Cada Cuerpo Colegislador podrá determinar la remoción total o parcial del Gobierno planteando la cuestión de confianza, la que se presentará por medio de una moción motivada por escrito y con la firma de la tercera parte, por lo menos, de sus miembros. Esta moción se comunicará inmediatamente a los demás componentes del Cuerpo respectivo y se discutirá y votará ocho días naturales después de su presentación. Si no se resuelve dentro de los quince días siguientes a dicha presentación, se considerará rechazada.

Para aprobar válidamente estas mociones se necesitará una mayoría de votos favorables de la mitad más uno de la totalidad de los miembros de la Cámara de Representantes o del Senado respectivamente, obtenida siempre en votación nominal.

El hecho de que recaiga votación contraria en un proyecto de ley presentado por el Gobierno o por un ministro, o que se reconsidere un proyecto de ley devuelto por el presidente de la República, no obligará en forma alguna al primer ministro o a los miembros a renunciar a sus cargos.

Si se suscitase simultáneamente una cuestión de confianza en ambos Cuerpos Colegisladores, tendrá prioridad la que se plantee en la Cámara de Representantes.

Artículo 166. Habrá crisis totales y parciales. Se considerará total la que se plantee el primer ministro o la que se refiera a más de tres ministros. Las demás se considerarán parciales.

Artículo 167. La facultad de negar la confianza a todo el Gobierno, al primer ministro o cualquiera de los que formen parte del Consejo solo podrá ejercitarse transcurrido seis meses por lo menos, del nombramiento por primera vez del Consejo de Gobierno o de la producción posterior de una crisis total por aprobación de una moción de no confianza por el Cuerpo Colegislador respectivo, según las reglas establecidas en esta Constitución.

Los ministros que hayan sido nombrados por haber sido removidos sus antecesores en una crisis parcial, solo podrán ser sometidos a un voto de no confianza seis meses después de su designación, salvo que se trate de una crisis total.

Cuando cualquiera de los Cuerpos Colegisladores hubiese resuelto favorablemente una moción de no confianza, no podrá plantearla nuevamente hasta transcurrido un año, en que dicha facultad corresponderá al otro Cuerpo Colegislador, el que en todo caso no podrá ejercitarla sino después que hayan transcurrido, por lo menos, seis meses del nombramiento del Gobierno o ministros a quien se refiera dicha cuestión.

Dos crisis parciales equivaldrán a una crisis total, a los efectos de la restricción de los seis meses a que este **Artículo** se refiere.

En ningún caso se podrán plantear cuestiones de confianza dentro de los seis meses últimos de cada periodo presidencial.

El Consejo de Ministros podrá plantear por sí mismo la cuestión de confianza en cuanto a la totalidad de sus componentes, o respecto de algunos de los ministros. En este caso se discutirá y resolverá inmediatamente.

El hecho de haberse resuelto con anterioridad una moción de confianza planteada por el Gobierno no impide ni restringe al Congreso ejercitar libremente sus derechos a plantear mociones de confianza.

Artículo 168. En cualquier caso en que se niegue la confianza al Gobierno o a alguno de sus miembros deberá el Gobierno en pleno, o aquellos de sus componentes a quien afecte la negación de confianza, dimitir dentro de las cuarenta y ocho horas siguientes al acuerdo parlamentario, y si no lo hicieren se considerarán removidos y el presidente de la República así lo declarará.

El ministro saliente continuará interinamente en el cargo después de su dimisión hasta la entrega al sucesor.

Artículo 169. La negativa de confianza a todo el Consejo de Ministros o a alguno de sus miembros solo significa la inconformidad del Cuerpo

Colegislador que hubiere promovido la cuestión, con la política del ministro o del Gobierno en conjunto.
La denegación de confianza lleva implícito que en el Gabinete que se forme o se rehaga inmediatamente después de la crisis no podrán ser nombrados para las mismas carteras los ministros cuya política haya sido objeto de dicha denegación.

Título XIV. Del Poder Judicial

Sección I. Disposiciones generales

Artículo 170. La justicia se administra en nombre del pueblo y su dispensación será gratuita en todo el territorio nacional.
Los jueces y fiscales son independientes en el ejercicio de sus funciones y no deben obediencia más que a la ley.
Solo podrá administrarse justicia por quienes pertenezcan permanentemente al Poder Judicial. Ningún miembro de este Poder podrá ejercer otra profesión.
Los registros del Estado Civil estarán a cargo de miembros del Poder Judicial.
Artículo 171. El Poder Judicial se ejerce por el Tribunal Supremo de Justicia, el Tribunal Supremo Electoral y los demás tribunales y jueces que la ley establezca. Éste regulará la organización de los tribunales, sus facultades, el modo de ejercerlas y las condiciones que habrán de concurrir en los funcionarios que los integren.

Sección II. Del Tribunal Supremo de Justicia

Artículo 172. El Tribunal Supremo de Justicia se compondrá de las salas que la ley determine.
Una de estas salas constituirá el Tribunal de Garantías Constitucionales y Sociales. Cuando conozca de asuntos constitucionales será presidida necesariamente por el presidente del Tribunal Supremo y no podrá estar integrada por menos de quince magistrados. Cuando se trate de asuntos sociales no podrá constituirse por menos de nueve magistrados.
Artículo 173. Para ser presidente o magistrado del Tribunal Supremo de Justicia se requiere:

a) Ser cubano por nacimiento;
b) Haber cumplido cuarenta años de edad;
c) Hallarse en el pleno goce de los derechos civiles y políticos y no haber sido condenado a pena aflictiva por delito común;
d) Reunir además algunas de las circunstancias siguientes:
Haber ejercido en Cuba durante diez años, por lo menos, la profesión de abogado o haber desempeñado, por igual tiempo, funciones judiciales o fiscales o explicando, durante el mismo número de años, una cátedra de derecho en establecimiento oficial de enseñanza;
A los efectos del Párrafo anterior podrán sumarse los periodos en que se hubiesen ejercido la abogacía y las funciones judiciales o fiscales.
Artículo 174. El Tribunal Supremo de Justicia tendrá, además de las otras atribuciones que esta Constitución y la ley le señale las siguientes:
a) Conocer de los recursos de casación;
b) Dirimir las cuestiones de competencias entre los tribunales que le sean inmediatamente inferiores o no tengan superior común y las que se susciten entre las autoridades judiciales y las de otros órdenes del Estado, la Provincia y el Municipio;
c) Decidir, en última instancia, sobre la suspensión o destitución de los gobernantes locales y provinciales, conforme a lo dispuesto por esta Constitución y la ley;
d) Decidir sobre la constitucionalidad de las leyes, Decretos-leyes, Decretos, reglamentos, acuerdos, órdenes, disposiciones y otros actos de cualquier organismo, autoridades o funcionarios;
e) Conocer de los juicios en que litiguen entre sí el Estado, la Provincia y el Municipio.
Artículo 175. Se instituye la carrera judicial. El ingreso en la misma se hará mediante ejercicios de oposición, exceptuándose los magistrados del Tribunal Supremo.
Artículo 176. Para los nombramientos de los magistrados de audiencia se observarán tres turnos: el primero, en concepto de ascenso, por rigurosa antigüedad en la categoría inferior; el segundo, mediante concursos entre los que ocupan la categoría inmediata inferior, y el tercero, mediante ejercicios teóricos y prácticos de oposición, a los que podrán concurrir tanto funciona-

rios judiciales y fiscales como abogados, no mayores de sesenta años. Los abogados en ejercicio deberán reunir los demás requisitos exigidos para poder ser nombrados magistrados del Tribunal Supremo.

Artículo 177. Los nombramientos de jueces se harán en dos turnos: uno por rigurosa antigüedad en la categoría inferior y otro por concurso, en el que podrán tomar parte funcionarios de la misma y de la inferior categoría. En el primer turno a que se refiere este **Artículo** y el anterior, la vacante será provista por traslado si hubiere funcionarios de igual categoría que así lo solicitaren, reservándose el ingreso o el ascenso para las plazas que en definitiva queden disponibles en la categoría.

Artículo 178. La Sala de Gobierno del Tribunal Supremo determinará, clasificará y publicará los méritos que hayan de ser reconocidos a los funcionarios judiciales de cada categoría para el turno de ascenso.

Artículo 179. En los casos de concurso, los traslados y ascensos se otorgarán forzosamente al funcionario solicitante, de la propia categoría o de la inmediata inferior, que mayor puntuación hubiera obtenido. El Tribunal Supremo establecerá la pauta de puntuación por categoría, rectificándolo semestralmente, exclusiva a la capacidad, actuación, mérito y producción jurídica de cada funcionario.

Artículo 180. Los magistrados del Tribunal Supremo serán nombrados por el presidente de la República de una terna propuesta por un colegio electoral de nueve miembros. Éstos serán designados cuatro por el pleno del Tribunal Supremo, de su propio seno; tres por el presidente de la República, y dos por la Facultad de Derecho de la Universidad de La Habana. Los cinco últimos deberán reunir los requisitos exigidos para ser magistrados del Tribunal Supremo, y los designados por la Facultad de Derecho no podrán pertenecer a la misma.

El Colegio se forma para cada designación, y sus componentes que no sean magistrados no podrán volver a formar parte del mismo sino transcurridos cuatro años.

El presidente del Tribunal Supremo y los presidentes de sala serán nombrados por el presidente de la República a propuesta del pleno del Tribunal. Estos nombramientos y los magistrados del Tribunal Supremo deberán recibir la aprobación del Senado.

El tema a que se refiere el Párrafo primero de este **Artículo** comprenderá por lo menos, si lo hubiere, a un funcionario judicial en activo servicio que haya desempeñado esas funciones durante diez años como mínimo.

Artículo 181. Los nombramientos, ascensos, traslados, permutas, suspensiones, correcciones, jubilaciones, licencias y supresiones de plazas se harán por la Sala de Gobierno especial integrada por el presidente del Tribunal Supremo y por seis miembros del mismo, elegidos anualmente entre los presidentes de sala y magistrados de dicho Tribunal.

No se puede formar parte de esta Sala de Gobierno dos años sucesivos.

Todas las plazas de nueva creación serán cubiertas conforme a las disposiciones de esta Constitución.

La facultad reglamentaria, en cuanto afecte el orden interno de los Tribunales, se ejercerá por la Sala de Gobierno del Tribunal Supremo de Justicia, de acuerdo con lo dispuesto en la Ley Orgánica del Poder Judicial.

Sección III. Del Tribunal de Garantías Constitucionales y Sociales

Artículo 182. El Tribunal de Garantías Constitucionales y Sociales, es competente para conocer de los siguientes asuntos:

a) Los recursos de inconstitucionalidad contra las leyes, Decretos-leyes, Decretos, resoluciones o actos que nieguen, disminuyan, restrinjan o adulteren los derechos y garantías consignados en esta Constitución o que impidan el libre funcionamiento de los órganos del Estado;

b) Las consultas de jueces y tribunales sobre la constitucionalidad de las leyes, Decretos-leyes y demás disposiciones que hayan de aplicar en juicio;

c) Los recursos de hábeas corpus por vía de apelación no cuando haya sido ineficaz la reclamación ante otras autoridades o tribunales;

d) La validez del procedimiento y de la reforma constitucionales;

e) Las cuestiones jurídico-políticas y las de legislación social que la Constitución y la ley sometan a su consideración;

f) Los recursos contra los abusos de poder.

Artículo 183. Pueden acudir ante el Tribunal de Garantías Constitucionales y Sociales sin necesidad de prestar fianza:

a) El presidente de la República, el presidente y cada uno de los miembros del Consejo de Gobierno, del Senado, de la Cámara de Representantes y del Tribunal de Cuentas, los gobernadores, alcaldes y concejales;
b) Los jueces y tribunales;
c) El ministro fiscal;
d) Las universidades;
e) Los organismos autónomos autorizados por la Constitución o la ley;
f) Toda persona individual o colectiva que haya sido afectada por un acto o disposición que considere inconstitucional.

Las personas no comprendidas en alguno de los incisos anteriores pueden acudir también al Tribunal de Garantías Constitucionales y Sociales, siempre que presente la fianza que la ley señale.

La ley establecerá el modo de funcionar del Tribunal de Garantías Constitucionales y Sociales y el procedimiento para sustanciar los recursos que ante el mismo se interpongan.

Sección IV. Del Tribunal Superior Electoral

Artículo 184. El Tribunal Superior Electoral estará formado por tres magistrados del Tribunal Supremo de Justicia y dos de la Audiencia de La Habana, nombrados por un periodo de cuatro años y por los plenos de sus respectivos tribunales.

La presidencia del Tribunal Superior Electoral corresponde al más antiguo de los tres magistrados del Tribunal Supremo. Cada uno de los miembros del Tribunal tendrán dos suplentes, nombrados por el organismo de donde procedan.

Artículo 185. Además de las atribuciones que las Leyes Electorales le confieran, el Tribunal Superior Electoral queda investido de plenas facultades para garantizar la pureza del sufragio, fiscalizar e intervenir cuando lo considere necesario en todos los censos, elecciones y demás actos electorales, en la formación y organización de nuevos partidos, reorganización de los existentes, nominación de candidatos y proclamación de los electos.

Le corresponde también:

a) Resolver las reclamaciones electorales que la ley someta a su jurisdicción y competencia;

b) Dictar las instrucciones generales y especiales necesarias para el cumplimiento de la legislación electoral;
c) Resolver, en grado de apelación, los recursos sobre la validez o nulidad de una elección y la proclamación de candidatos;
d) Dictar instrucciones y disposiciones, de cumplimiento obligatorio a las Fuerzas Armadas y de Policía para el mantenimiento del orden y de la libertad electoral durante el periodo de confección del censo, el de organización de los partidos y el comprendido entre la convocatoria a elecciones y la terminación de los escrutinios.
En caso de grave alteración del orden público, o cuando el Tribunal estime que no existen suficientes garantías, podrá acordar la suspensión o la nulidad de todos los actos y operaciones electorales en el territorio afectado aunque no estén suspendidas las garantías constitucionales.
Artículo 186. La ley organizará los Tribunales Electorales. Para formarlos podrá utilizar a funcionarios de la carrera judicial.
El conocimiento de las reclamaciones electorales queda reservado a la jurisdicción electoral. Sin embargo, la ley determinará los asuntos en que, por excepción, podrá recurrirse de las resoluciones del Tribunal Superior Electoral, en vía de apelación ante el Tribunal de Garantías Constitucionales y Sociales.
Artículo 187. Se crea la carrera administrativa de los empleados y funcionarios electorales, subordinados a la jurisdicción máxima del Tribunal Superior Electoral, y se declaran inamovibles los empleados permanentes de las juntas electorales.
La retribución fijada a estos funcionarios y empleados permanentes por el Código Electoral, no podrá ser alterada sino en las condiciones y circunstancias establecidas para los funcionarios y empleados judiciales. La ley no podrá asignar distintas retribuciones a cargos de igual grado, categoría y funciones.

Sección V. Del Ministerio Fiscal

Artículo 188. El Ministerio Fiscal representa al pueblo ante la administración de justicia y tiene como finalidad primordial vigilar el cumplimiento de la Constitución y la ley. Los funcionarios del Ministerio Fiscal serán inamovibles e independientes en sus funciones, con excepción del Fiscal del Tribunal Supremo, que será nombrado y removido libremente por el presidente de la República.

Artículo 189. El ingreso en la carrera fiscal se hará mediante ejercicio de oposición y el ascenso habrá de realizarse en la forma que para los jueces establece esta Constitución. Los nombramientos, incluyendo los de las plazas de nueva creación, ascensos, traslado, suspensiones, correcciones, licencias, separaciones y jubilaciones de los funcionarios del Ministerio Fiscal y la aceptación de sus permutas y renuncias se harán de acuerdo con lo que determine la ley.

Artículo 190. El Fiscal del Tribunal Supremo de Justicia reunirá las condiciones exigidas para ser magistrado del Tribunal Supremo; los Tenientes Fiscales del propio Tribunal y los fiscales de los demás tribunales deberán ser cubanos por nacimiento, haber cumplido treinta años de edad y hallarse en el pleno goce de los derechos civiles y políticos. Los demás funcionarios del Ministerio Fiscal reunirán las condiciones que la ley señale.

Artículo 191. Cuando el Gobierno litigue o deba personarse en algún procedimiento lo hará por medio del abogado del Estado, los cuales formarán un cuerpo cuya organización regulará la ley.

Sección VI. Del Consejo Superior de Defensa Social y de los Tribunales para menores de edad

Artículo 192. Habrá un Consejo Superior de Defensa Social que estará encargado de la ejecución de las sanciones y medidas de seguridad que impliquen la privación o la limitación de la libertad individual, así como de la organización, dirección y administración de todos los establecimientos o instituciones que se requieran para la más eficaz prevención de la criminalidad. Este organismo, que gozará de autoridad para el ejercicio de sus funciones técnicas y administrativas, tendrá también a su cargo la concesión y revocación de la libertad condicional, de acuerdo con la ley.

Artículo 193. Se crean los Tribunales para menores de edad. La ley regulará su organización y funcionamiento.

Sección VII. De la inconstitucionalidad

Artículo 194. La declaración de inconstitucionalidad podrá pedirse:

a) Por los interesados en los juicios, causas o negocios que conozcan la jurisdicción ordinaria y las especiales;

b) Por veinticinco ciudadanos que justifiquen su condición de tales;

c) Por las personas a quien afecte la disposición que se estime inconstitucional.

Los jueces y tribunales están obligados a resolver los conflictos entre las leyes vigentes y la Constitución, ajustándose al principio de que ésta prevalezca sobre aquéllas.

Cuando un juez o tribunal considere inaplicable cualquier ley, Decreto-ley, Decreto o disposición porque estime que viola la Constitución, podrá suspender el procedimiento y elevar el asunto al Tribunal de Garantías Constitucionales y Sociales a fin de que declare o niegue la constitucionalidad del precepto en cuestión y devuelva el asunto al remitente para que continúe el procedimiento, dictando las medidas de seguridad que sean pertinentes.

En los expedientes administrativos podrá plantearse el recurso de inconstitucionalidad al acudirse a la vía contencioso administrativo. Si las leyes no franquearan esta vía podrá interponerse el recurso de inconstitucionalidad directamente contra la resolución administrativa.

Los recursos de inconstitucionalidad, en los casos enumerados en los Artículos ciento treinta y uno, ciento setenta y cuatro, ciento ochenta y dos y ciento ochenta y seis de esta Constitución, se interpondrán directamente ante el Tribunal de Garantías Constitucionales y Sociales.

En todo recurso de inconstitucionalidad los Tribunales revolverán siempre el fondo de la reclamación. Si el recurso adoleciere de algún defecto de forma concederá un plazo al recurrente para que lo subsane.

No podrá aplicarse en ningún caso ni forma una ley, Decreto-ley, Decreto, reglamento, orden, disposición o medida que haya sido declarada inconstitucional, bajo pena de inhabilitación para el desempeño de cargo público.

La sentencia en que se declare la inconstitucionalidad de un precepto legal o de una medida o acuerdo gubernativo, obligará al organismo, autoridad o funcionario que haya dictado la disposición anulada, a derogarla inmediatamente.

En todo caso la disposición legislativa o reglamentaria o medida gubernativa declarada inconstitucional se considerará nula y sin valor ni efecto desde el día de la publicación de la sentencia en los estrados del Tribunal.

Artículo 195. El Tribunal Supremo y el de Garantías Constitucionales y Sociales están obligados a publicar sin demora sus sentencias en el periódico oficial que corresponda.

En el presupuesto del Poder Judicial se consignará anualmente un crédito para el pago de estas atenciones.

Sección VIII. De la jurisdicción e inamovilidad

Artículo 196. Los tribunales ordinarios conocerán de todos los juicios, causas o negocios, sean cual fuere la jurisdicción a que correspondan, con la sola excepción de los originados por delitos militares o por hechos ocurridos en el servicio de las armas, los cuales quedarán sometidos a la jurisdicción militar.

Cuando estos delitos se cometan conjuntamente por militares y por personas no aforadas, o cuando una de estas últimas sean víctimas del delito, serán de la competencia de la jurisdicción afín.

Artículo 197. En ningún caso podrán crearse tribunales, comisiones y organismos a los que se conceda competencia especial para conocer el hecho, juicio, causa, expedientes, cuestiones o negocios de las jurisdicciones atribuidas a los tribunales ordinarios.

Artículo 198. Los Tribunales de las Fuerzas de Mar y Tierra se regirán por una Ley Orgánica Especial y conocerán únicamente de los delitos y faltas estrictamente militares cometidos por sus miembros. En caso de guerra o grave alteración del orden público la jurisdicción militar conocerá de todos los delitos y faltas cometidas por militares en el territorio donde exista realmente el estado de guerra, de acuerdo con la ley.

Artículo 199. La responsabilidad civil y criminal en que incurran los jueces, magistrados y fiscales en el ejercicio de sus funciones, o con motivo de ellas, será exigible ante el Tribunal Supremo de Justicia.

Artículo 200. Los funcionarios judiciales y del Ministerio Fiscal, abogados de oficio, así como sus auxiliares y subalternos, son inamovibles. En su virtud, no podrán ser suspendidos ni separados sino por razón de delito u otra causa grave debidamente acreditada, y siempre con audiencia del inculpado. Estos funcionarios podrán ser suspendidos en el ejercicio de sus funciones en cualquier estado del expediente.

Cuando en causa criminal un juez, magistrado, fiscal o abogado de oficio fuere procesado será suspendido inmediatamente en el ejercicio de sus funciones.

No podrá acordarse el traslado de jueces, magistrados, fiscales o abogados de oficio, a no ser mediante expediente de corrección disciplinaria o por los motivos de conveniencia pública que establezca la ley. No obstante, los funcionarios del Ministerio Fiscal podrán ser trasladados, en caso de vacantes, si lo solicitaren.

Artículo 201. Los cargos de secretarios y auxiliares de la Administración de Justicia se cubrirán en turnos alterativos de traslados y ascensos por antigüedad y méritos, determinados estos últimos, por concurso oposición, en la forma que fije la ley y de acuerdo con el escalafón que confeccionará y publicará la Sala de Gobierno del Tribunal Supremo de Justicia.

Artículo 202. La ley establecerá las causales de corrección, traslado y separación, así como la tramitación de los expedientes respectivos.

Artículo 203. El cumplimiento de las resoluciones judiciales es ineludible.

La ley establecerá las garantías necesarias para hacer efectiva estas resoluciones si a ellos resistiese autoridades, funcionarios, empleados del Estado, de la Provincia o el Municipio o miembro de las Fuerzas Armadas.

Artículo 204. Las sentencias que dicten los jueces correccionales en los casos de delito serán apelables ente el Tribunal que la ley determine, regulando ésta su procedimiento.

Artículo 205. El Gobierno no tiene potestad para declarar lesiva una resolución firme de los Tribunales. En el caso de que no pueda cumplirla indemnizará al perjudicado en la forma correspondiente siempre que proceda, solicitando del Congreso los créditos necesarios si no los tuviere.

Artículo 206. La retribución de los funcionarios y empleados de la Administración de Justicia, del Ministerio Fiscal y de los funcionarios y empleados permanentes de los organismos electorales no podrán ser alterada sino por una votación de las dos terceras partes de cada uno de los Cuerpos Colegisladores y en periodo no menos de cinco años.

No podrán asignarse distintas retribuciones a casos de igual grado, categoría y función.

La retribución que se asigne a los magistrados del Tribunal Supremo de Justicia y a los demás funcionarios del Poder Judicial deberán ser en todo caso adecuada a la importancia y trascendencia de sus funciones.

Artículo 207. Ningún miembro del Poder Judicial podrá ser ministro de gobierno ni desempeñar función alguna adscrita a los Poderes Legislativos o Ejecutivos, excepto cuando se trate de formar parte de Comisiones designadas por el Senado o la Cámara de Representantes para la reforma de la ley. Tampoco podrán figurar como candidatos a ningún cargo electivo.

Artículo 208. La responsabilidad penal y los motivos de separación en que puedan incurrir el presidente, presidente de sala y magistrados del Tribunal Supremo de Justicia se declararán ajustándose al siguiente procedimiento:

El Senado de la República será el competente para conocer de las denuncias contra dichos funcionarios. Recibida una denuncia el Senado nombrará una Comisión para que la estudie; ésta elevará su dictamen al Senado. Si por el voto de las dos terceras partes de sus miembros, emitidos en votación secreta, el Senado considera fundada la denuncia se abrirá el juicio correspondiente ante un Tribunal, que se denominará Gran Jurado, compuesto por quince miembros, designados en la forma que sigue: El presidente del Tribunal Supremo remitirá al presidente del Senado la relación completa de los miembros de dicho organismo que no se encuentren afectados por la acusación;

El presidente de la Cámara de Representantes remitirá al presidente del Senado la relación de los miembros que la integrarán. El Rector de la Universidad de La Habana enviará al presidente del Senado la relación completa de los profesores titulares de su Facultad de Derecho;

El presidente de la República remitirá al presidente del Senado una relación de cincuenta abogados que reúnan las condiciones requeridas para ser magistrados del Tribunal Supremo, designados libremente por él;

Recibidas estas listas por el presidente del Senado éste, en sesión pública de dicho Cuerpo, procederá a determinar los componentes del Gran Jurado mediante insaculación:

Seis del Tribunal Superior de Justicia. No habiéndole, o no alcanzando su número, se completará por el mismo procedimiento de una lista formada con el presidente y los magistrados de la Audiencia de La Habana remitida al presidente del Senado por el presidente de dicha Audiencia;

Tres miembros de la Cámara de Representantes;

Tres miembros de la Facultad de Derecho de la Universidad de La Habana; y

Tres miembros de la lista de cincuenta abogados;

Este tribunal será presidido por el funcionario judicial de mayor categoría y en su defecto por el de mayor antigüedad de los que concurran a integrarlo;

El Senado, una vez nombrado el Gran Jurado, le dará traslado de la denuncia para la tramitación oportuna. Dictado el fallo, el Gran Jurado se disolverá.

Título XV. El régimen municipal

Sección I. Disposiciones generales

Artículo 209. El Municipio es la sociedad local organizada políticamente por autorización del Poder Legislativo en una extensión territorial determinada por necesaria relaciones de vecindad, sobre una base de capacidad económica para satisfacer los gastos del gobierno propio, y con personalidad jurídica a todos los efectos legales.

La ley determinará el territorio, el nombre de cada Municipio y el lugar de residencia de su gobierno.

Artículo 210. Los Municipios podrán asociarse para fines intermunicipales por acuerdo de sus Ayuntamientos o Comisiones. También podrán incorporarse unos Municipios a otros o dividirse para constituir otros nuevos, o alterar sus límites, por iniciativa popular y con aprobación del Congreso, oído el parecer de los Ayuntamientos o Comisiones respectivas.

Para acordar la segregación de parte de un Término Municipal y agregarla a otro u otros colindantes será preciso que lo solicite, por lo menos, un 10 % de los vecinos de la porción de territorio que se trate de segregar, y que, en una elección de referendo, el 60 % de los electores de dicha parte se muestre conforme con la segregación.

Si el resultado del referendo fuese favorable a la solicitud presentada se elevará el asunto al Congreso para su resolución definitiva.

Al señalarse las nuevas demarcaciones de territorio y practicarse la división de bienes se respetará el derecho de propiedad privada del Municipio cedente sobre los bienes que haya adquirido o construido en la porción que se le segrega, sin perjuicio de reconocerle al Municipio que la recibe la parte proporcional que le corresponda por lo que hubiere aportado para la adquisición o construcción de dichos bienes.

Siempre que se trate de la Constitución de un nuevo Municipio, corresponderá al Tribunal de Cuentas informar sobre la capacidad económica del mismo para el mantenimiento del gobierno propio.

Artículo 211. El gobierno municipal es una entidad con poderes para satisfacer las necesidades colectivas peculiares de la capacidad local, y es además un organismo auxiliar del Poder Central, ejercido por el Estado a través de todo el territorio nacional.

Artículo 212. El Municipio es autónomo. El gobierno municipal queda investido de todos los poderes necesarios para resolver libremente los asuntos de la sociedad local.

Las facultades de las cuales no resulta investido el gobierno municipal por esta Constitución quedan reservadas al Gobierno nacional.

El Estado podrá suplir la gestión municipal cuando ésta sea insuficiente en caso de epidemia, grave alteración del orden público y otros motivos de interés general, en la forma que determine la ley.

Artículo 213. Corresponde especialmente al gobierno municipal:

a) Suministrar todos los servicios públicos locales; comprar, construir y operar empresas de servicios públicos o prestar dichos servicios mediante concesión o contrato, con todas las garantías que establezca la ley, y adquirir, por expropiación o por compra, para los propósitos indicados, las propiedades necesarias. También podrán operar empresas de carácter económico;

b) Llevar a cabo mejoras públicas locales y adquirir por compra, de acuerdo con sus dueños o mediante expropiación, las propiedades directamente necesarias para la obra proyectada y las que conviniesen para resarcirse del costo de la misma;

c) Crear y administrar escuelas, museos y bibliotecas públicas, campos para educación física y campos recreativos, sin perjuicio de lo que la ley establezca sobre educación, y adoptar y ejecutar dentro de los límites del Municipio, reglas sanitarias y de vigilancia local y otras disposiciones similares que no se opongan a la ley, así como propender al establecimiento de cooperativas de producción y de consumo y exposición y jardines botánicos y zoológicos, todo con carácter de servicio público;

d) Nombrar los empleados municipales con arreglo a lo que establezcan esta Constitución y la ley;

e) Formar sus presupuestos de gastos e ingresos y establecer los impuestos necesarios para cubrirlos, siempre que éstos sean compatibles con el sistema tributario del Estado.

Los Municipios no podrán reducir ni suprimir ingresos de carácter permanente sin establecer al mismo tiempo otros que los sustituyan, salvo en caso en que la reducción o supresión corresponda a la reducción o supresión de gastos permanentes equivalentes.

Los créditos que figuren en los presupuestos para gastos serán divididos en dozavas partes y no pagará ninguna atención del mes corriente si no han sido liquidadas todas las del anterior;

f) Acordar empréstitos, votando al mismo tiempo los ingresos permanentes necesarios para el pago de sus intereses y amortizaciones.

Ningún Municipio podrá contraer obligaciones de esta clase sin previo informe favorable del Tribunal de Cuenta.

En el caso de que se acordare nuevos impuestos para el pago de las obligaciones a que se refiere el Párrafo anterior se requerirá además la votación conforme en una elección de referendo de la mitad más uno de los votos estimados por los electores del Término Municipal, sin que la votación pueda ser inferior al 30 % de los mismos;

g) Contraer obligaciones económicas de pago aplazado para costear obras públicas, con el deber de consignar en los sucesivos presupuestos anuales los créditos necesarios para satisfacerlas, y siempre que su pago no absorba la capacidad económica del Municipio para prestar los otros servicios que tiene a su cargo. No podrá ningún municipio contraer obligaciones de esta clase sin previo informe favorable del tribunal de Cuentas y la votación conforme también de las dos terceras partes de los miembros que compongan el Ayuntamiento o la Comisión;

h) La enumeración de estas facultades, así como cualquiera otra que se haga en la ley, no implica una limitación o restricción de las facultades generales concedidas por la Constitución al Municipio, sino la expresión de una parte de la misma, sin perjuicio de lo dispuesto en el **Artículo** doscientos doce de esta Constitución.

El comercio, las comunicaciones y el tránsito intermunicipales no podrán ser gravados por el Municipio. Queda prohibido el agio o la competencia desleal que pudiera resultar de medidas adoptadas por los Municipios. Los impuestos municipales sobre artículos de primera necesidad se ajustarán a las bases que establezca la ley.

Artículo 214. El gobierno de cada Municipio está obligado a satisfacer las siguientes necesidades mínimas locales:

a) El pago puntual de sueldos y jornales a los funcionarios y empleados municipales, de acuerdo con el nivel de vida de la localidad;

b) El sostenimiento de un albergue y casa de asistencia social, un taller de trabajo y una granja agrícola;

c) El mantenimiento de la vigilancia pública y de un servicio de extinción de incendios;

d) El funcionamiento, por lo menos en la cabecera, de una escuela, una biblioteca, un centro de cultura popular y una casa de socorros médicos.

Artículo 215. En cada Municipio existirá una Comisión de urbanismo, que tendrá la obligación de trazar el plan de ensanche y embellecimiento de la ciudad y vigilar su ejecución, teniendo en cuenta las necesidades presentes y futuras del tránsito público, de la higiene, del ornato y del bienestar común. Dicha Comisión atenderá a todo lo concerniente a la vivienda del trabajador y propondrá planes de fabricación de casas para obreros y campesinos, las cuales podrán ser adquiridas a largo plazo con el importe de un módico alquiler que restituya al Municipio el capital invertido. Los Municipios procederán a ejecutar el plan que aprobaren, consignando obligatoriamente en sus presupuestos las cantidades necesarias a tal fin de sus ingresos ordinarios, sin que puedan ser éstas inferiores al costo de una casa en cada ejercicio económico, o acudiendo a los medios que les brinda la Constitución para llevar a cabo obras de esta naturaleza, en el caso de que sus ingresos ordinarios no fuesen suficientes para ellos.

Existirá asimismo una Comisión de caminos vecinales, que tendrá la obligación de trazar, construir y conservar aquellos que, según un plan y régimen, previamente acordado, favorezcan la explotación, el transporte y la distribución de los productos.

Artículo 216. La ley determinará la urbanización de los caseríos o poblados contiguos a los bateyes de los ingenios azucareros o cualquier otra explotación agrícola o industrial de análoga naturaleza.

Sección II. Garantías de la autonomía municipal

Artículo 217. Como garantía de la autonomía municipal queda establecido lo siguiente:

a) Ningún gobernante local podrá ser suspendido ni destituido por el presidente de la República, por el gobernador de la Provincia ni por ninguna otra autoridad gubernativa.

Solo los Tribunales de Justicia podrán acordar la suspensión o separación de sus cargos de los gobernantes locales, mediante procedimiento sumario instruido conforme a la ley, sin perjuicio de lo que disponga sobre la revocación del mandato público.

Tampoco podrán ser intervenidos en ninguna de las funciones propias de su cargo por otro funcionario o autoridades, salvo las facultades concedidas por la Constitución al Tribunal de Cuentas;

b) Los acuerdos del Ayuntamiento o de la comisión, o las resoluciones del alcalde o de cualquier otra autoridad municipal no podrán ser suspendidos por el presidente de la República, el gobernador de la Provincia ni otra autoridad gubernativa.

Los referidos acuerdos o resoluciones solo podrán ser impugnados por autoridades gubernativas, cuando éstas los estimen ilegales, ante los tribunales de justicia, que serán los únicos competentes para declarar, mediante el procedimiento sumario que establezca la ley, si el organismo o las autoridades municipales los han tomado o no, dentro de la esfera de su competencia, de acuerdo con las facultades concedidas a los mismos por la Constitución;

c) Ninguna ley podrá recabar para el Estado, las Provincias u otros organismos o instituciones todas o parte de las cantidades que recauden los Municipios por concepto de contribuciones, impuestos y demás medios de obtención de los ingresos municipales;

d) Ninguna ley podrá declarar de carácter nacional un impuesto o tributo municipal que constituya una de las fuentes de ingresos del Municipio, sin garantizarle al mismo tiempo ingresos equivalentes a los nacionalizados;

e) Ninguna ley podrá obligar a los Municipios a ejercer funciones recaudadoras de impuestos de carácter nacional o provincial a menos que los organismos interesados en el cobro nombren los auxiliares para esa gestión;

f) El Municipio no estará obligado a pagar ningún servicio que no esté administrado por el mismo, salvo que otra cosa hubiere convenido expresamente con el Estado, los particulares u otros Municipios.

Artículo 218. El alcalde o cualquier otra autoridad representativa del gobierno local podrá, por sí o cumpliendo acuerdo del Ayuntamiento o de la Comisión, interponer ante el pleno del Tribunal Supremo recurso de abuso de poder contra toda resolución del Gobierno Nacional o Provincial que, a su juicio, atente contra el régimen de autonomía municipal establecido por la Constitución, aunque la resolución haya sido dictada en uso de facultades discrecionales.

Artículo 219. Como garantía de los habitantes del término municipal respecto a sus gobernantes locales, se dispone lo siguiente:

a) En caso de que las resoluciones o acuerdos de las autoridades u organismos municipales lesionen algún interés privado o social, el perjudicado o cualquier habitante del Municipio que considere que el acuerdo o resolución lesiona el interés público, podrá solicitar su nulidad y la reparación del daño ante los tribunales de justicia, mediante un procedimiento sumario establecido por la ley. El Municipio responderá subsidiariamente y tendrá el derecho de repetir, cuando fuere condenado al pago, contra el funcionario culpable de haber ocasionado el daño en los términos que disponga la ley;

b) Se exigirá el referendo en la contratación de empréstitos, emisiones de bonos y otras operaciones de movilización del crédito municipal que por su cuantía obliguen al Municipio que las realiza a la creación de nuevos impuestos para responder el pago de las amortizaciones o pagos de dichas contrataciones;

c) Se concederá el derecho de iniciativa a un tanto por ciento que fijará la ley del Cuerpo electoral del Municipio para proponer acuerdos al Ayuntamiento o a la Comisión. Si éstos rechazaran la iniciativa o no resolvieran sobre ella, deberán someterlas a la consulta popular mediante referendo en la forma que la ley determine;

d) La revocación del mandato político podrá solicitarse contra los gobernantes locales por un tanto por ciento de los electores del Municipio, en la forma que la ley determine;

e) Se considerará resuelto negativamente lo que se solicite de las autoridades y organismos municipales cuando la petición o reclamación no fuere resuelta favorablemente dentro del término fijado por la ley. Ésta regulará todo lo relativo a la impugnación de tales denegaciones tácitas y la responsabilidad de los culpables de la demora.

La ley fijará sanciones por la demora injustificada en la tramitación de las peticiones formuladas por los habitantes del término municipal a las autoridades y organismos municipales.

Artículo 220. La responsabilidad penal en que incurran los alcaldes, los miembros del Ayuntamiento o de la Comisión y demás autoridades municipales será exigible ante los Tribunales de Justicia, bien de oficio, a instancia del fiscal, o por acción privada. Ésta será popular y podrá ejercitarse sin constituir fianza, por no menos de veinticinco vecinos del término municipal, sin perjuicio de las responsabilidades que proceda por acusación falsa o calumniosa.

Artículo 221. De los acuerdos municipales serán responsables los que votaran a favor de ellos y los que no habiendo asistido a la sesión en que se tomaron, sin estar en uso de licencia, oficial entonces, dejaran transcurrir las dos sesiones siguientes sin salvar su voto. Estas salvedades no afectarán en ningún caso a la eficiencia de los acuerdos definitivamente adoptados.

Sección III. Gobierno Municipal

Artículo 222. Los términos municipales estarán regidos en la forma que establezca la ley, la cual reconocerá el derecho de los Municipios a darse su propia Carta Municipal de acuerdo con esta Constitución. La organización municipal será democrática y responderá en forma sencilla y eficaz al carácter esencialmente administrativo del gobierno local.

Artículo 223. Los Municipios podrán adoptar su propia Carta municipal de acuerdo con el siguiente procedimiento que regulará la ley. El Ayuntamiento o la Comisión, a petición de un 10 % de los electores del Municipio y con el voto conforme a las dos terceras partes de sus miembros, consultará al Cuerpo electoral del Municipio, por medio de los organismos electorales correspondientes, si desea elegir una Comisión de quince miembros para redactar una Carta municipal.

Los nombres de los candidatos para formar parte de la Comisión figurarán en las correspondientes boletas, y si la mayoría de los electores votasen favorablemente la pregunta formulada, los quince candidatos que hayan recibido la mayor votación, de acuerdo con el sistema de representación proporcional, serán los electos para integrar la Comisión. Ésta redactará la Carta municipal y someterá a la aprobación de los electores del Municipio, no antes de los treinta días de haberla terminado y repartido, ni después del año de elegida la Comisión.

El Municipio adoptará uno de estos sistemas de gobierno: el de Comisión o el de Ayuntamiento y gerente, y el de alcalde y Ayuntamiento.

Artículo 224. En el sistema de gobierno por Comisión el número de comisionados, incluyendo entre ellos al alcalde como presidente, será de cinco en los Municipios que tengan veinte mil habitantes, de siete en los que tengan de veinte mil a cien mil y de nueve en los mayores de cien mil habitantes.

Todos los comisionados serán elegidos directamente por el pueblo por un periodo de cuatro años. Cada comisionado será jefe de un departamento de la organización municipal, del cual será responsable, y estará encargado de cumplir y hacer cumplir, en cuanto a su departamento, los acuerdos

adoptados por la Comisión. La ley fijará los requisitos que deban exigirse al comisionado según el departamento de que se trate.
Conjuntamente los comisionados integrarán el Cuerpo Deliberativo del Municipio.
Artículo 225. En el sistema de Ayuntamiento y gerente habrá además un alcalde que presidirá el Ayuntamiento y será el representante del pueblo en todos los actos oficiales o de carácter social.
El gerente social será un técnico o persona de reconocida capacidad en asuntos municipales y actuará como jefe de administración municipal, con facultades para nombrar y remover los funcionarios y empleados del Municipio con observancia de lo establecido en esta Constitución.
El cargo proveerá por el Ayuntamiento, por término de seis años, mediante concurso-oposición, ante un tribunal compuesto de los siguientes miembros: un profesor de Gobierno Municipal; un profesor de Derecho Administrativo; un contador público, y dos representantes del Municipio. El profesor de Derecho Administrativo y el de Gobierno Municipal serán nombrados por una Facultad universitaria de Ciencias Sociales; el contador público, por la Escuela de Comercio de la Provincia a que pertenezca el Municipio, y los representantes del Municipio por el Ayuntamiento del término de que se trate.
Una vez nombrado el gerente por el Ayuntamiento, a propuesta del Tribunal calificador, no podrá ser destituido sino por sentencia de la autoridad judicial competente, o por la voluntad popular, siempre de acuerdo con las causas y las formalidades que la ley establezca.
El Ayuntamiento estará integrado, en esta forma de Gobierno, por seis concejales, cuando la población del Municipio no exceda de veinte mil habitantes; por catorce, cuando sea superior a veinte mil y no exceda de cien mil, y por veintiocho cuando sea superior a cien mil habitantes, todos elegidos directamente por el pueblo por un periodo de cuatro años.
Artículo 226. En el sistema de alcaldes y Ayuntamiento presidido por el alcalde, tanto éste como los concejales serán elegidos directamente por el pueblo por un periodo de cuatro años.
La ley determinará la composición que haya de tener el Ayuntamiento y fijará las reglas según las cuales los partidos políticos deberán siempre postular

para dicho organismo representante de los diversos intereses y actividades de la localidad.

Artículo 227. El alcalde, el gerente y los comisionados recibirán del Tesoro Municipal una dotación que podrá ser alterada en todo tiempo, pero que no surtirá efecto sino después que se verifique una nueva elección de alcalde, del Ayuntamiento o de la Comisión.

El aumento en la dotación del alcalde estará subordinado al aumento efectivo en las recaudaciones municipales durante los dos últimos años precedentes a la fecha en que deba hacerse efectivo.

El cargo de concejal podrá ser retribuido cuando las condiciones económicas del Municipio lo permitan y los servicios públicos estén debidamente dotados y atendidos.

Artículo 228. Si faltare temporal o definitivamente el alcalde en cualquiera de los tres sistemas anteriormente señalados, él sustituirá al concejal o comisionado que a sus efectos habrá sido elegido en la primera sesión celebrada por el Ayuntamiento o la Comisión. Si la falta fuese del Gobierno, el Ayuntamiento procederá a cubrir la vacante en la misma forma dispuesta para la provisión del cargo.

Artículo 229. Para ser alcalde municipal, gerente, comisionado o concejal se requiere ser ciudadano cubano, tener veintiún años de edad y reunir los demás requisitos que señale la ley. En cuanto el alcalde, se requerirá, además, no haber pertenecido al servicio activo de las Fuerzas Armadas de la República durante los dos años inmediatos anteriores a la fecha de su designación como candidato.

La vecindad o residencia en el Municipio no será exigible en cuanto al gerente.

Artículo 230. La ley podrá crear el Distrito Metropolitano de La Habana, federando con la ciudad capital los Municipios que la circundan, en el número que la propia ley determine.

Los Municipios federados tendrán representación directa en el Municipio del Distrito Metropolitano, conservando su organización democrática y popular.

Artículo 231. En los presupuestos municipales se consignarán para atención de los barrios rurales las cantidades correspondientes, de acuerdo con la siguiente escala gradual:

En los barrios rurales que contribuyan de
0,100 a 1,000 $................. el 35 %
En los barrios rurales que contribuyan de
1,001 a 5,000 $................. el 30 %
En los barrios rurales que contribuyan de
5,001 a 10,000 $................ el 25 %
En los barrios rurales que contribuyan de
10,001 $ en adelante............ el 20 %

Artículo 232. Las elecciones municipales se celebrarán en fecha distinta a las elecciones generales.

Título XVI

Sección única. Del Régimen Provincial

Artículo 233. La Provincia comprenderá los Municipios situados dentro de su territorio. Cada Provincia estará regida por un gobernador y un Consejo Provincial.

El gobernador ostentará la representación de la Provincia. El Consejo Provincial es el órgano de orientación y coordinación de los intereses de la Provincia.

Artículo 234. Las Provincias podrán refundirse o dividirse para formar otra nueva, o modificar sus límites, mediante acuerdo de los respectivos Consejos Provinciales y la aprobación del Congreso.

Artículo 235. El gobernador será elegido por un periodo de cuatro años, por sufragio directo y secreto, en la forma que determine la ley. Para ser gobernador se requiere:

a) Ser cubano por nacimiento o naturalización, y en este último caso con diez años de residencia en la República, contados desde la fecha de la naturalización;

b) Haber cumplido veinticinco años de edad;

c) Hallarse en el pleno goce de los derechos civiles y políticos;

d) No haber pertenecido al servicio activo de las Fuerzas Armadas de la República durante los dos años inmediatos anteriores a la fecha de su designación como candidato.

Artículo 236. El gobernador recibirá del Tesoro Provincial una dotación que podrá ser alterada en todo tiempo, pero que no surtirá efecto sino después que se verifique nueva elección de gobernador.

El aumento en la dotación del gobernador estará subordinado al aumento efectivo de los ingresos provinciales durante los dos últimos años precedentes a la fecha que deba hacerse efectivo.

Artículo 237. Por si fallare temporal o definitivamente el gobernador, lo sustituirá en el cargo el alcalde de más edad.

Artículo 238. Corresponde al gobernador de la Provincia:

a) Cumplir y hacer cumplir, en los extremos que le conciernan, las leyes, decretos y reglamentos de la Nación;

b) Publicar los acuerdos del Consejo Provincial que tengan fuerza obligatoria, ejecutándolos y haciéndolos ejecutar, determinando las penalidades correspondientes a la infracción cuando no hayan sido fijadas por el Consejo;

c) Expedir órdenes y dictar además las instrucciones y reglamentos para la mejor ejecución de los acuerdos del Consejo cuando éste no lo hubiere hecho.

Artículo 239. Formarán el Consejo Provincial los alcaldes municipales de la Provincia. Los alcaldes podrán concurrir a las sesiones del Consejo asistidos de peritos en cada uno de los servicios fundamentales de la comunidad, tales como administración, salubridad y asistencia social, educativa y obras públicas, los cuales tendrán el carácter de consultores técnicos del Consejo y podrán ser oídos por éste, pero no tendrán voto. El cargo de asesor técnico será honorífico y gratuito.

Artículo 240. El gobernador tendrá su sede en la capital de la Provincia, pero las sesiones del Consejo Provincial podrán celebrarse indistintamente en la cabecera de cualquier Término Municipal de la misma, previo acuerdo del Consejo.

Artículo 241. Los Consejos Provinciales se reunirán, por lo menos, una vez cada dos meses, sin perjuicios de las sesiones extraordinarias que podrán celebrarse cuando las convoque el gobernador por sí o a instancia de tres o más miembros del Consejo Provincial.

Artículo 242. Corresponde al Consejo Provincial:

a) Formar su presupuesto ordinario de ingresos y gastos y determinar la cuota que en proporción igual —en relación con los ingresos— deberá aportar obligatoriamente cada Municipio para sufragar los gastos de la Provincia;

b) Prestar servicios públicos y ejecutar obras de interés provincial, especialmente en los ramos de salubridad y asistencia social, educativa y comunicaciones, sin contravenir las leyes del Estado;

c) Acordar empréstitos para realizar obras públicas o planes provinciales de carácter social o económico, y votar a la vez los ingresos permanentes necesarios para el pago de sus intereses y amortizaciones. No podrá acordarse ningún empréstito sin el informe previo favorable del Tribunal de Cuentas y el acuerdo de las dos terceras partes de los miembros del Consejo Provincial.

En el caso en que se acordare nuevos impuestos para el pago de la obligación a que se refiere el Párrafo anterior, será necesario además la votación conforme, en una elección de referendo, de la mitad más una de los votos emitidos por los electores de la Provincia, sin que la votación pueda ser inferior al 30 % de los mismos;

d) Nombrar y remover los empleados y provinciales con arreglos a esta Constitución y la ley.

Artículo 243. A los efectos de lo dispuesto en el **Artículo** anterior se tomará como base para calcular los ingresos la cifra promedio de los ingresos efectivos del quinquenio anterior.

Artículo 244. Cuando las obras acordadas por el Consejo no sean de carácter provincial, sino en interés de los Municipios, éstos deberán recibir en beneficio una consignación mínima proporcional a sus cuotas contributivas.

Artículo 245. Ningún miembro del Consejo Provincial podrá ser suspendido ni destituido por autoridad gubernativa. Tampoco podrán ser suspendidos ni anulados por dicha autoridad los acuerdos y decisiones del Consejo, los que podrán ser impugnados ante los tribunales de justicia, mediante procedimientos sumario especial que la ley regulará, por las autoridades gubernativas municipales o nacionales, por cualquier vecino que resulte perjudicado por el acuerdo o resolución, o estime que éstos lesionan un interés público.

Los acuerdos de los Consejos Provinciales serán tomados en sesiones públicas.

Solo las Audiencias están facultadas para suspender o separar a los Consejeros Provinciales a causa de delito en sumario instruido conforme a la ley, o por sentencia firme que lleve aparejada inhabilitación. En caso de suspensión o separación de un Consejo Provincial, la sanción se extenderá a sus funciones como alcalde municipal.

Artículo 246. El gobernador, previo acuerdo del Consejo Provincial, podrá interponer ante el pleno del Tribunal Supremo de Justicia, en la forma que la ley determine, recurso de abuso de poder contra las resoluciones del Gobierno nacional que, a su juicio, atente contra el régimen de autonomía provincial establecido por la Constitución, aunque la resolución haya sido dictada en uso de facultades discrecionales.

Artículo 247. El Consejo Provincial y el gobernador deben acatamiento al Tribunal de Cuentas del Estado en materia de contabilidad, quedando obligados a suministrarle todos los datos e informes que éste solicite, especialmente los relativos a la formación y liquidación de los presupuestos.

El gobernador designará, en la oportunidad que le indique el Tribunal de Cuentas, un perito conocedor de la Hacienda Provincial para que asista al Tribunal en el examen de la contabilidad de la Provincia.

Artículo 248. Las disposiciones sobre Hacienda Pública contenidas en el Título correspondiente de esta Constitución, serán aplicables a la Provincia, en cuanto sea compatible con el régimen de la misma.

Artículo 249. Los Consejeros Provinciales y el gobernador serán responsables ante los tribunales de justicia, en la forma que la ley prescriba, de los actos que realicen en el ejercicio de sus funciones. El cargo de Consejero Provincial es honorífico, gratuito y obligatorio.

Artículo. La ley organizará el principio de gobierno y de administración provincial que se establecen en esta Constitución, de modo que corresponda al carácter administrativo del gobierno provincial.

Título XVII. Hacienda nacional

Sección I. De los bienes y finanzas del Estado

Artículo 251. Pertenecen al Estado, además de los bienes de dominio público y de los suyos propios, todos los existentes en el territorio de la República que no correspondan a las Provincias o a los Municipios ni sean, individual o colectivamente, de propiedad particular.

Artículo 252. Los bienes propios o patrimoniales del Estado solo podrán enajenarse o grabarse con las siguientes condiciones:

a) Que el Congreso lo acuerde en ley extraordinaria, por razón de necesidad o conveniencia social, y siempre por las dos terceras partes de cada Cuerpo Colegislador;

b) Que la venta se realice mediante subasta pública. Si se trata de arrendamiento se procederá según disponga la ley;

c) Que se designe el producto a crear trabajo, atender servicios o a satisfacer necesidades públicas.

Podrá, sin embargo, acordarse la enajenación o gravamen en ley ordinaria y realizarse sin el requisito de subasta pública, cuando se haga para desarrollar un plan económico nacional aprobado en ley extraordinaria.

Artículo 253. El Estado no concertará empréstitos sino en virtud de una ley aprobada por las dos terceras partes del número total de los miembros de cada Cuerpo Colegislador, y en que se voten al mismo tiempo los ingresos permanentes necesarios para el pago de intereses y amortización.

Artículo 254. El Estado garantiza la Deuda Pública y en general toda operación que implique responsabilidad económica para el Tesoro Nacional, siempre que la hubiere contraído de acuerdo con lo dispuesto en la Constitución y en la ley.

Sección II. Del presupuesto

Artículo 255. Todos los ingresos y gastos del Estado, con excepción de los que se mencionan más adelante, serán previstos y fijados en presupuestos anuales y solo regirán durante el año para el cual hayan sido aprobados.

Se exceptúan de lo dispuesto en el Párrafo anterior los fondos, cajas especiales o patrimonios privados de los organismos autorizados por la Constitución o por la ley, y que estén dedicados a seguros sociales, obras públicas, fomento de la agricultura y regulación de la actividad industrial, agropecuaria, comercial o profesional, y en general al fomento de la riqueza nacional. Estos fondos o sus impuestos serán entregados al organismo autónomo y administrado por éste, de acuerdo con la ley que los haya creado, sujetos a la fiscalización del Tribunal de Cuentas.

Los gastos de los Poderes Legislativo y Judicial, los del Tribunal de Cuentas y los intereses y amortización de empréstitos, y los ingresos con que hayan de cubrirse, tendrán el carácter de permanentes y se incluirán en el presupuesto fijo que regirá mientras no sea reformado por leyes extraordinarias.

Artículo 256. A los efectos de la protección de los intereses comunes y nacionales, dentro de cualquier rama de la producción, así como de las profesiones, la ley podrá establecer asociaciones obligatorias de productores, determinando la forma de Constitución y funcionamiento de los organismos nacionales y los regionales que fueran necesarios, en forma tal que en todos los momentos estén regidos por la mayoría de sus asociados con autoridad plena, concediéndoles asimismo el derecho de subvenir a las necesidades de su acción organizada mediante las cuotas que por ministerio de la propia ley se impongan.

Los presupuestos de estos organismos o cooperativas serán fiscalizados por el Tribunal de Cuentas.

Artículo 257. El Congreso no podrá incluir en las leyes de presupuesto disposiciones que introduzcan reformas legislativas o administrativas de otro orden, ni podrá reducir o suprimir ingresos de carácter permanente sin establecer al mismo tiempo otros que los sustituyan, salvo el caso en que reducción o suspensión corresponda a la reducción de gastos permanentes de igual cuantía; ni asignará a ninguno de los servicios que deban dotarse en el presupuesto anual cantidad mayor de la indicada en el proyecto del Gobierno.

Podrá por medio de las leyes crear nuevos servicios o ampliar los existentes.

Toda ley que origine gastos fuera del presupuesto, o que represente en el porvenir erogaciones de esa clase, deberá establecer, bajo pena de nulidad, el medio de cubrirlos en cualquiera de estas formas:

a) Creación de nuevos ingresos;

b) Supresión de erogaciones anteriores;

c) Comprobación cierta de superávit o sobrante por el Tribunal de Cuentas.

Artículo 258. El estudio y formación de los presupuestos anuales del Estado corresponden al Poder Ejecutivo; su aprobación o modificación, al Congreso, dentro de los límites establecidos en la Constitución. En caso de necesidad perentoria, el Congreso por medio de una ley podrá acordar un presupuesto extraordinario.

El Poder Ejecutivo presentará al Congreso a través de la Cámara de Representantes el proyecto de presupuesto anual sesenta días antes de la fecha en que deba comenzar a regir. El presidente de la República, y especialmente el ministro de Hacienda, incurrirá en la responsabilidad que la ley determine si el presupuesto llega al Congreso después de la fecha antes fijada. La Cámara de Representantes deberá enviar con su acuerdo el proyecto de presupuesto al Senado treinta días antes de la fecha en que deba comenzar a regir.

Si el presupuesto general no fuera votado antes del primer día del año económico en que deba regir, se entenderá prorrogado por trimestre, conjuntamente con la Ley de Bases que haya venido rigiendo. En este caso el Poder Ejecutivo no podrá hacer más modificaciones que las derivadas de gastos ya pagados, o de servicios o gastos no necesarios, en el nuevo ejercicio fiscal.

Las atenciones del presupuesto ordinario serán cubiertas necesariamente con ingresos de este tipo previsto en el mismo, sin que en ningún caso puedan cubrirse con ingresos extraordinarios, a no ser que lo autorice así una ley de este carácter.

El presupuesto ordinario será ejecutivo, con la sola aprobación del Congreso, que lo hará publicar inmediatamente.

Artículo 259. Los presupuestos contendrán en la parte de egresos epígrafes en que se haga constar:

a) El montante absoluto de las responsabilidades legítimas del Estado, liquidables y no pagadas, correspondiente a presupuestos anteriores;

b) La proporción de ese montante, que se satisfará con los ingresos ordinarios correspondientes al nuevo presupuesto.

La Ley de Bases establecerá, en cuanto a los inicios anteriores, necesariamente, las reglas relativas a la forma en que habrá de prorratearse entre los acreedores con créditos liquidados, la cantidad o cantidades que se fije para cargos durante la vigencia del presupuesto.

Artículo 260. Los créditos consignados en el estado de gastos del presupuesto fijarán las cantidades máximas destinadas a cada servicio, que no podrán ser aumentadas ni transferidas por el Poder Ejecutivo sin autorización previa del Congreso.

El Poder Ejecutivo podrá, sin embargo, conceder bajo su responsabilidad, y cuando el Congreso no esté reunido, créditos o suplementos de créditos en los siguientes casos:

a) Guerra o peligro inminentes de ella;

b) Grave alteración del orden público;

c) Calamidades públicas.

La tramitación de estos créditos se determinará por la ley.

Artículo 261. El Poder Ejecutivo tiene la obligación de rendir anualmente las cuentas del Estado. A ese fin, el ministro de Hacienda liquidará el presupuesto anual dentro de los tres primeros meses siguientes a su expiración, y, previa aprobación por el Consejo de Ministros, enviará su informe, con los datos y comprobantes necesarios, al Tribunal de Cuentas. Este dictaminará sobre el informe dentro de los tres meses siguientes, y en este plazo, y sin perjuicio de la efectividad de sus acuerdos, comunicará al Congreso y al Poder Ejecutivo las infracciones o responsabilidades en que a su juicio se haya incurrido. El Congreso será, en definitiva, el que apruebe o rechace las cuentas. Los créditos presupuestados para gastos imprevistos de la Administración solo podrán ser invertidos, en su caso, previo acuerdo del Consejo de Ministros. El Poder Ejecutivo remitirá al Congreso mensualmente los balances correspondientes a los ingresos y gastos del Estado.

Artículo 262. El Poder Ejecutivo impedirá la duplicidad de servicios y la multiplicidad de agencias oficiales o semioficiales dotadas total o parcialmente por el Estado para la realización de sus fines.

Artículo 263. Nadie estará obligado al pago de impuesto, tasa o contribución alguna que no haya sido establecido expresamente por la ley o por los Municipios, en la forma dispuesta por esta Constitución y cuyo importe no vaya a formar parte de los ingresos del presupuesto del Estado, la Provincia o el Municipio, salvo que se disponga otra cosa en la Constitución o en la ley. No se consideran comprendidas en la Disposición anterior las contribuciones o cuotas impuestas por la ley con carácter obligatorio a las personas o entidades integrantes de una industria, comercio o profesión, en favor de su organismo reconocido por la ley.

Artículo 264. El Estado, sin perjuicio de los demás medios a su alcance regulará el fomento de la riqueza nacional mediante la ejecución de obras públicas pagaderas, en todo o en parte, por los directamente beneficiados. La ley determinará la forma y el procedimiento adecuado para que el Estado, la Provincia o el Municipio, por iniciativa propia o acogiendo la privada, promuevan la ejecución de tales obras, otorguen las concesiones pertinentes, autoricen la fijación, el repartimiento y la cobranza de impuestos para esos fines.

Artículo 265. La liquidación de cada crédito proveniente de fondos del Estado para la ejecución de cualquier obra o servicio público, será publicada íntegramente en la Gaceta Oficial de la República, tan pronto haya obtenido la superior aprobación del Ministerio correspondiente.

El acta de recepción, ya sea parcial, total, provisional o definitiva, de toda obra pública ejecutada total o parcialmente con fondos provenientes del Estado, será publicada en la Gaceta Oficial de la República, tan pronto haya obtenido la aprobación superior del Ministerio correspondiente.

Tanto la liquidación de los créditos provenientes de los fondos del Estado, como las recepciones definitivas de las obras ejecutadas por contrato o administración, sufragadas parcial o totalmente con fondos provenientes del Estado, serán sometidas a la aprobación superior dentro de los sesenta días naturales después de terminadas las obras, sin perjuicio de las liquidaciones y recepciones parciales que se consideren procedentes por la administración durante el proceso de ejecución de las obras.

Sección III. Del Tribunal de Cuentas

Artículo 266. El Tribunal de Cuentas es el organismo fiscalizador de los ingresos y gastos del Estado, la Provincia y el Municipio, y de las organizaciones autónomas nacidas al amparo de la ley que reciban sus ingresos, directa o indirectamente, a través del Estado. El Tribunal de Cuentas solo depende

de la ley, y sus conflictos con otros organismos se someterán a la resolución del Tribunal Supremo de Justicia.
Artículo 267. El Tribunal de Cuentas estará compuesto por siete miembros, cuatro de los cuales serán abogados y tres contadores públicos o profesores mercantiles. También podrá ser designado, aun sin ser abogado o contador, cualquier persona que esté comprendida en el Inciso d) del **Artículo** siguiente. Los abogados deberán reunir los mismos requisitos que exigen para ser miembro del Tribunal Supremo.
Los contadores públicos o profesores mercantiles deberán ser mayores de treinta y cinco años, cubanos por nacimiento y tener no menos de diez años en el ejercicio de su profesión.
El Pleno del Tribunal Supremo designará dos de los abogados, que serán el presidente y el secretario del Tribunal.
El presidente de la República designará un miembro abogado y un contador público o profesor mercantil.
El Senado designará un miembro abogado y un contador público o profesor mercantil.
El Consejo Universitario designará un miembro contador público o profesor mercantil.
Los miembros del Tribunal de Cuentas desempeñarán sus cargos por periodos de ocho años y solo podrán ser separados dentro de este periodo por el Tribunal de Garantías Constitucionales y Sociales del Tribunal Supremo de Justicia de la República, previo expediente y resolución razonada.
Los miembros del Tribunal de Cuentas no podrán formar parte de ningún otro organismo oficial o autónomo que dependa directa o indirectamente, del Estado, la Provincia o el Municipio, ni podrán ejercer profesión, industria o comercio.
Artículo 268. Para ser miembro del Tribunal de Cuentas se requiere:
a) Ser cubano por nacimiento;
b) Haber cumplido treinta y cinco años de edad;
c) Hallarse en el pleno goce de los derechos civiles y políticos y no tener antecedentes penales;
d) Ser abogado con diez años de ejercicio; haber sido ministro, o secretario, o subsecretario de Hacienda; interventor general de la República, tesorero

o jefe de contabilidad del Ministerio de Hacienda; catedrático de Economía, Hacienda, Intervención y Fiscalización o de Contabilidad en establecimiento oficial de enseñanza; o poseer título de contador público o profesor mercantil con diez años de ejercicio.
Los miembros del Tribunal de Cuentas no podrán tener interés material, directo o indirecto, en ninguna empresa agrícola, industrial, comercial o financiera conectada con el Estado, la Provincia o el Municipio.
Artículo 269. El Tribunal de Cuentas nombrará interventores, funcionarios, empleados y auxiliares, mediante pruebas acreditativas de capacidad.
Artículo 270. Son atribuciones del Tribunal de Cuentas:
a) Velar por la aplicación de los presupuestos del Estado, la Provincia y el Municipio de los organismos autónomos que reciban sus ingresos directa o indirectamente a través del Estado, examinando y fiscalizando la contabilidad de todos ellos;
b) Conocer las órdenes de adelanto del Estado para aprobar la situación de fondos con vista del presupuesto, de manera que se cumplan las disposiciones de la Ley de Bases y que se tramiten sin preferencia ni pretericiones;
c) Inspeccionar en general los gastos y desembolsos del Estado, la Provincia y el Municipio tanto para la realización de obras, como para suministro y pago de personal y las subastas hechas con ese fin. A este efecto podrá incoar expedientes para comprobar si los pagos realizados corresponden efectivamente al servicio realizado por las instituciones oficiales bajo su supervisión, debiendo comprobar por medio de los expedientes correspondientes para fijar el costo promedio por unidad de obra y el valor promedio de los suministros que el Estado debe percibir de acuerdo con el mercado. Asimismo podrá tramitar todas las denuncias que se formulen con este motivo y rendir un informe anual al presidente de la República en relación con la forma en que se han realizado los gastos de las instituciones bajo su fiscalización, para que éste lo envíe con sus respectivas observaciones al Congreso;
d) Pedir informes a todos los organismos y dependencias sujetos a su fiscalización y nombrar delegado especial para practicar las correspondientes investigaciones cuando los datos no sean suministrados, o cuando éstos se estimen deficientes.

El Tribunal estará obligado a rendir información detallada al Poder Ejecutivo y al Congreso, cuando sea requerido al efecto, sobre todos los extremos concernientes a su actuación;

e) Rendir anualmente un informe con respecto al estado y administración del Tesoro Público, la moneda nacional, la Deuda Pública y el presupuesto y su liquidación;

f) Recibir declaración bajo juramento a promesa a todo ciudadano designado para desempeñar una función pública, antes de tomar posesión y al cesar en el cargo, acerca de los bienes de fortuna que posea, y realizando al efecto las investigaciones que estime procedente.

La ley regulará la oportunidad y forma de ejercer esta función;

g) Dar cuentas a los Tribunales del tanto de culpa que resulte de la inspección y fiscalización que realice en relación con las facultades que le han sido concedidas por los Incisos anteriores, y dictar las instrucciones oportunas en los casos de infracciones en que no hubiere responsabilidad penal, para el mejor cumplimiento de las leyes de contabilidad por todos los organismos sujetos a su fiscalización;

h) Publicar sus informes para general conocimiento;

i) Cumplir los demás deberes que le señale la ley y los Reglamentos.

Sección IV. De la economía nacional

Artículo 271. El Estado orientará la economía nacional en beneficio del pueblo para asegurar a cada individuo una existencia decorosa. Será función del Estado fomentar la agricultura e industria pública y beneficio colectivo.

Artículo 272. El dominio y posesión de bienes inmuebles y la explotación de empresas o negocios agrícolas, industriales, comerciales, bancarios y de cualquier otra índole por extranjeros radicados en Cuba o que radiquen fuera de ella, están sujetos de un modo obligatorio a las mismas condiciones que establezca la ley para los nacionales, las cuales deberán responder, en todo caso, al interés económico social de la Nación.

Artículo 273. El incremento del valor de las tierras y de la propiedad inmueble, que se produzcan sin esfuerzo del trabajo o del capital privado y únicamente por causa de la acción del Estado, la Provincia o el Municipio, cederá en beneficio de éstos la parte proporcional que determine la ley.

Artículo 274. Serán nulas la estipulación de los contratos de arrendamiento, colonato o aparcería de fincas rústicas que impongan la renuncia de derechos reconocidos en la Constitución o en la ley, y también cualesquiera otros pactos que ésta o los Tribunales declaren abusivos.

Al regular dichos contratos se establecerán las normas adecuadas para tutelar las rentas, que serán flexibles, con máximo y mínimo según el destino, productividad, ubicación y demás circunstancias del bien arrendado; para fijar el mínimo de duración de los propios contratos según dichos elementos, y para garantizar al arrendatario, colono o aparcero, una compensación razonable por el valor de las mejoras y bienhechurías que entreguen en buen estado y que hayan realizado a sus expensas con el consentimiento expreso o tácito del dueño, o por haberlas requerido la explotación del inmueble dado su destino.

El arrendatario no tendrá derecho a dicha compensación si el contrato termina anticipadamente por su culpa, ni tampoco cuando rehúse la prórroga que se le ofrezca bajo las mismas condiciones vigentes al ocurrir el vencimiento del contrato.

También regulará la ley los contratos de refacción agrícola y de molienda de caña, así como la entrega de otros frutos por quien los produzca, otorgando al agricultor la debida protección.

Artículo 275. La ley regulará la siembra y molienda de caña por administración, reduciéndolas al límite mínimo impuesto por la necesidad económico social de mantener la industria azucarera sobre la base de la división de los dos grandes factores que concurren a su desarrollo: industriales o productores de azúcar y agricultores o colonos, productores de caña.

Artículo 276. Serán nulas y carecerán de efecto las leyes y disposiciones creadoras de monopolios privados, o que regulan el comercio, la industria y la agricultura en forma tal que produzcan ese resultado. La ley cuidará especialmente de que no sean monopolizadas en interés particular las actividades comerciales en los centros de trabajos agrícolas e industriales.

Artículo 277. Los servicios públicos, nacionales o locales, se considerarán de interés social. Por consiguiente, tanto el Estado como la Provincia y el Municipio, en sus casos respectivos, tendrán el derecho de supervisarlos, dictando al efecto las medidas necesarias.

Artículo 278. No se grabará con impuestos de consumos la materia prima nacional que, sea o no producto del agro, se destine a la manufactura o exportación.

Tampoco se establecerá impuesto de consumo sobre los productos de la industria nacional, si no pueden grabarse de igual forma los mismos productos, sus similares o sustitutos importados del extranjero.

Artículo 279. El Estado mantendrá la independencia de las instituciones privadas de previsión y cooperación social que se sostienen normalmente sin el auxilio de los fondos públicos, y contribuirá al desenvolvimiento de la misma mediante la legislación adecuada.

Artículo 280. La moneda de la Banca estará sometida a la regulación y fiscalización del Estado.

El Estado organizará, por medio de entidades autónomas, un sistema bancario para el mejor desarrollo de su economía y fundará el Banco Nacional de Cuba, que lo será de Emisión y Redescuento. Al establecer dicho Banco, el Estado podrá exigir que su capital sea suscrito por los Bancos existentes en el territorio nacional. Los que cumplan estos requisitos estarán representados en el Consejo de Dirección.

Título XVIII. Del estado de emergencia

Artículo 281. El Congreso, mediante Ley Extraordinaria, podrá, a solicitud del Consejo de Ministros, declarar el estado de emergencia nacional y autorizar al propio Consejo de Ministros para ejercer facultades excepcionales en cualquier caso en que se hallen en peligro o sean atacados la seguridad exterior o el orden interior del Estado con motivo de guerra, catástrofe, epidemia, grave trastorno económico u otra causa de análoga índole.

En cada caso la Ley Extraordinaria determinará la materia concreta a que habrán de aplicarse las facultades excepcionales, así como el periodo durante el cual regirá, el que no excederá nunca de cuarenta y cinco días.

Artículo 282. Durante el estado de emergencia nacional podrá el Consejo de Ministros ejercitar las funciones que el Congreso expresamente delegue en él. Asimismo podrá variar los procedimientos criminales.

En todo caso, las disposiciones legislativas adoptadas por el Consejo de Ministros deberán ser ratificadas por el Congreso para que sigan surtiendo efecto después de extinguido el estado de emergencia nacional. Las actuaciones judiciales que modifiquen el régimen normal podrán ser revisadas, al cesar el estado de emergencia, a instancia de parte interesada. En este caso se abrirá el juicio de nuevo si ya se hubiera dictado sentencia condenatoria, la que se considerará como mero auto de procesamiento del encausado.

Artículo 283. La ley en que se declare el estado de emergencia nacional contendrá necesariamente la convocatoria a sesión extraordinaria del Congreso para el día en que venza el periodo de emergencia. Mientras esto ocurra, una Comisión permanente del Congreso deberá estar reunida para vigilar el uso de las facultades excepcionales concedidas al Consejo de Ministros y podrá convocar al Congreso, aun antes de vencer dicho término, para dar por extinguido el estado de emergencia.

La Comisión permanente será elegida de su seno y estará compuesta de veinticuatro miembros, que procedan por partes iguales de ambos Cuerpos Colegisladores, debiendo en su composición hallarse representados asimismo todos los partidos políticos. La Comisión estará presidida por el presidente del Congreso y funcionará cuando éste estuviere en receso y durante el estado de emergencia nacional.

La Comisión Permanente tendrá competencia:

a) Para vigilar el uso de las atribuciones excepcionales que se le otorgan al Consejo de Ministros en los casos de emergencia;

b) Sobre la inviolabilidad de los senadores y representantes;

c) Sobre los demás asuntos que le atribuya la Ley de Relaciones entre los Cuerpos Colegisladores.

Artículo 284. El Consejo de Ministros deberá rendir cuentas del uso de las facultades excepcionales ante la Comisión permanente del Congreso, en cualquier momento que ésta así lo acuerde, y ante el Congreso al expirar el estado de emergencia nacional.

Una Ley Extraordinaria regulará el estado de emergencia nacional.

Título XIX. De la reforma de la Constitución

Artículo 285. La Constitución solo podrá reformarse:

a) Por iniciativa del pueblo, mediante presentación al Congreso de la correspondiente proposición, suscrita, ante los organismos electorales, por no menos de cien mil electores que sepan leer y escribir y de acuerdo con lo que la ley establezca. Hecho lo anterior, el Congreso se reunirá en un solo cuerpo, y dentro de los treinta días subsiguientes votará sin discusión la ley procedente para convocar a elecciones de delegados o a un referendo;

b) Por iniciativa del Congreso, mediante la proposición correspondiente, suscrita por no menos de la cuarta parte de los miembros del Cuerpo Colegislador a que pertenezcan los proponentes.

Artículo 286. La reforma de la Constitución será específica, parcial o integral.

En el caso de reforma específica o parcial, propuesta por iniciativa popular, se someterá a un referendo en la primera elección que se celebre, siempre que el precepto nuevo que se trate de incorporar, o el ya existente que se pretenda revisar, sea susceptible de proponerse de modo que el pueblo pueda aprobarlo o rechazarlo, contestando «sí» o «no».

En el caso de renovación específica o parcial por iniciativa del Congreso, será necesaria su aprobación con el voto favorable de las dos terceras partes del número total de miembros de ambos Cuerpos Colegisladores reunidos conjuntamente, y dicha reforma no regirá si no es ratificada en igual forma dentro de las dos legislaturas ordinarias siguientes.

En el caso de que la reforma sea integral o se contraiga a la Soberanía nacional o a los Artículos veintidós, veintitrés, veinticuatro y ochenta y siete de esta Constitución, o a la forma de Gobierno, después de cumplirse los requisitos anteriormente señalados, según que la iniciativa proceda del pueblo o del Congreso, se convocará a elecciones para delegados a una Asamblea plebiscitaria, que tendrá lugar seis meses después de acordada, la que se limitará exclusivamente a aprobar o rechazar las reformas propuestas.

Esta Asamblea cumplirá sus deberes con entera independencia del Congreso, dentro de los treinta días subsiguientes a su Constitución definitiva. Los delegados a dicha Convención serán elegidos por Provincias, en la proporción de uno por cada cincuenta mil habitantes o fracción mayor de veinticinco mil, y en la forma que establezca la ley, sin que ningún congresista pueda ser electo para el cargo de delegado.

En el caso de que se trate de realizar alguna reelección prohibida constitucionalmente o la continuación en su cargo de algún funcionario por más tiempo de aquel para que fue elegido, la proposición de reforma habrá de ser aprobada por las tres cuartas partes del número total del Congreso, reunido en un solo Cuerpo y ratificando en un referendo por voto favorable de las dos terceras partes del número total de electores de cada Provincia.

Disposiciones transitorias

Sección. Al Título II

Primera. Los extranjeros comprendidos en los Incisos uno, dos, cuatro y cinco del **Artículo** sexto de la Constitución de 1901 conservará los derechos allí reconocidos, siempre que cumplan los requisitos correspondientes.

Segunda. El Registro de Españoles, abierto en la Secretaría del uno y en las posteriores, quedará definitivamente cerrado al 11 de abril de 1950 y será remitido al Archivo Nacional.

Las certificaciones del Registro de Españoles dadas hasta esa fecha de clausura serán válidas en cualquier tiempo. Después del 11 de abril de 1950 se generalizará para todos los extranjeros el procedimiento establecido en esta Constitución.

Sección. Al Título III

Única. Dentro de las tres legislaturas siguientes a la promulgación de esta Constitución, la ley deberá establecer las sanciones correspondientes a las violaciones del **Artículo** veinte de esta Constitución.

Mientras no esté vigente esa legislación todo acto que viole el derecho consagrado en ese **Artículo** y en sus concordantes se considerará previsto y penado en el **Artículo** doscientos dieciocho del Código de Defensa Social.

Sección. Al Título IV

Primera. Cuando se trate de leyes que surtan efectos sobre obligaciones de carácter civil los Artículos veintidós y veintitrés solo se observarán respecto de las que se promulguen de regir esta Constitución.

Segunda. Respecto de las obligaciones civiles que fueron objeto de los Decretos 412, 423, 459 de 1934, modificados por la Ley de 3 de septiembre de 1937, cualquiera que sea actualmente su estado legal o contractual disfruten o no de la moratoria, y también respecto de las posteriores al 14 de agosto de 1934 y anterior al 4 de septiembre de 1937, pero tan solo cuando estas últimas se refieran al pago de cantidades procedentes o derivadas del precio aplazado de colonias de cañas, ingenios de fabricar azúcar, o acciones representativas del dominio de bienes de una u otra clase, o así se deduzca del conjunto de los contratos, pactos o acuerdos entre acreedor y deudor, sean cuales fueren la naturaleza y forma de las garantías, el cumplimiento de dichas obligaciones se regirá por las siguientes Reglas:

Primera. Los capitales que no excedan de 1.000 pesos deberán quedar amortizados en 30 de junio de 1960.

Los capitales comprendidos entre 1.000 y 50.000 pesos deberán quedar amortizados en 30 de junio de 1965, y en igual día de 1960 si es mayor de 50.000 pesos. De estar la obligación presentada por bonos, cédulas, obligaciones o pagarés se considerará capital a todos los efectos de esta transitoria el importe total de los valores nominales representados por los que estaban en circulación en 14 de agosto de 1934 o el 3 de septiembre de 1937, según la obligación de que se trate, y se les amputarán los pagos de amortización por el orden de los respectivos vencimientos anuales, según el contrato ordinario o a prorrata si tuvieren el mismo vencimiento. Las amortizaciones serán exigibles por anualidades, a pagar la primera en 30 de junio de 1942, pero de no haber decursado en esa fecha el plazo convenido por las partes, dicha primera anualidad será pagadera el día treinta de junio que siga al vencimiento del aludido plazo. En todos los casos el capital adeudado deberá distribuirse entre las correspondientes anualidades de amortización, en forma progresiva, a fin de que conjuntamente con los intereses integre pagos anuales aproximadamente igual al combinarse los exigibles por ambos conceptos, y de manera que el acreedor quede totalmente satisfecho al vencer el plazo determinado por la cuantía de la deuda según antes se establece.

Los capitales correspondientes a censos quedan exceptuados de las disposiciones de esta Regla;

Segunda. Serán inexigibles todos los intereses atrasados que se adeuden al entrar en vigor esta transitoria, así como las sumas debidas por comisiones, costas, multas u otras penalidades y sus similares, aunque aquéllos o éstas aparezcan capitalizados; pero a partir de su vigencia, las obligaciones de que se trata devengarán intereses según la cuantía del capital, pagaderos como determinan los Decretos-leyes 412 y 594 y conformen al tipo que resulte para cada una de las aplicaciones de la siguiente escala: Cuando el capital debido no exceda de 15.000 pesos, la obligación devengará intereses al 3 % anual; si excede de 15.000 pesos, pero no de 50.000 pesos, la obligación de que se trate los devengará al 2,5 % anual; cuando exceda de 50.000 pesos, sin rebasar de 200.000 pesos, los devengará al 2 %; de ser superior a 200.000 pesos y no exceder de 400.000 pesos, al uno y tres cuartos %; de pasar de 400.000 pesos, pero no de 600.000 pesos, al 1,5 %; cuando sea superior a 600.000 pesos; sin exceder a 800.000 pesos, al 1,25 %; y finalmente, cuando el capital exceda de 800.000 pesos, la obligación de que se trate devengará intereses al 1 % anual.

Lo dispuesto en la presente Regla se aplicará a las obligaciones de que trate el Párrafo inicial de esta transitoria, devenguen o no, intereses, sean éstos convenidos o legales y cualquiera que sea, en su caso, el tipo pactado.

En este préstamo acumulativo se considerará capital la cantidad que efectivamente hubiere recibido el deudor al otorgarse el título de la obligación y se la considerará reducido en la cuantía de los pagos hechos una vez que de los mismos se deduzcan el importe de los intereses acumulados en cada uno. Este capital así reducido será amortizado en los plazos que se señala la Regla primera, o de una vez, en cualquier momento, a voluntad del deudor.

Todos los intereses que figuren acumulados en los préstamos hipotecarios serán desglosados, y nulos e inexigibles, para que así el interés solo recaiga y sea exigible sobre la parte del principal no pagado.

Esta Disposición será aplicable también a los capitales de censos y demás cargas perpetuas señalados en los Decretos de Moratoria 412, 423 y 594 de 1934, modificados por la Ley de 3 de septiembre de 1937;

Tercera. Las obligaciones a que se refiere el Párrafo inicial de esta transitoria, en cuanto afecten a personas naturales o jurídicas dueñas de ingenios de fabricar azúcar como deudoras o fiadoras, estarán sujetas también a lo establecido en las Reglas primeras y segunda, siempre que tales obligaciones respondan a adeudos específicamente contraídos con garantía directa o indirecta de ingenio para fabricación de azúcar o con colonias de caña o procedan de suministros, refacción, rentas o servicios debidos por dichos ingenios; pero el monto de los pagos anuales que se les podrá exigir imputables, primero a los intereses y después a la amortización de los capitales, estarán limitados según las bases siguientes:

a) Cuando la libra de azúcar centrifuga de guarapo en almacén del punto se cotice a menos de 1,40 centavos por libra cubana como promedio durante la Zafra por cuenta de la anualidad a vencer en treinta de junio siguiente, no se les podrá exigir ningún pago, y las sumas que correspondan a amortización e intereses por dicha anualidad se cubrirán con los pagos que en lo adelante resulte exigible;

b) Si el precio promedio del azúcar rebasa el indicado límite deberán destinar a tales pagos, sean los correspondientes a la anualidad en curso o los que hayan quedado insolutos conforme a la base anterior, el 3 % del valor bruto de los azúcares crudos que hayan elaborado dentro de la Zafra en que ello ocurra, mientras aquél no exceda de 1,50 centavos por libra, pues de 1,50 centavos a 2 centavos se aumentará en cuatro centésimas de 1 % por cada centésima de centavo que aumente el precio promedio de la libra de azúcar;

c) Las cantidades aplicables a intereses, o en su caso a capitales, se prorratearán entre los distintos acreedores, si fuere necesario, de acuerdo con las cantidades que respectivamente tengan derecho a percibir según la presente transitoria;

d) Cuando en cualquier Zafra el precio promedio oficial llegue a dos centavos por libra o más se aplicará el 5 % del valor del azúcar producida en esa Zafra correspondiente al ingenio, o sea con exclusión de los necesarios para pagar el precio de la caña molidas, como una amortización extraordinaria para el año de que se trate, y un 10 % adicional en lugar del 5 % cuando el precio exceda de 2,50 centavos, sin que tales amortizaciones extraordinarias eliminen la obligación de las amortizaciones exigibles que debe efectuar el deudor;

e) Al vencer el plazo determinado por la Regla primera el acreedor tendrá derecho a reclamar todo lo que se le adeude por capital e intereses exigibles según esta transitoria;

Cuarta. Respecto a las obligaciones procedentes o derivadas del precio aplazado de solares comprados a plazos antes del 15 de agosto de 1934, cualquiera que sea el capital debido, la amortización se efectuará en treinta años, como excepción a lo dispuesto sobre esos extremos en las Reglas primera y segunda, que en lo demás les serán aplicables, y en ningún caso se pagará interés. Esta Regla solo se aplicará a solares cuyo precio aplazado no pase de 3.000 pesos.

En el caso de ejecución de un solar vendido a plazos por falta de pago del precio, se tasará dentro del procedimiento judicial el valor de las edificaciones contraídas en él por el comprador o sus causahabientes, deduciéndose de la suma fijada el valor que racionalmente corresponda al uso y disfrute de dichas edificaciones. La cantidad neta que resulte de la tasación así practicada se abonará al deudor por el rematador o el acreedor, según sea el caso, en concepto de indemnización, antes de que se le transmita el dominio de los bienes.

La excepción a que se refiere el Párrafo segundo de esta Regla no regirá en cuanto a las obligaciones a que la misma se refiere, siempre que el solar así adquirido esté enclavado en centros de población no menor de veinte mil habitantes;

Quinta. Como complemento de lo que establecen las cuatro Reglas anteriores se aplicará las disposiciones de los Decretos-leyes 412 y 594, según quedaron por la Ley de Coordinación Azucarera de 3 de septiembre de 1937, pero sin alterar lo establecido en dichas Reglas y sin perjuicio de lo dispuesto en la Ley de 10 de julio de 1939;

Sexta. Con relación a las obligaciones moratorias por el Decreto-ley 423 de 1934, según quedó modificado por el de tres de septiembre de 1937, y también en cuanto a las deudas por precio aplazado de colonia de caña, posteriores al 14 de agosto de 1934 y anteriores a 4 de septiembre de 1937, se observará lo dispuesto por dichos textos legales en lugar de aplicar las precedentes reglas; pero la moratoria que los mismos establecen se entenderá prorrogada hasta el 30 de junio de 1960, en lo propio a términos que actualmente rigen. Igual tratamiento se aplicará a las hipotecas de fincas rústicas dedicadas al cultivo de la caña de azúcar comprendidas en el Párrafo inicial de esta Disposición transitoria, en cuanto el tres de septiembre de 1937 resultase acreedora por razón de las mismas, la persona natural o jurídica dueña, arrendataria o usufructuaría del ingenio de fabricar azúcar, al cual estén vinculadas la colonia o colonias fomentadas en la finca de que se trate, pero se observará además respecto de tales créditos hipotecarios lo dispuesto en la precedente Regla segunda;

Séptima. Cuando se trate de créditos pignoraticios comprendidos en esta transitoria y el acreedor prendario hubiese reservado para sí o limitado al dueño de las acciones de derecho a votar por la pignoradas, se observará estas normas:

a) El acreedor no podrá votar por dichas acciones en forma que produzca, directa o indirectamente, en perjuicio de la compañía o del duelo de las acciones, la pérdida o disminución de cualquiera de los beneficios que esta transitoria les concede, ni compeler a los dueños de las mismas a votar de manera que se produzcan esos resultados;

b) El accionista podrá votar en la forma dispuesta por los estatutos de la compañía para celebrar contratos de venta, arrendamiento o cualquiera otras operaciones relativas a los bienes de la misma, así como para tomar dinero a préstamo con garantía real de los propios bienes, siempre que queden asegurados los derechos del acreedor prendario, según quedan regulados en esta transitoria, y a ese fin no será necesario que el dueño de las acciones pignoradas exhiba materialmente las acciones en la junta o juntas donde se adopten esos acuerdos, siempre que acredite su carácter de tal y la cantidad de acciones poseídas con los libros de la compañía o mediante los documentos que presente;

Octava. Lo dispuesto en las Reglas anteriores no se aplicará respecto a aquellas obligaciones que a virtud de procedimiento judicial o extrajudicial, encaminando a hacerlas efectivas o exigir su cumplimiento, hayan producido con anterioridad a la fecha de la promulgación de esta transitoria la adjudicación de la totalidad de los bienes gravados a favor del acreedor o de un tercero, salvo en el caso de que por sentencia firme de los tribunales ordinarios se hayan declarado o se dejare la nulidad de la adjudicación. De haber producido tan solo la adjudicación de parte de los bienes, se observará esta Regla con relación a los adjudicados, y las demás, respecto a la parte de la obligación legalmente exigibles todavía, la cual se considerará dividida, a los efectos de esta transitoria, en bienes individualmente gravados.

Cuando se trate de créditos hipotecarios sobre fincas urbanas comprendidos en el Título tercero del Decreto-ley número 412, de 14 de agosto de 1934, y entre acreedor y deudor hayan medido convenios posteriores, a la promulgación del mismo, tales obligaciones quedarán excluidas de esta transitoria, siempre que exista constancia por escrito y el deudor continúe disfrutando íntegramente de los beneficios que se le otorgaron mediante dichos convenios.

Se aplicará a los pagos que proceda hacerse con arreglo a esta disposición cualquier cantidad que se hubiere pagado en exceso de la que correspondiera abonarse de acuerdo con los Decretos-leyes 412 y 594, de 1934, siempre que el deudor no hubiese recibido ningún beneficio en compensación a dicho pago en exceso;

Novena. Las obligaciones aseguradas con prenda con anterioridad podrán hacerse efectivas sobre los bienes específicamente gravados en el contrato, extinguiéndose, en su consecuencia la acción personal contra los deudores o sus fiadores;

Décima. No obstante lo dispuesto en el Párrafo inicial de esta Disposición transitoria respecto de las deudas contraídas por el concepto de precio aplazado de ingenio o colonias de caña comprados entre el 15 de agosto de 1934 y el 3 de septiembre de 1937, el plazo para la amortización se rebajará en una cuarta parte, sin que la rebaja pueda exceder de cinco años; pero en todo lo demás se aplicará también a dicha deuda las anteriores Reglas;

Décima primera. En los casos en que cualquier acreedor se hiciere cargo de un ingenio de fabricar azúcar para hacerse pago de cualquier crédito de los comprendidos en esta moratoria, o de cualquiera otra deuda, será requisito indispensable para ello que previamente se obligue a continuar operándolo en cada Zafra azucarera, de haber realizado el mismo las dos anteriores a la fecha del remate. El Poder Ejecutivo adoptará las medidas procedentes para asegurar el cumplimiento de esa obligación;

Duodécima. Se aplicará también lo dispuesto en esta disposición transitoria a las obligaciones contraídas antes del 14 de agosto de 1934 como deudora por personas naturales o jurídicas que a la promulgación de la misma resulten a su vez acreedoras por razón de créditos sometiendo a las anteriores Reglas, siempre que las comprendan el Título IV del Decreto-ley número 412, de 1934 o garanticen el cumplimiento de tales obligaciones gravando a la seguridad de los mismos créditos hipotecarios de los sujetos a la liquidación según dichas reglas, por lo menos con un monto igual a la suma necesaria para que la garantía así prestada cubra cuanto les sea exigible por capital e intereses, de acuerdo con esta propia disposición transitoria y en virtud de la presente regla.

Quedan excluidos de los beneficios de esta moratoria:

a) Las obligaciones exceptuadas en el **Artículo** cincuenta y nueve del Decreto-ley número 412, del 14 de agosto de 1934;

b) Las hipotecas constituidas para garantizar depósitos afianzados administrativos o judiciales, albaceazgos y usufructos;

c) Las obligaciones del Estado, la Provincia y el Municipio como deudores;

d) Las contraídas por los aseguradores o los patronos en virtud de pensiones o indemnizaciones provenientes de la Ley Accidentes del Trabajo;

e) Las obligaciones contraídas por las empresas de servicios públicos que tengan por funciones de su instituto suministros de energía eléctrica, gas, agua o servicios telefónicos, aunque como organización subsidiaría anexas o dependientes de ellas tengan derechos dominicos sobre ingenios de fabricar azúcar o colonias de cañas.

Lo dispuesto en el Inciso (c) de esta Regla, respecto a compañías de servicios públicos no será de aplicación a las empresas que tengan un capital inferior a 100.000 pesos y no sean a su vez dependientes, anexas o subsidiarias de otras empresas.

Esta Disposición transitoria de la Constitución, mientras esté en observancia la Ley Constitucional de 11 de junio de 1935, formará también parte de la misma; su aplicación no estará sujeta a las restricciones o limitaciones establecidas o que se establezcan respecto a la retroactividad de las leyes y a su eficacia para anular o modificar las obligaciones civiles nacidas de los contratos, actos u omisiones que las produzcan; regirá desde su promulgación, lo que se hará dándosele lectura por el señor presidente de la Convención

Constituyente, y a los efectos de su publicación se remitirá certificación de ella a la Gaceta Oficial de la República.

Sección. Al Título V

Sección II

Primera. Todos los bienes muebles e inmuebles que le fueron asignados a la Universidad de La Habana cuando le fue concedida la autonomía por el Decreto número dos mil cincuenta y nueve, de 6 de octubre de 1933, publicado en la Gaceta Oficial del día 9 siguiente, así como los demás bienes y derechos que por legado, donación, herencia o por cualquier otro título de adquisición le correspondan, formarán su patrimonio como persona jurídica y se inscribirán en los correspondientes Registros, libres de todo pago por concepto de derechos.

Mientras el patrimonio universitario no rinda recursos anuales para la dotación suficiente de la Universidad de La Habana, la cantidad conque el Estado contribuirá al sostenimiento de la misma, de acuerdo con el **Artículo** cincuenta y tres de esta Constitución, será el 2,25 % de la suma total de gastos incluidos en dicho presupuesto, con excepción de las cantidades destinadas al pago de la Deuda Exterior. Esta cantidad será distribuida proporcionalmente entre las distintas Facultades de la Universidad, tomando como base el número de alumnos que aspiran a los títulos que otorguen cada Facultad y las necesidades de sus respectivas enseñanzas.

Segunda. El Estado deberá construir, dentro de los tres años siguientes a la promulgación de esta Constitución, un Hospital Nacional con capacidad para mil enfermos. A la expiración de dicho término entrará en pleno vigor el primer Párrafo de la primera Disposición transitoria de este Título de la Constitución. Durante esos tres años los directores de los Hospitales comprendidos en el **Artículo** VII del Decreto número dos mil cincuenta y nueve, de 6 de octubre de 1933, publicado en la Gaceta Oficial del día nueve siguiente, serán nombrados por el presidente de la República y se escogerán de una tema que elevará el Consejo Universitario, a propuesta del Claustro de la Escuela de Medicina.

Cuando esos hospitales pasen íntegramente a la Universidad de La Habana, al igual que durante los tres años mencionados en el Párrafo anterior, su consignación presupuestada no podrá ser inferior a la que rige en la actualidad y quedará fijada en el presupuesto del Ministerio de Salubridad y Asistencia Social.
Tercera. El Congreso, en un término no mayor de tres legislaturas, procederá a votar la Ley de la Reforma General de la Enseñanza.
Los beneficiarios de cátedras oficiales actualmente ocupadas sin que se haya acreditado la capacidad docente conforme a la ley en vigor, deberán hacerlo dentro de tres años, salvo lo que disponga la ley a que se centra el Párrafo anterior de esta Disposición transitoria. Mientras tanto, no podrá promoverse ninguna cátedra de enseñanza oficial sin los debidos títulos y certificados de capacidad específica.

Sección. Al Título VI

Sección I
Primera. La participación preponderante del cubano por nacimiento en el trabajo, establecida por la Constitución, no podrá ser inferior a la garantizada por la Ley de 8 de noviembre de 1933.
Segunda. Los derechos adquiridos por los trabajadores cubanos por nacimiento con anterioridad a la promulgación de esta Constitución, al amparo de las Leyes de Nacionalización del Trabajo, promulgada con fecha 8 de noviembre de 1933, son irrevocables.
Tercera. El Gobierno de la República procederá a reglamentar, en un plazo no menor de un año, la forma de expulsión de todos los extranjeros que hubiesen entrado en el territorio nacional con infracción de las leyes actuales de inmigración y de trabajo.
Cuarta. A los efectos del cumplimiento del **Artículo** ochenta de esta Constitución, se convierte la beneficencia pública existente al promulgarse esta Constitución en el servicio social previsto en dicho **Artículo**.
Quinta. A los efectos del **Artículo** setenta y cinco de esta Constitución, en cada término de la República se fundará por el Gobierno Municipal una cooperativa de reparto de tierras y casas denominadas «José Martí», con el fin de

adquirir tierras laborales y construir casas baratas para campesinos, obreros y empleados pobres que carezcan de ellas en propiedad.

Esta cooperativa estará bajo la fiscalización del Gobierno de la República y será regida y administrada por sus cooperadores con representación del Municipio, la Provincia y el Estado y bajo la presidencia del representante de este último, pero sin que estas representaciones puedan por sí solas decidir ninguna votación.

Los fondos de esta cooperativa estarán constituidos principalmente por la cantidad conque contribuyan el Estado, la Provincia, el Municipio y las pequeñas cuotas de los cooperadores fijadas por la ley; por el reembolso del capital invertido en aperos de labranza, semillas, casas y lotes adjudicados; por los demás aportes que la cooperativa acuerde y por las donaciones que se le hagan.

Podrán ser cooperadores los campesinos, obreros y empleados cubanos que llenen los requisitos de la ley.

Las tierras laborables adquiridas serán cedidas por medio de sorteos a los cooperadores campesinos, en lotes no mayor de tres caballerías en las provincias de Las Villas, Camagüey y Oriente; de dos en las de Pinar del Río y Matanzas, y de una en La Habana.

La cesión se hará mediante el pago del importe de las semillas, aperos de labranza y lotes a su precio de costo, sin interés, en un plazo no mayor de veinticinco años, cesando de abonar su cuota cooperativa tan pronto cancele su deuda y adquiera su título de propiedad. Las casas serán cedidas a los obreros y empleados de las ciudades en igual forma y condiciones que los lotes a los campesinos.

El término de funcionamiento de esta cooperativa será de veinticinco años, pero si la práctica demostrare que conviene a los intereses de la Nación, el Congreso podrá modificar su estructura, suprimirlas parcial o totalmente o prorrogar el término; y en el caso de cese definitivo de la cooperativa, sus pertenencias serán reintegradas proporcionalmente a los organismos que las proporcionaron.

El Congreso, a la mayor brevedad, votaría la ley complementaria que regula la fundación y funcionamiento de esta cooperativa.

Sección II

Primera. El Congreso, en el término de tres legislaturas a partir de la promulgación de esta Constitución, procederá a acordar las leyes y disposiciones necesarias para la formación del Catastro Nacional, a la medición exacta del territorio nacional y a la realización de los estudios topográficos complementarios.

Segunda. El Estado repartirá las tierras de su propiedad que no necesite para sus propios fines, en forma equitativa y proporcional, atendiendo a la condición de padre o cabeza de familia y dando preferencia a quien la venga laborando directamente por cualquier título.

En ningún caso el Estado podrá dar a una sola familia tierras que tengan un valor superior a 2.000 pesos o una extensión mayor de dos caballerías.

Tercera. Quedan en suspenso durante dos años, a partir de la publicación de esta Constitución, los juicios de desahucios, en cualquier estado en que se encuentre el procedimiento, promovidos contra los poseedores de fincas rústicas en concepto de precaristas, en las cuales vivan no menos de veinticinco familias.

Igualmente se suspenderán por ese término de dos años los juicios de desahucios, en el estado en que se encuentren, interpuestos contra los ocupantes de fincas rústicas que las disfruten por contratos de arrendamientos o aparcería, siempre que la finca no exceda de una extensión superficial de cinco caballerías y la demanda se hubiese interpuesto antes de la promulgación de esta Constitución.

Durante dicho plazo de dos años el Congreso dictará la ley reguladora de los contratos de arrendamiento y aparcería.

Sección. Al Título VII

Sección I

Única. Lo dispuesto en el **Artículo** noventa y siete de esta Constitución regirá a partir de la primera elección general que se celebre después de la promulgación de la misma.

Sección II

Primera. Dentro de las tres legislaturas que sigan inmediatamente a la promulgación de esta Constitución, se aprobarán y pondrán en vigor las leyes necesarias para la implantación de la carrera administrativa, ajustándolas a las normas contenidas en los Artículos correspondientes a la Sección de Oficios Públicos y en estas disposiciones transitorias, y a las demás que se estimen convenientes, siempre que no modifiquen, restrinjan o adulteren las establecidas en la Constitución.

Segunda. La inamovilidad reconocida por la legislación vigente se respetará hasta tanto el Congreso apruebe y el Gobierno sancione y promulgue la legislación complementaria reguladora de la carrera administrativa. La inamovilidad que garantiza esta Constitución entrará en vigor previo al cumplimiento de los requisitos y condiciones que se establezcan en la ley que dicte el Congreso, los cuales comprenderán a todos los funcionarios, empleados y obreros civiles del Estado, la Provincia y el Municipio, con la sola excepción de aquellos funcionarios, empleados y obreros que acrediten llevar más de veinte años de servicios en la Administración pública.

Tercera. La inamovilidad que garantiza la anterior disposición transitoria comprende también a los funcionarios, empleados y obreros civiles de las entidades o corporaciones autónomas.

Cuarta. Se reconoce el derecho que asiste a los miembros del disuelto Ejército Nacional, de la Marina de Guerra Nacional y de la Policía Nacional que estando en servicio activo el día 4 de septiembre de 1933 no continuaron en las filas, al disfrute de una pensión de retiro, que se concederá a ellos y a los herederos cuyo derecho reconozca la ley en la forma y cuantía que ésta determine y que no podrá ser nunca inferior en su ascendencia a la actualmente establecida. Se reconoce también este derecho a los que habiendo estado disfrutando del retiro lo hubieren perdido, siempre que ello no fuere por resolución de los Tribunales de Justicia. La ley regulará esta disposición.

Sección. Al Título IX

Sección II

Única. La vacante que se hubiere producido en la representación senatoria de cualquier Provincia, elegida en las elecciones generales del 10 de enero de 1936, será cubierta, sin suplente, en la primera elección que se celebre, y corresponderá al partido o partidos colegisladores, en su caso, que obtuviera la mayoría de votos, de acuerdo con las disposiciones que rijan en dicha elección.

Sección III

Primera. Quedarán comprendidas en la excepción que establece el **Artículo** ciento veintiséis de esta Constitución aquellas personas que, electas para cargos de senador o de representante a la Cámara, hubiesen concurrido a la convocatoria para cubrir una cátedra en establecimiento oficial con anterioridad a la promulgación de esta Constitución y obtuvieren el cargo de catedrático con posterioridad a su elección.

Segunda. El párrafo segundo del **Artículo** ciento treinta comenzará a regir a los seis años de promulgada esta Constitución.

Sección IV

Única. El Congreso de la República queda autorizado para votar, dentro de dos legislaturas, sin los requisitos señalados en el Inciso (k) del **Artículo** ciento treinta y cuatro de esta Constitución, una ley de amnistía que comprenda los delitos electorales cometidos con motivo de las elecciones efectuadas el 15 de noviembre de 1939.

Queda asimismo autorizado el Congreso para votar, dentro del mismo término y con igual carácter de excepción, una ley de amnistía que comprenda

los delitos de carácter doloso cometidos antes de reunirse la Convención Constituyente de 1940, por funcionarios y empleados públicos con ocasión del ejercicio de sus cargos y siempre que no fuesen reincidentes.
El Congreso de la República votará en su primera legislatura, después de aprobada esta Constitución, una ley de amnistía que redima totalmente a los veteranos de la Independencia mayores de sesenta años y a sus co-reos que están cumpliendo condena en los penales de la República.

Sección. Al Título XIV

Sección II
Única. En tanto se cree la Sala de Garantías Constitucionales y Sociales a que se refiere el **Artículo** ciento setenta y dos de esta Constitución y se nombren sus magistrados, continuará conociendo de los recursos de inconstitucionalidad, según se regulan en la Ley Constitucional de 11 de junio de 1935, el pleno del Tribunal Supremo de Justicia.

Sección IV
Única. Al año de entrar en vigor esta Constitución se hará la primera renovación del Tribunal Supremo Electoral.

Sección V
Primera. Quedan ratificados y comprendidos en la inamovilidad a que se refieren los Artículos correspondientes, los funcionarios judiciales y los del Ministerio Fiscal, sus auxiliares, subalternos, abogados de oficio, los de los Tribunales electorales que sean permanentes y que se encontraren en el ejercicio de sus cargos al tiempo de promulgarse esta Constitución.
Segunda. Los jueces municipales suplentes de primera clase quedan incorporados a la novena categoría del escalafón judicial, y los municipales suplentes de segunda clase y primeros suplentes de tercera clase a la décima categoría

de dicho escalafón; todos con los mismos derechos y prohibiciones que la ley señala a los respectivos titulares de esas categorías.

Sección. Al Título XV

Sección II

Única. Los actuales alcaldes municipales y los que resulten elegidos en los primeros comicios que se celebren después de promulgada esta Constitución, podrán impugnar los acuerdos de los Ayuntamientos diecisiete de esta Constitución, ante la Audiencia competente por el trámite de los incidentes en el procedimiento civil, hasta tanto el Congreso no acuerde la legislación correspondiente.

Sección III

Primera. Al efecto de lo dispuesto en el **Artículo** doscientos treinta y dos de esta Constitución, los alcaldes, concejales o comisionados que se elijan en 1944, cesarán en 1946.

Segunda. En el presupuesto nacional que entra en vigor el 1 de enero de 1942, se señalará la forma en que hayan de trasladarse al Estado los gastos hoy cubiertos, en todo o en parte, con fondos municipales.

Tercera. No obstante lo dispuesto en el **Artículo** diecinueve de la Ley de 15 de julio de 1925 y su reglamento, sus disposiciones continuarán en vigor mientras no sean derogadas o modificadas por el Congreso; pero quedarán sin valor ni efecto alguno tan pronto como sean satisfechos íntegramente el principal y los intereses de la Deuda Exterior, a cuya paga se destinan los impuestos a que se refiere la mencionada Ley de 15 de julio de 1925 y sus modificaciones.

Sección. Al Título XVI

Sección única

Primera. Para el periodo de gobierno que comenzará el 15 de septiembre de 1940, regirán las disposiciones de la actual Ley Orgánica de las Provincias, con excepción de los preceptos de la referida ley o de cualquier otra que

concedan al gobernador o al presidente de la República la facultad de suspender o destituir a los gobernantes locales, o la de suspender acuerdo del Ayuntamiento o resoluciones del alcalde o cualquiera otra autoridad municipal, los cuales no tendrán aplicación, de acuerdo con lo dispuesto en los Apartados a), b) del **Artículo** doscientos diecisiete de esta Constitución, que regirán en toda su integridad durante el referido periodo de gobierno.
El gobernador tendrá la facultad de impugnar los acuerdos o resoluciones de los Ayuntamientos o la comisión a que se refiere la Letra 80 del **Artículo** doscientos diecisiete. Mientras la ley no establezca el procedimiento, la impugnación se hará ante la sala correspondiente de la Audiencia respectiva por los trámites de los incidentes en el procedimiento civil.
También tendrá el gobernador la facultad de inspeccionar la Hacienda Municipal y producir quejas al Tribunal de Cuentas.
Segunda. La cuota proporcional a que se refiere el Inicio (a) del **Artículo** doscientos cuarenta y dos de este Título decimosexto, no será de aplicación en el periodo de gobierno a que se refiere la Disposición transitoria anterior, durante el cual regirá a ese efecto el **Artículo** sesenta y tres de la actual Ley Orgánica de las Provincias, sin perjuicio de lo dispuesto en los Incisos (c) y (e) del **Artículo** doscientos diecisiete de esta Constitución.

Sección. Al Título XVII

Sección III
Primera. El Congreso de la República, en un plazo de tres legislaturas, dictará la Ley Orgánica del Tribunal de Cuentas y la Ley General de la Contabilidad del Estado, la Provincia y el Municipio, así como la de los organismos autónomos sujetos a la fiscalización del Tribunal de Cuentas. Dicha Ley General dc Contabilidad fijará las garantías que deberán brindar las personas que intervengan en las recaudaciones de los ingresos y pagos de dicha entidad.
Segunda. No obstante lo dispuesto en el **Artículo** doscientos sesenta y ocho de esta Constitución, al organizarse por primera vez el Tribunal de Cuentas, los contadores públicos podrán ser nombrados, siempre que tengan, por lo menos, cinco años de ejercicio de la profesión.

Tercera. A los efectos del cumplimiento del **Artículo** doscientos cincuenta y nueve de esta Constitución, el Tribunal de Cuentas, una vez constituido, procederá a depurar y liquidar el montante cierto de la deuda flotante, en un plazo no mayor de dos años, y lo remitirá al presidente de la República para que éste, con las observaciones que estime oportunas, lo envíe al Congreso para su aprobación.

Sección IV

Primera. La ley organizadora de la Banca Nacional podrá establecer como condición para que las demás instituciones bancarias puedan operar dentro de la República, que suscriban parte del capital del Banco Nacional, en cuyo caso tendrán además participación en el Consejo de Dirección del mismo.

Mientras no sea promulgada la ley organizadora del Banco Nacional, el Estado protegerá las instituciones bancarias cubanas existentes y estará obligado a otorgarles igual tratamiento que a las extranjeras.

Segunda. Se concederá por el Estado títulos de propiedad industrial, bajo el nombre de Patente de Introducción Industrial, a toda persona natural o jurídica que durante los dos primeros años, a partir del día de promulgada esta Constitución, lo solicite del Ministerio de Comercio, ofreciendo establecer una industria nueva, principal o accesoria, o manufacturar, elaborar o preparar, apropiado para el consumo o exportación, artículos que en ese instante no se produzcan o preparen en el territorio nacional, o cuyo promedio de producción en los últimos cinco años sea menor que el 15 % del consumo nacional en ese tiempo, especificándose el artículo o producto con expresión de la partida del Arancel vigente en que se halle clasificado o comprendido; y siempre que el solicitante se obligue, salvo fuerza mayor, a construir, dentro del plazo de dieciocho meses de otorgada la Patente, una o más fábricas o abrir y ampliar las existentes con capacidad para producir el artículo de que se trate en cantidad bastante en el año siguiente a dicho plazo, para cubrir el 80 % como mínimo de su consumo nacional, y garantice esta obligación con una fianza en metálico equivalente al 3 % de la cantidad declarada en las Aduanas como valor de todas las importaciones de dicho artículo en los doce meses anteriores a la promulgación de esta Constitución, hasta un límite máximo dicha fianza de 50.000 pesos.

Los títulos de Patente de Introducción Industrial no podrán otorgarse más que uno para cada clase de artículo y sus análogos, clasificados o comprendidos dentro de cada una de las partidas del Arancel de Aduanas vigente, determinándose el derecho de prelación por riguroso orden cronológico en la presentación de las solicitudes, en cuyo acto se anotarán en un libro-registro en el Ministerio de Comercio, y se entregará al interesado, a más del correspondiente certificado de inscripción, el duplicado de su solicitud, certificado el ministro al pie de la misma fecha, hora y minuto de la presentación, número de orden, fianza prestada y si existe o no presentada con anterioridad alguna otra solicitud sobre el mismo artículo. En caso negativo justificado que el artículo que se pretende no se fabrica en ese instante en el territorio nacional, o que lo sea en menos de un 15 % del promedio del consumo en los últimos cinco años, y prestada por el solicitante la fianza que corresponda, sin más trámite se otorgará por resolución en firme del ministro de Comercio, dentro de los ocho días de presentada la solicitud, el título de Patente de Introducción Industrial, con validez o vigencia por quince años. Haciéndose su registro correspondiente y su publicación en la Gaceta Oficial de la República, y en el caso en que faltare alguno de los requisitos expresados, el ministro denegará la solicitud, con devolución de la fianza. Contra esta denegatoria podrá recurrirse ante los Tribunales de Justicia competentes, después de agotada la vía administrativa.

A los fabricantes de artículos que estén produciéndose en la actualidad en el territorio de la República en cantidad menor en su total al 15 % de su consumo y no se acojan a los beneficios a que se refiere el Párrafo primero de esta Disposición transitoria se les respetará el derecho a seguir produciendo cada uno como cuota anual de la misma cantidad de dicho artículo que hubiese producido durante el año de 1939, con un aumento o disminución proporcional al aumento o disminución que hubiese en el consumo nacional en relación con dicho año.

Tercera. Otorgada la patente, puesta en práctica y justificada una capacidad de producción de los artículos por ella amparados superior al 80 % del consumo nacional, desde ese instante, durante todo el periodo de vigencia de la patente, ninguna otra persona podrá fabricar, elaborar o preparar para el consumo en el territorio nacional dicho artículo o sus similares, estando sujetos los infractores a las responsabilidades civiles y criminales que establecen las leyes vigentes, y quedando gravados sin excepción los artículos referidos que se importen del extranjero por cualquier tiempo u objeto en dicho periodo, con un derecho o impuesto como recargo y sin variar los actuales equivalentes al 50 % ad-valorem, que se ingresará siempre en firme por las Aduanas como margen arancelario proteccionista, adoptándose además por el Gobierno cuantas medidas sean necesarias para evitar el dumping y otras prácticas ilegítimas. En la aplicación de los recargos arancelarios establecidos en este Párrafo se respetará el texto de los tratados internacionales actualmente existentes y en tanto estén ellos en vigor.

El propietario de una Patente de Introducción Industrial tendrá derecho durante todo el tiempo en que ella esté en vigor, a importar sin limitaciones ni restricciones las maquinarias y materiales destinados a la instalación de la industria, así como todas las materias primas que se empleen o utilicen para la producción, elaboración o preparación del artículo de que se trate, a no ser ellas de libre admisión, con una rebaja o reducción de un 80 % de los impuestos y derechos arancelarios que le sean aplicables de acuerdo con el Arancel de Aduana que rija en la fecha de otorgada la patente; y durante la vigencia de ésta no se verificará cambio alguno en dichas exenciones o impuestos y derechos, ni en los derechos, impuestos, cargas o contribuciones de carácter interno que sean aplicables en dicha fecha a tales importaciones después de su entrada en el territorio nacional o a las industrias amparadas por la patente; los artículos producidos por éstas estarán exentos de impuestos, derechos, cargas o exacciones internas, o de cualquiera otra clase, del Estado, la Provincia y el Municipio, distintos o mayores que los pagaderos sobre análogos artículos de origen nacional o de otro país extranjero; sin que en ningún caso pueda dictarse disposición alguna en perjuicio de los derechos amparados por la patente, ni ésta alterada, suspendida ni declarada caduca, a no ser por haber transcurrido su término o por incumplimiento, previa sentencia dictada en todo caso por los tribunales de justicia que correspondan.

Cuarta. Los dueños de Patente de Introducción Industrial deberán utilizar en su industria las materias primas producidas en el territorio nacional, con preferencia en igualdad de calidad y precio a las que se produzcan en el extranjero, y las ventas al por mayor para el consumo nacional de artículos fabricados al amparo de esas patentes no podrán hacerse por el productor, en ningún caso, a un precio mayor de un 10 % como máximo sobre el precio que resulte como promedio para el consumo doméstico en la quincena anterior a la venta, en las cotizaciones verificadas en el mercado de Nueva York para artículos de la misma clase, más los gastos corrientes hasta su entrega libre a bordo en el puerto de La Habana.

Quinta. En cuanto no esté especialmente previsto en las precedentes disposiciones transitorias, regirá como supletoria la vigente Ley de Propiedad Industrial a que se contrae el Decreto-ley, número ochocientos cinco, de 4 de abril de 1936.

Transitoria final

El Congreso aprobará los proyectos de Leyes Orgánicas y Complementarias de esta Constitución, dentro del plazo de tres legislaturas, salvo cuando esta Constitución fije otro término.

Disposición final

Esta Constitución quedará en vigor en su totalidad el día 10 de octubre de 1940.

Y en cumplimiento del acuerdo tomado por la Convención Constituyente en sesión celebrada el día 26 de abril de 1940, y como homenaje a la memoria de los ilustres patricios que en este pueblo firmaron la Constitución de la República en armas en abril diez de 1869, firmamos la presente en Guáimaro, Camagüey, a 1 de julio de 1940:

Carlos Márquez Sterling y Guiral, presidente de la Convención Constituyente. Alberto Boada Miguel, secretario. Emilio Núñez Portuondo, secretario. Salvador Acosta Cáceres. Francisco Alomá y Álvarez de la Campa. Rafael Álvarez González. José R. Andreu Martínez. Manuel Benítez González. Antonio Bravo Acosta. Antonio Bravo Correoso. Fernando del Busto Martínez. Juan Cabrera Hernández. Miguel Calvo Tarafa. Ramiro Capablanca Graupera. José Manuel Casanova Diviño. César Casas Rodríguez. Romárico Cordero Gaeces. Ramón Corona García. Felipe Correoso y del Risco. José Manuel Cortina García. Miguel Coyula Llaguno. Pelayo Cuervo Navarro. Eduardo R. Chibás Rivas. Francisco Dellundé Mustelier. Mario E. Dihígo. Arturo D.

Rodríguez. Manuel Dorta Duque. Nicolás Duarte Cajides. Mariano Esteva Lora. José A. Fernández de Castro. Oreste Ferrara Marino. Simeón Ferro Martínez. Manuel Fueyo Suárez. Adriano Galano Sánchez. Salvador García Agüero. Félix García Rodríguez. Quintin George Vemot. Ramón Granda Fernández. Ramón Grau San Martín. Rafael Guas Inclán. Alicia Hernández de la Bara. Alfredo Homedo Suárez. Francisco Ichaso Macías. Felipe Jay Raoulx. Emilio A. Laurent Dubet. Amaranto López Negrón. Jorge Mañach Robato. Juan Marinello Vidaurreta. Antonio Martínez Fraga. Joaquín Martínez Sáenz. Jorge A. Mendigutía Silveira. Manuel Mesa Medina. Joaquín Mesa Quesada. Gustavo Moreno Lastres. Eusebio Mujal Bamiol. Delio Núñez Mesa. Emilio Ochoa Ochoa. Manuel A. Orizondo Caraballé. Manuel Parrado Rodés. Juan B. Pons Jané. Francisco José Prieto Llera. Carlos Prío Socarrás. Santiago Rey Pernas. Mario Robau Cartaya. Blas Roca Calderío. Primitivo Rodríguez Rodríguez. Esperanza Sánchez Mastrapa. Alberto Silva Quiñones. César Vilar Aguilar. Fernando del Villar de los Ríos. María Esther Villoch Leyva.
Doctores Alberto Boada Miguel y Emilio Núñez Portuondo, secretario de la Convención Constituyente de la República de Cuba.

Certificamos: Que la Constitución de la República de Cuba, firmada en el histórico pueblo de Guáimaro, provincia de Camagüey, el día 1 de julio de 1940, quedó promulgada por el presidente de la Convención Constituyente, en la escalinata del Capitolio Nacional, en La Habana, el día 5 de julio de 1940.
Y para su remisión a la Gaceta Oficial de la República, se expide el presente en La Habana, Capitolio Nacional, a los 5 días de julio de 1940. Doctor Alberto Boada Miguel, doctor Emilio Núñez Portuondo. Visto bueno doctor Carlos Manuel Sterling y Guiral, presidente de la Convención Constituyente.

Constitución de 1976

Preámbulo

NOSOTROS, CIUDADANOS CUBANOS, herederos y continuadores del trabajo creador y de las tradiciones de combatividad, firmeza, heroísmo y sacrificio forjadas por nuestros antecesores;

–por los aborígenes que prefirieron el exterminio a la sumisión;

–por los esclavos que se rebelaron contra sus amos;

–por los que despertaron la conciencia nacional y el ansia cubana de patria y libertad;

–por los patriotas que en 1868 iniciaron las guerras de independencia contra el colonialismo español y los que en el último impulso de 1895 las llevaron a la victoria de 1898, victoria arrebatada por la intervención y ocupación militar de imperialismo yanqui;

–por los obreros, campesinos, estudiantes e intelectuales que lucharon durante más de cincuenta años contra el dominio imperialista, la corrupción política, la falta de derechos y libertades populares, el desempleo y la explotación impuesta por capitalistas y terratenientes;

–por los que promovieron, integraron y desarrollaron las primeras organizaciones de obreros y de campesinos, difundieron las ideas socialistas y fundaron los primeros movimientos marxista y marxista-leninista;

–por los integrantes de la vanguardia de la generación del centenario del natalicio de Martí que nutridos por su magisterio nos condujeron a la victoria revolucionaria de Enero;

por los que, con sacrificio de sus vidas, defendieron la Revolución contribuyendo a su definitiva consolidación;

GUIADOS APOYADOS

en el internacionalismo proletario, en la amistad fraternal y la cooperación de la Unión Soviética y otros países socialistas y en la solidaridad de los trabajadores y pueblos de América Latina y el mundo;

DECIDIDOS

a llevar adelante la Revolución triunfadora del Moncada y del Granma, de la Sierra y de Girón encabezada por Fidel Castro que, sustentada en la más estrecha unidad de todas las fuerzas revolucionarias y del pueblo, conquistó la plena independencia nacional, estableció el Poder revolucionario, realizó las transformaciones democráticas, inició la construcción del socialismo y, con el Partido Comunista al frente, la continúa con el objetivo de edificar la sociedad comunista;

CONSCIENTES

de que todos los regímenes de explotación del hombre por el hombre determinan la humillación de los explotados y la degradación de la condición humana de los explotadores;

de que solo en el socialismo y el comunismo, cuando el hombre ha sido liberado de todas las formas de explotación: de la esclavitud, de la servidumbre y del capitalismo, se alcanza la entera dignidad del ser humano;

y de que nuestra Revolución elevó la dignidad de la patria y del cubano a superior altura;

DECLARAMOS

nuestra voluntad de que la ley de leyes de la República esté presidida por este profundo anhelo, a fin logrado, de José Martí:

«Yo quiero que la ley primera de nuestra república sea
el culto de los cubanos al dignidad plena del hombre»;

ADOPTAMOS

por nuestro voto libre, mediante referendo, la siguiente: Constitución

Capítulo I. Fundamentos políticos, sociales y económicos del Estado

Artículo 1. La República de Cuba es un Estado socialista de obreros y campesinos y demás trabajadores manuales e intelectuales.

Artículo 2. Los símbolos nacionales son los que han presidido por más de cien años las luchas cubanas por la independencia, por los derechos del pueblo y por el progreso social:

la bandera de la estrella solitaria;

el himno de Bayamo;

el escudo de la palma real.

Artículo 3. La capital de la república es la ciudad de La Habana.

Artículo 4.

1. En la República de Cuba todo el poder pertenece al pueblo trabajador que lo ejerce por medio de las Asambleas del Poder Popular y demás órganos del Estado que de ellas derivan, o bien directamente.
2. El Poder del pueblo trabajador se sustenta en la firme alianza de la clase obrera con los campesinos y las demás capas trabajadoras de la ciudad y el campo, bajo la dirección de la clase obrera.

Artículo 5. El Partido Comunista de Cuba, vanguardia organizada marxista-leninista de la clase obrera, es la fuerza dirigente de la sociedad y del Estado, que organiza y orienta los esfuerzos comunes hacia los altos fines de la construcción del socialismo y el avance hacia la sociedad comunista.

Artículo 6. La Unión de Jóvenes Comunistas, organización de la juventud avanzada, bajo la dirección del Partido, trabaja para preparar a sus miembros como futuros militantes del mismo y contribuye a la educación de las nuevas generaciones en los ideales del comunismo, mediante su incorporación al estudio y a las actividades patrióticas, laborales, militares, científicas y culturales.

Artículo 7.

1. El Estado socialista cubano reconoce, protege y estimula a las organizaciones sociales y de masas, como la Central de Trabajadores de Cuba, que comprende en sus filas a la clase fundamental de nuestra sociedad, los Comités de Defensa de la Revolución, la Federación de Mujeres Cubanas, la Asociación Nacional de Agricultores Pequeños, la Federación Estudiantil Universitaria, la Federación de Estudiantes de la Enseñanza Media, la Unión de Pioneros de Cuba y otras que, surgidas en el proceso histórico de las luchas de nuestro pueblo, agrupan en su seno a los distintos sectores de la población, representan intereses específicos de éstos y los incorporan a las tareas de la edificación, consolidación y defensa de la sociedad socialista.
2. En sus actividades, el Estado se apoya en las organizaciones sociales y de masas, las que, además, cumplen directamente las funciones estatales que conforme a la Constitución y la ley convengan en asumir.

Artículo 8. El Estado socialista:

a) realiza la voluntad del pueblo trabajador y

—encauza los esfuerzos de la nación en la construcción del socialismo;

—mantiene y defiende la libertad y la dignidad plena del hombre, el disfrute de sus derechos, el ejercicio y cumplimiento de sus deberes y el desarrollo integral de su personalidad;
—garantiza la libertad y la dignidad plena del hombre, el disfrute de sus derechos, el ejercicio y cumplimiento de sus deberes y el desarrollo integral de su personalidad;
—afianza la ideología y las normas de convivencia y de conducta propias de la sociedad libre de la explotación del hombre por el hombre;
—protege el trabajo creador del pueblo y la propiedad y la riqueza de la nación socialista;
—dirige planificadamente la economía nacional;
—asegura el avance educacional, científico, técnico y cultural del país;
b) como Poder del pueblo, en servicio del propio pueblo, garantiza:
—que no haya hombre o mujer, en condiciones de trabajar, que no tenga oportunidad de obtener empleo con el cual pueda contribuir a los fines de la sociedad y a la satisfacción de sus propias necesidades;
—que no haya persona incapacitada para el trabajo que no tenga medios decorosos de subsistencia;
—que no haya enfermo que no tenga atención médica;
—que no haya niño que no tenga escuela, alimentación y vestido;
—que no haya joven que no tenga oportunidad de estudiar;
—que no haya persona que no tenga acceso al estudio, la cultura y el deporte;
c) trabaja por lograr que no haya familia que tenga una vivienda confortable.
Artículo 9.
1. La Constitución y las leyes del Estado socialista son expresión jurídica de las relaciones socialista de producción y de los intereses y la voluntad del pueblo trabajador.
2. Todos los órganos del Estado, sus dirigentes, funcionarios y empleados, actúan dentro de los límites de sus respectivas competencias y tienen la obligación de observar estrictamente la legalidad socialista y velar por el respeto de la misma en todo la vida de la sociedad.
Artículo 10.
1. El Estado socialista cubano ejerce su soberanía:

a) sobre todo el territorio nacional, integrado por la Isla de Cuba, la Isla de la Juventud, las demás islas y cayos adyacentes, las aguas interiores, el mar territorial en la extensión que fija la ley y el espacio aéreo que sobre los mismos se extiende;
b) sobre los recursos naturales y vivos del lecho y subsuelo marinos, y los existentes en las aguas subyacentes inmediatas a las costas fuera del mar territorial en la extensión que fija la ley, conforme a la práctica internacional.
2. La República de Cuba repudia y considera ilegales y nulos los tratados, pactos o concesiones concertados en condiciones de desigualdad o que desconocen o disminuyen sus soberanía sobre cualquier porción del territorio nacional.
Artículo 11. La República de Cuba forma parte de la comunidad socialista mundial, lo que constituye una de las premisas fundamentales de su independencia y desarrollo en todos los órdenes.
Artículo 12. La República de Cuba hace suyos los principios del internacionalismo proletario y de la solidaridad combativa de los pueblos, y
a) condena al imperialismo, promotor y sostén de todas las manifestaciones fascistas, colonialistas, neocolonialistas y racistas, como la principal fuerza de agresión y de guerra y el peor enemigo de los pueblos;
b) condena la intervención imperialista, directa o indirecta, en los asuntos internos o externos de cualquier Estado, y, por tanto, la agresión armada y el bloqueo económico, así como cualquier otra forma de coerción económico y de injerencia, o de amenaza a la integridad de los Estados y de los elementos políticos, económicos y culturales de las naciones;
c) califica de delito internacional las guerras de agresión y de conquista; reconoce la legitimidad de las guerras de liberación nacional, así como la resistencia armada a la agresión y a la conquista, y considera su derecho y su deber internacionalista ayudar al agredido y a los pueblos que luchan por su liberación;
ch) reconoce el derecho de los pueblos a repelar la violencia imperialista y reaccionaria con la violencia revolucionaria y a luchar con todos los medios a su alcance por el derecho a determinar libremente su propio destino y el régimen económico y social en que prefieran vivir;

d) trabaja por la paz digna y duradera, asentada en el respeto a la independencia y soberanía de los pueblos y al y al derecho de éstos a la autodeterminación;

e) funda sus relaciones internacionales en los principios de igualdad de derechos, soberanía e independencia de los Estados y en el interés mutuo;

f) basa sus relaciones con la Unión de República Socialistas Soviéticas y demás países socialistas en el internacionalismo socialista, en los objetivos comunes de la construcción de la nueva sociedad, la amistad fraternal, la cooperación y la ayuda mutua;

g) aspira a integrase con los países de América Latina y del Caribe, liberados de dominaciones externas y de opresiones internas, en una gran comunidad de pueblos hermanados por la tradición histórico y la lucha común contra el colonialismo, el neocolonialismo y el imperialismo en el mismo empeño de progreso nacional y social;

h) desarrolla relaciones fraternales y de colaboración con los países que mantienen posiciones antiimperialistas y progresistas;

i) mantiene relaciones amistosas con los países que, teniendo un régimen político, social y económico diferente, respetan su soberanía, observan los normas de convivencia entre los Estados, se atienen a los principios de mutuas conveniencias y adoptan una actitud recíproca con nuestro país;

j) determina su afiliación a organismos internacionales y su participación en conferencias y reuniones de ese carácter, teniendo en cuenta los intereses de la paz y el socialismo, de la liberación de los pueblos, del avance de la ciencia, la técnica y la cultura, del intercambio internacional y el respeto que se observe a sus propios derechos nacionales.

Artículo 13. La República de Cuba concede asilo a los perseguidos en virtud de la lucha por los derechos democráticos de las mayorías; por la liberación nacional; contra el imperialismo, el fascismo, el colonialismo y el neocolonialismo; por la supresión de la discriminación racial; por los derechos y reivindicaciones de los trabajadores, campesinos y estudiantes; por sus actividades políticas, científicas, artísticas y literarias progresistas por el socialismo y por la paz.

Artículo 14. En la república de Cuba rige el sistema socialista de economía basada en la propiedad socialista de todo el pueblo sobre los medios de producción y en la explotación del hombre.

Artículo 15. La propiedad estatal socialista, que es la propiedad de todo el pueblo, se establece irreversiblemente sobre las tierras que no pertenecen a los agricultores pequeños o a cooperativas integradas por los mismos; sobre el subsuelo, las minas, los recursos marítimos naturales y vivos dentro de la zona de su soberanía, los bosques, las aguas, las vías de comunicación; sobre los centrales azucareros, las fábricas, los medios fundamentales de transporte, y cuantas empresas, bancos, instalaciones y bienes han sido nacionalizados y expropiados a los imperialistas, latifundistas y burgueses, así como sobre las granjas del pueblo, fábricas e instalaciones económicas, sociales, culturales y deportivas construidas, fomentadas o adquiridas por el Estado y las que en el futuro construya, fomente o adquiera.

Artículo 16.

1. El Estado organiza, dirige y controla la actividad económica nacional de acuerdo con el Plan único de Desarrollo Económico-Social, en cuya elaboración y ejecución participan activa y conscientemente los trabajadores de todas las ramas de la economía y de las demás esferas de la vida social.
2. El desarrollo de la economía sirve a los fines de fortalecer el sistema socialista, satisfacer cada vez mejora las necesidades materiales y culturales de la sociedad y los ciudadanos, promover el desenvolvimiento de la personalidad humana y de su dignidad, el avance y la seguridad del país y de la capacidad para cumplir los deberes internacionalistas de nuestro pueblo.

Artículo 17. Para la administración de la propiedad socialista de todo el pueblo, el Estado organiza empresas y otros entidades económicas.

Artículo 18. El comercio exterior es función exclusiva del Estado. La ley determina las instituciones y autoridades estatales facultadas para crear empresas de comercio exterior y para normar y regular las operaciones de exportación e importación, así como las investidas de personalidad jurídica para concertar convenios comerciales.

Artículo 19.

1. En la república de Cuba rige el principio socialista «de cada uno según su capacidad; a cada cual según su trabajo».

2. La ley establece las regulaciones que garantizan el efectivo cumplimiento de este principio.

Artículo 20.

1. El Estado reconoce la propiedad de los agricultores pequeños sobre sus tierras y otros medios e instrumentos de producción, conforme a lo que establece la ley.

2. Los agricultores pequeños tienen derecho a asociarse entre sí, en la forma y con los requisitos que establece la ley, tanto a los fines de la producción agropecuaria como a los de la obtención de créditos y servicios estatales.

3. Se autoriza la organización de cooperativas agropecuarias en los casos y en la forma que la ley establece. La propiedad cooperativa es una forma de propiedad colectiva de los campesinos integrados en ellas.

4. El Estado apoya la producción cooperativa de los pequeños agricultores, así como la producción individual, que contribuya al auge de la economía nacional.

5. El Estado promueve la incorporación de los agricultores pequeños, voluntaria y libremente aceptada por éstos, a los planes y unidades de producción agropecuaria.

Artículo 21.

1. El agricultor pequeño tiene derecho a vender la tierra previa autorización de los organismos determinados por la ley. En todo caso, el Estado tiene derecho preferente a la adquisición mediante pago de su justo precio.

2. Se prohíbe el arrendamiento, la aparcería, los prestamos hipotecarios y cualquier otra forma que implique gravamen o cesión parcial a particulares de los derechos y acciones emanados de la propiedad de los agricultores pequeños sobre las fincas rústicas.

Artículo 22.

1. Se garantiza la propiedad personal sobre los ingresos y ahorros procedentes del trabajo propio, sobre la vivienda que se posea con justo título de dominio y los demás bienes y objetos que sirven par la satisfacción de las necesidades materiales y culturales de la persona.

2. Asimismo, se garantiza la propiedad sobre medios e instrumentos de trabajo personal o familiar que no se emplean para explotar el trabajo ajeno.

Artículo 23.

El Estado reconoce la propiedad de las organizaciones políticas, sociales y de masas sobre bienes destinados al cumplimiento de sus fines.

Artículo 24.

1. La ley regula el derecho de herencia sobre la vivienda de dominio propio y demás bienes de propiedad personal.
2. La tierra de los agricultores pequeños solo es heredable por aquellos herederos que la trabajan personalmente, salvo las excepciones que establece la ley.
3. En relación con los bienes integrados en cooperativas, la ley fija las condiciones en que son heredables.

Artículo 25.

1. Se autoriza la expropiación de bienes, por razones de utilidad pública o de interés social y con la debida indemnización.
2. La ley establece el procedimiento para la expropiación y las bases para determinar su utilidad y necesidad, así como la forma de la indemnización, considerando los intereses y las necesidades económicas y sociales de l expropiado.

Artículo 26. Toda persona que sufriere daño o perjuicio causado indebidamente por funcionarios o agentes del Estado con motivo del ejercicio de las funciones propias de sus cargos, tiene derecho a reclamar y obtener la correspondiente reparación o indemnización en la forma que establece la ley.

Artículo 27. Para asegurar el bienestar de los ciudadanos, el Estado y la sociedad protegen la naturaleza. Incumbe a los órganos competentes y además a cada ciudadano, velar porque sean mantenidas limpias las aguas y la atmósfera, y se proteja el suelo, la flora y la fauna.

Capítulo II. Ciudadanía

Artículo 28. La ciudadanía cubana se adquiera por nacimiento o por naturalización.

Artículo 29. Son ciudadanos cubanos por nacimiento:

a) los nacidos en el territorio, con excepción de los hijos de extranjeros que se encuentren al servicio de su gobierno o de organismo internacionales;

b) los nacidos en el extranjero de padre o madre cubanos que se hallen cumpliendo misión oficial;

c) los nacidos en el extranjero de padre o madre cubanos, previo el cumplimiento de las formalidades que la ley señala;

ch) los nacidos fuera del territorio nacional, de padre o madre natural de la República de Cuba que la hayan perdido esta nacionalidad, siempre que la reclamen en la forma que señala la ley;

d) los extranjeros que por méritos excepcionales alcanzados en las luchas por la liberación de Cuba fueron considerados ciudadanos cubanos por nacimiento.

Artículo 30. Son ciudadanos cubanos por naturalización:

a) los extranjeros que adquieren la ciudadanía de acuerdo con lo establecido en la ley;

b) los que hubiesen servido a la lucha armada contra la tiranía derrocada el primero de enero de 1959, siempre que acrediten esa condición en la forma legalmente establecida;

c) los que habiendo sido privados arbitrariamente de su ciudadanía de origen obtengan la cubana por acuerdo expreso del Consejo de Estado.

Artículo 31. Ni el matrimonio ni su disolución afectan la ciudadanía o de sus hijos.

Artículo 32.

1. Pierden la ciudadanía cubana:

a) los que adquieran una ciudadanía extranjera;

b) los que, sin permiso del Gobierno, sirven a otra nación en funciones militares o en el desempeño de cargos que lleven aparejada autoridad o jurisdicción propia;

c) los que territorio de cualquier modo conspiren o actúen contra el pueblo de Cuba y sus instituciones socialistas y revolucionarias;

ch) los cubanos por naturalización que residen en el país de su nacimiento, a no ser que expresen cada tres años, antes la autoridad consular correspondiente, su voluntad de conservar la ciudadanía cubana;

d) los naturalizados que aceptaren una doble ciudadanía.

2. La ley podrá determinar delitos y causas de indignidad que produzcan la pérdida de la ciudadanía por naturalización, mediante sentencia firme de los tribunales.

3. La formalización de la pérdida de la ciudadanía por los motivos consignados en los incisos b) y c) se hace efectiva mediante decreto del Consejo de Estado.

Artículo 33. La ciudadanía cubana podrá recobrarse en los casos y en la forma que prescribe la ley.

Capítulo III. Familia

Artículo 34. El Estado protege la familia, la maternidad y el matrimonio.

Artículo 35.

1. El matrimonio es la unión voluntariamente concertada de un hombre y una mejer con aptitud legal para ello, a fin de hacer vida en común. Descansa en la igualdad absoluta de derechos y deberes de los cónyuges, los que deben atender al mantenimiento del hogar y a la formación integral de los hijos mediante el esfuerzo común, de modo que éste resulte compatible con el desarrollo de las actividades sociales de ambos.
2. La ley regula la formalización, reconocimiento y disolución del matrimonio y los derechos y obligaciones que de dichos actos se derivan.

Artículo 36.

1. Todos los hijos tienen iguales derechos, sean habidos dentro o fuera del matrimonio.
2. Está abolida toda clarificación sobre la naturaleza de la filiación.
3. No se consignará declaración alguna diferenciando los nacimientos, ni sobre el estado civil de los padres en las actas de inscripción de los hijos, ni en ningún otro documento que haga referencia a la filiación.
4. El Estado garantiza mediante los procedimientos legales adecuados, la determinación y el reconocimiento de la paternidad.

Artículo 37.

1. Los padres tienen el deber de dar alimento a sus hijos y asistirlos en la defensa de sus legítimos intereses y en la realización de sus justas aspiraciones; así como el de contribuir activamente a su educación y formación integral como ciudadanos útiles y preparados para la vida en sociedad socialista.
2. Los hijos, a su vez, están obligados a respetar y ayudar a sus padres.

Capítulo IV. Educación y cultura

Artículo 38.

1. El Estado orienta, fomenta y promueve la educación, la cultura y las ciencias en todas sus manifestaciones.

2. En su política educativa y cultural se atiene a los postulados siguientes:

a) fundamenta su política educacional y cultural en la concepción científica del mundo, establecida y desarrollada por el marxismo-leninismo;

b) la enseñanza es función del Estado. En consecuencia, los centros docentes son estatales. El cumplimiento de la función educativa constituye una tarea en la que participa toda la sociedad y se basa en las conclusiones y aportes de la ciencia y en la relación más estrecha del estudio con la vida, el trabajo y la producción;

c) promover la formación comunista de las nuevas generaciones y la preparación de los niños, jóvenes y adultos para la vida social. Para realizar este principio se combinan la educación general y las especializadas de carácter científico, técnico o artístico, con el trabajo, la investigación para el desarrollo, la educación física, el deporte y la participación en actividades políticas, sociales y de preparación militar;

ch) la enseñanza es gratuita. El Estado mantiene un amplio sistema de becas para los estudiantes y proporciona múltiples facilidades de estudio a los trabajadores a fin de alcanzar la universalización de la enseñanza. La ley precisa la integración y estructura del sistema nacional de enseñanza, así como el alcance de la obligatoriedad de estudiar y define la preparación general básica que, como mínimo, debe adquirir todo ciudadano;

d) es libre la creación artística siempre que su contenido no sea contrario a la Revolución. Las formas de expresión en el arte son libres;

e) el Estado, a fin de elevar la cultura del pueblo, se ocupa de fomentar y desarrollar la educación artística, la vocación para la creación y el cultivo del arte y la capacidad para apreciarlo;

f) la actividad creadora e investigativa en la ciencia es libre. El Estado estimula y viabiliza la investigación y prioriza la dirigida a resolver los problemas que atañen al interés de la sociedad y al beneficio del pueblo;

g) el Estado propicia que los trabajadores se incorporen a la labor científica y al desarrollo de la ciencia;

h) el Estado orienta, fomenta y promueve la cultura física y el deporte en toda sus manifestaciones como medio de educación y contribución a la formación integral de los ciudadanos;

i) el Estado vela por la conservación del patrimonio cultural y la riqueza artística e histórica de la nación. Protege los monumentos nacionales y los lugares notables por su belleza natural o por su reconocido valor artístico o histórico;

j) el Estado promueve la participación de los ciudadanos a través de las organizaciones sociales y de masa del país en la realización de su política educacional y cultural.

Artículo 39.

1. La educación de la niñez y la juventud en el espíritu comunista es deber de toda la sociedad.

2. La niñez y la juventud disfrutan de particular protección por parte del Estado y la sociedad.

3. La familia, la escuela, los órganos estatales y las organizaciones sociales y de masas tienen el deber de prestar especial atención a la formación integral de la niñez y la juventud.

Capítulo V. Igualdad

Artículo 40. Todos los ciudadanos gozan de iguales derechos y están sujetos a iguales deberes.

Artículo 41.

1. La discriminación por motivo de raza, color, sexo u origen nacional está proscrita y es sancionada por la ley.

2. Las instituciones del Estado educan a todos, dede la más temprana edad, en el principio de la igualdad de los seres humanos.

Artículo 42. El Estado consagra el derecho conquistado por la Revolución de que los ciudadanos, sin distinción de raza, color u origen nacional:

–tienen acceso, según méritos y capacidades, a todos los cargos y empleos del Estado, de la Administración pública y de la producción y prestación de servicios;

–ascienden a todas las jerarquías de las fuerzas armadas revolucionarias y de la seguridad y orden interior, según méritos y capacidades;

–perciben salario igual por trabajo igual;

–disfrutan de la enseñanza en todas las instituciones docentes del país, desde la escuela primaria –hasta las universidades, que son las mismas para todos;
–reciben asistencia médica en todas las instalaciones hospitalarias;
–se domicilian en cualquier sector, zona o barrio de las ciudades y se alojan en cualquier hotel;
–son atendidos en todos los restaurantes y demás establecimientos de servicio público;
–usan, sin separaciones, los transportes marítimos, ferroviarios, aéreos y automotores;
–disfrutan de los mismos balnearios, playas, parques, círculos sociales y demás centros de cultura, deportes, recreación y descanso.

Artículo 43.

1. La mujer goza de iguales derechos que el hombre en lo económico, político, social y familiar.
2. Para garantizar el ejercicio de estos derechos y especialmente la incorporación de la mujer al trabajo social, el Estado atiende a que se le proporcionen puestos de trabajo compatibles con su condición física; le concede licencia retribuida por maternidad, antes y después del parto; organiza instituciones, tales como círculos infantiles, semi-internados e internados escolares, y se esfuerza por crear todas las condiciones que propician la realización del principio de igualdad.

Capítulo VI. Derechos, deberes y garantías fundamentales

Artículo 44.

1. El trabajo en la sociedad socialista es un derecho, un deber y un motivo de honor para cada ciudadano.
2. El trabajo es remunerado conforme a su calidad y cantidad; al proporcionarlo se atienen las exigencias de la economía y la sociedad, la elección del trabajador y su aptitud y calificación; lo garantiza el sistema económico socialista, que propicia el desarrollo económico y social, sin crisis, y que con ello ha eliminado el desempleo y borrado para siempre el paro estacional llamado «tiempo muerto».

3. Se reconoce el trabajo voluntario, no remunerado, realizado en beneficio de toda la sociedad, en las actividades industriales, agrícolas, técnicas, artísticas y de servicio, como formador de la conciencia comunista de nuestro pueblo.
4. Cada trabajador está en el deber de cumplir cabalmente las tareas que le corresponden en su empleo.

Artículo 45.

1. Todo el que trabaja tiene derecho al descanso, que se garantiza por la jornada laboral de ocho horas, el descanso semanal y las vacaciones anuales pagadas.
2. El Estado fomenta el desarrollo de instalaciones y planes vacacionales.

Artículo 46.

1. Mediante el sistema de seguridad social, el Estado garantiza la protección adecuada a todo trabajador impedido por su edad, invalidez o enfermedad.
2. En caso de muerte del trabajador garantiza similar protección a su familia.

Artículo 47. El Estado protege, mediante la asistencia social, a los ancianos sin recursos ni amparo y a cualquier persona no apta para trabajar que carezca de famialiares en condiciones de prestarle ayuda.

Artículo 48.

1. El Estado garantiza el derecho a la protección, seguridad e higiene del trabajo, mediante la adopción de medidas adecuadas para la prevención de accidentes y enfermedades profesionales.
2. El que sufre un accidente en el trabajo o contrae una enfermedad profesional tiene derecho a la atención médica y a subsidio o jubilación en los casos de incapacidad temporal o permanente para el trabajo.

Artículo 49. Todos tienen derecho a que se atienda y proteja su salud. El Estado garantiza este derecho:

–con la prestación de la asistencia médica y hospitalaria gratuita, mediante la red de instalaciones de servicio médico rural, de los policlínicos, hospitales, centros profilácticos y de tratamiento especializado;

–con la prestación de asistencia estomatológica gratuita;

–con el desarrollo de los planes de divulgación sanitaria y de educación para la salud, exámenes médicos periódicos, vacunación general y otras medidas preventivas de las enfermedades. En estos planes y actividades coopera toda la población a través de las organizaciones sociales y de masas.

Artículo 50.
1. Todos tienen derecho a la educación. Este derecho está garantizado por el amplio y gratuito sistema de escuelas, semi-internados, internados y becas, en todos los tipos y niveles de enseñanza, y por la gratuidad de l material escolar, lo que proporciona a cada niño o joven, cualquiera que sea la situación económica de su familia, la oportunidad de cursar estudios de acuerdo a sus aptitudes, las exigencias sociales y las necesidades del desarrollo económico-social.
2. Los hombres y mujeres adultos tienen asegurado este derecho, en las mismas condiciones de gratuidad y con facilidades específicas que la ley regula, mediante la educación de adultos, la enseñanza técnica y profesional, la capacitación laboral en empresas y organismos del Estado y los cursos de educación superior para los trabajadores.
Artículo 51.
1. Todos tienen derecho a la educación física, al deporte y a la recreación.
2. El disfrute de este derecho está garantizado por la inclusión de la enseñanza y práctica de la educación física y el deporte en los planes de estudio del sistema nacional de educación; y por la amplitud de la instrucción y los medios puestos a disposición del pueblo, que facilitan la práctica masiva del deporte y la recreación.
Artículo 52.
1. Se reconoce a los ciudadanos libertad de palabra y prensa conforme a los fines de la sociedad socialista. Las condiciones materiales para su ejercicio están dadas por el hecho de que la prensa, la radio, la televisión, e l cine y otros medios de difusión masiva son de propiedad estatal o social y no pueden ser objeto, en ningún caso, de propiedad privada, lo que asegura sus uso al servicio exclusivo del pueblo trabajador y del interés de la sociedad.
2. La ley regula el ejercicio de estas libertades.
Artículo 53. Los derechos de reunión, manifestación y asociación son ejercidos por los trabajadores manuales e intelectuales, los campesinos, las mujeres, los estudiantes y demás sectores del pueblo trabajador, para lo cual disponen de los medios necesarios a tales fines. Las organizaciones sociales y de masas disponen de todas las facilidades para el desenvolvimiento de dichas actividades en las que sus miembros gozan de la más amplia libertad

de palabra y opinión, basadas en el derecho irrestricto a la iniciativa y a la crítica.

Artículo 54.

1. El Estado socialista, que basa su actividad y educa al pueblo en la concepción científica materialista del universo, reconoce y garantiza la libertad de conciencia, el derecho de cada uno a profesar cualquier creencia religiosa y a practicar, dentro del respeto a la ley, el culto de su referencia.

2. La ley regula las actividades de las instituciones religiosas.

3. Es ilegal y punible oponer la fe o la creencia religiosa a la Revolución, a la educación o al cumplimiento de los deberes de trabajar, defender la patria con las armas, reverenciar sus símbolos y los demás deberes establecidos por la Constitución.

Artículo 55. El domicilio es inviolable. Nadie puede penetrar en el ajeno contra la voluntad del morador, salvo en los casos previstos por la ley.

Artículo 56.

1. La correspondencia es inviolable. Solo puede ser ocupada, abierta y examinada en los casos previstos por la ley. Se guardará secreto en los asuntos ajenos al hecho que motivare el examen.

2. El mismo principio se observará con respecto a las comunicaciones cablegráficas, telegráficas y telefónicas.

Artículo 57.

1. La libertad e inviolabilidad de su persona están garantizadas a todos los que residen en el territorio nacional.

2. Nadie puede ser detenido sino en los casos, en la forma y con las garantías que prescriben las leyes.

3. El detenido o preso es inviolable en su integridad personal.

Artículo 58.

1. Nadie puede ser encausado ni condenado sino por tribunal competente, en virtud de leyes anteriores al delito y con las formalidades y garantías que éstas establecen.

2. Todo encausado tiene derecho a la defensa.

3. No se ejercerá violencia ni coacción de clase alguna sobre las personas para forzarlas a declarar.

4. Es nula toda declaración obtenida con infracción de este precepto y los responsables incurrirán en las sanciones que fija la ley.

Artículo 59. La confiscación de bienes se aplica solo como sanción por las autoridades, en los casos y por los procedimientos que determina la ley.

Artículo 60. Las leyes penales tienen efecto retroactivo cuando sean favorables al encausado o sancionado. Las demás leyes no tienen efecto retroactivo a menos que en las mismas se disponga lo contrario por razón de interés social o utilidad pública.

Artículo 61. Ninguna de las libertades reconocidas a los ciudadanos puede ser ejercida contra lo establecido en la Constitución y las leyes, ni contra la existencia y fines del Estado socialista, ni contra la decisión del pueblo cubano de construir el socialismo y el comunismo. La infracción de este principio es punible.

Artículo 62. Todo ciudadano tiene derecho a dirigir quejas y peticiones a las autoridades y a recibir la atención o respuestas pertinentes y en el plazo adecuado, conforme a ley.

Artículo 63. Es deber de cada uno cuidar la propiedad pública y social, acatar la disciplina del trabajo, respetar los derechos de los demás, observar las normas de la convicenia socialista y cumplir los deberes cívicos y sociales.

Artículo 64.

1. La defensa de la patria socialista es el más grande honor y el deber supremo de cada cubano.
2. La ley regula el servicio militar que los cubanos deben prestar.
3. La traición a la patria es el más grave de los crímenes; quien la comete está sujeto a las más severas sanciones.

Artículo 65. El cumplimiento estricto de la Constitución y de las leyes es deber inexcusable de todos.

Capítulo VII. Principios de organización y funcionamiento de los órganos estatales

Artículo 66. Los órganos del Estado se integran, funcionan y desarrollan su actividad sobre la base de los principios de la democracia socialista, la unidad de poder y el centralismo democrático, los cuales se manifiestan en las formas siguientes:

a) todos los órganos de poder del Estado, sus órganos ejecutivos y todos los tribunales, son electivos y renovable periódicamente;
b) las masas populares controlan la actividad de los órganos estatales, de los diputados, de los delegados y de los funcionarios;
c) los elegidos tienen el deber de rendir cuenta de su actuación ante sus electores y éstos tienen derecho a revocarlos cuando no justifican la confianza puesta en ellos;
ch) cada órgano estatal desarrolla ampliamente, dentro del marco de su competencia, la iniciativa encaminada al aprovechamiento de los recursos y posibilidades locales y a la incorporación de las organizaciones sociales y de masas a su actividad;
d) las disposiciones de los órganos estatales superiores son obligatorias para los inferiores;
e) los órganos estatales inferiores responden ante los superiores y les rinden cuenta de su gestión;
f) en la actividad de los órganos ejecutivos y administrativos locales rige un sistema de doble subordinación: subordinación al órgano del Poder Popular correspondiente a su instancia y subordinación a la instancia superior que atiende las tareas admministrativas que el órgano local tiene a su cargo;
g) la libertad de discusión, el ejercicio de la crítica y autocrítica y la subordinación de la minoría a la mayoría, rigen en todos los órganos estatales colegiados.

Capítulo VIII. Órganos supremos del Poder Popular

Artículo 67. La Asamblea Nacional del Poder Popular es el órgano supremo del poder del Estado. Representa y expresa la voluntad soberana de todo el pueblo trabajador.

Artículo 68. La Asamblea Nacional del Poder Popular es el único órgano con potestad constituyente y legislativa en la República.

Artículo 69. La Asamblea Nacional del Poder Popular se compone de diputados elegidos por las Asambleas Municipales del Poder Popular en la forma y en la proporción que determina la ley.

Artículo 70.

1. La Asamblea Nacional del Poder Popular es elegida por un término de cinco años.
2. Este término solo podrá extenderse por acuerdo de la propia Asamblea en caso de guerra o a virtud de otras circunstancias excepcionales que impida la celebración normal de las elecciones y mientras subsistan tales circunstancias.
Artículo 71.
1. Treinta días después de elegidos todos los diputados a la Asamblea Nacional del Poder Popular, ésta se reúne por derecho propio, bajo la presidencia del diputado de más edad y asistido, como secretarios, por los dos diputados más jóvenes.
2. En esta sesión se verifica la validez de la elección de los diputados, y éstos prestan juramento y eligen al Presidente, al Vicepresidente y al Secretario de la Asamblea Nacional del Poder Popular, los que toman posesión de inmediato de sus cargos.
3. A continuación, la Asamblea procede a elegir al Consejo de Estado.
Artículo 72.
1. La Asamblea Nacional del Poder Popular elige, de entre sus diputados, al Consejo de Estado, integrado por un Presidente, un Primer Vicepresidente, cinco Vicepresidentes, un Secretario y veintitrés miembros más.
2. El Presidente del Consejo de Estado es jefe de Estado y jefe de Gobierno.
3. El Consejo de Estado es responsable ante la Asamblea Nacional del Poder Popular y le rinde cuanta de todas sus actividades.
Artículo 73. Son atribuciones de la Asamblea Nacional del Poder Popular:
a) acordar reformas de la Constitución conforme a lo establecido en el artículo 141;
b) aprobar, modificar o derogar las leyes y someterlas previamente a la consulta popular cuando lo estime procedente en atención a la índole de la legislación de que se trate;
c) decidir acerca de la constitucionalidad de las leyes, decretos-leyes, decretos y demás disposiciones generales;
ch) revocar en todo o en parte los decretos-leyes que haya dictado el Consejo de Estado;
d) discutir y aprobar los planes nacionales de desarrollo económico y social;

e) discutir y aprobar el presupuesto del Estado;
f) aprobar los principios del sistema de planificación y de dirección de de la economía nacional;
g) acordar el sistema monetario y crediticio;
h) aprobar los lineamientos generales de la política exterior e interior;
i) declarar el estado de guerra en caso de agresión militar y aprobar los tratados de paz;
j) establecer y modificar la división político-administrativa del país conforme a lo establecido en el artículo 100;
k) elegir al Presidente, al Vicepresidente y al Secretario de la Asamblea Nacional;
l) elegir al Presidente, al Primer Vicepresidente, a los Vicepresidentes y a los demás miembros del Consejo de Estado;
ll) designar, a propuesta del Presidente del Consejo de Estado, al Primer Vicepresidente, a los Vicepresidentes y demás miembros del Consejo de Ministros;
m) elegir al Presidente, al Vicepresidente y a los demás jueces del Tribunal Supremo Popular;
n) elegir al Fiscal General y a los Vicefiscales generales de la República;
ñ) nombrar comisiones permanentes y temporales;
o) revocar la elección o designación de las personas elegidas o designadas por ella;
p) ejercer la más alta fiscalización sobre los órganos del Estado y del Gobierno;
q) conocer, evaluar y adoptar las decisiones pertinentes sobre los informes de rendición de cuenta que le presenten el Consejo de Estado, el Consejo de Ministros, el Tribunal Supremo Popular, la Fiscalía General de la República y las Asambleas Provinciales del Poder Popular;
r) revocar los decretos-leyes del Consejo de Estado y los decretos o disposiciones del Consejo de Ministros que contradigan la Constitución o las leyes;
s) revocar o modificar los acuerdos o disposiciones de los órganos locales del Poder Popular que violen la Constitución, las leyes, los decretos-leyes, decretos y demás disposiciones dictadas por un órgano de superior jerar-

quía a los mismos; o los que afecten los intereses de otras localidades o los generales del país;

t) conceder amnistías;

u) disponer la convocatoria de referendos en los casos previstos en la Constitución y en otros que la propia Asamblea considere procedentes;

v) acordar su reglamento;

w) las demás que le confiere esta Constitución.

Artículo 74. Las leyes y acuerdos de la Asamblea Nacional del Poder Popular, salvo cuando se refieran a la reforma de la Constitución, se adoptan por simple mayoría de votos.

Artículo 75.

1. La leyes aprobadas por la Asamblea Nacional del Poder Popular entran en vigor en la fecha que en cada caso determine la propia ley.

2. La leyes, decretos leyes, decretos y resoluciones, reglamentos y demás disposiciones generales de los órganos nacionales del Estado, se publican en la Gaceta Oficial de la República.

Artículo 76. La Asamblea Nacional del Poder Popular se reúne en dos períodos ordinarios de sesiones al año y en sesión extraordinaria cuando lo solicite la tercera parte de sus miembros o la convoque el Consejo de Estado.

Artículo 77. Para que la Asamblea Nacional del Poder Popular pueda celebrar sesión se requiere la presencia de más de la mitad del número total de los diputados que la integran.

Artículo 78. Las sesiones de la Asamblea Nacional del Poder Popular son públicas, excepto en el caso en que la propia Asamblea acuerde celebrarlas a puertas cerradas por razón de interés del Estado.

Artículo 79. Son atribuciones del Presidente de la Asamblea Nacional del Poder Popular:

a) presidir las sesiones de la Asamblea Nacional y velar por la aplicación de su reglamento;

b) convocar las sesiones ordinarias de la Asamblea Nacional;

c) proponer el proyecto de orden del día de las sesiones de la Asamblea Nacional;

ch) firmar y disponer la publicación en la Gaceta Oficial de la República de las leyes y acuerdos adoptados por la Asamblea Nacional;

d) organizar las relaciones internacionales de la Asamblea Nacional;
e) dirigir y organizar la labor de las comisiones de trabajo permanentes y temporales que sean creadas por la Asamblea Nacional;
f) asistir a las reuniones del Consejo de Estado;
g) las demás que por esta Constitución o la Asamblea Nacional del Poder Popular se le atribuyan.

Artículo 80.

1. La condición de diputado no entraña privilegios personales ni beneficios económicos.
2. Los diputados a la Asamblea Nacional del Poder Popular coordinarán sus funciones como tales con sus responsabilidades y tareas habituales.
3. En la medida en que lo exija su labor como diputados, disfrutarán de licencia sin sueldo y recibirán una dieta equivalente a su salario y a los gastos adicionales en que incurran con motivo del ejercicio de su cargo.

Artículo 81. Ningún diputado a la Asamblea Nacional del Poder Popular puede ser detenido ni sometido a proceso penal sin autorización de la Asamblea, o del Consejo de Estado si no está reunida aquella, salvo en caso de delito flagrante.

Artículo 82.

1. Los diputados a la Asamblea Nacional del Poder Popular tienen el deber de desarrollar sus labores en beneficio de los intereses del pueblo, mantener contacto con sus electores, oír sus quejas, sugerencias y críticas, explicarles la política del Estado y rendirles, periódicamente, cuenta del cumplimiento de sus funciones.
2. Asimismo, los diputados están obligados a rendir cuenta de su actuación a la Asamblea cuando ésta lo reclame.

Artículo 83. Los diputados a la Asamblea Nacional del Poder Popular pueden ser revocados en todo tiempo por sus electores, en la forma y por el procedimiento establecido en la ley.

Artículo 84. Los diputados a la Asamblea Nacional del Poder Popular tienen el derecho de hacer preguntas al Consejo de Estado, al Consejo de Ministros o los miembros de uno y otro, y a que éstas les sean respondidas en la curso de la misma sesión o en la próxima.

Artículo 85. Todos los órganos y empresas estatales están obligados a prestar a los diputados la colaboración necesaria para el cumplimiento de sus deberes.

Artículo 86. La iniciativa de las leyes compete:

a) a los diputados de la Asamblea Nacional del Poder Popular;

b) al Consejo de Estado;

c) al Consejo de Ministros;

ch) a las comisiones de la Asamblea Nacional del Poder Popular;

d) al Comité Nacional de la Central de Trabajadores de Cuba y a las direcciones Nacionales de las demás organizaciones sociales y de masas;

e) al Tribunal Supremo Popular, en materia relativa a la administración de justicia;

f) a la Fiscalía General de la República, en materia de su competencia;

g) a los ciudadanos. En este caso será requisito indispensable que ejerciten la iniciativa diez mil ciudadanos, por lo menos, que tengan condición de electores.

Artículo 87.

1. El Consejo de Estado es el órgano de la Asamblea Nacional del Poder Popular que la representa entre uno y otro período de sesiones, ejecuta los acuerdos de ésta y cumple las demás funciones que la Constitución le atribuye.

2. Tiene carácter colegiado y, a los fines nacionales e internacionales, ostenta la suprema representación del Estado cubano.

Artículo 88. Son atribuciones del Consejo de Estado:

a) disponer la celebración de sesiones extraordinarias de la Asamblea Nacional del Poder Popular;

b) acordar la fecha de las elecciones para la renovación periódica de la Asamblea Nacional del Poder Popular;

c) dictar decretos-leyes, entre uno y otro período de sesiones de la Asamblea Nacional del Poder Popular;

ch) dar a las leyes vigentes, en caso necesario, una interpretación general y obligatoria;

d) ejercer la iniciativa legislativa;

e) disponer lo pertinente para realizar los referendos que acuerde la Asamblea Nacional del Poder Popular;

f) decretar la movilización general cuando la defensa del país lo exija y asumir las facultades de declarar la guerra en caso de agresión o concertar la paz, que la Constitución asigna a la Asamblea Nacional del Poder Popu lar, cuando ésta se halle en receso y no pueda ser convocada con la seguridad y urgencia necesarias;

g) sustituir, a propuesta de su Presidente, a los miembros del Consejo de Ministros entre uno y otro período de sesiones de la Asamblea Nacional del Poder Popular;

h) impartir instrucciones de carácter general a los tribunales a través del Consejo de Gobierno del Tribunal Supremo Popular;

i) impartir instrucciones a la Fiscalía General de la República;

j) designar y remover, a propuesta de su Presidente, a los representantes diplomáticos de Cuba ante otros Estados;

k) otorgar condecoraciones y títulos honoríficos;

l) nombrar comisiones;

ll) conceder indultos;

m) ratificar y denunciar tratados internacionales;

n) otorgar o negar el beneplácito a los representates diplomáticos de otros Estados;

ñ) suspender las disposiciones del Consejo de Ministros y los acuerdos y disposiciones de las Asambleas Locales del Poder Popular que no se ajusten a la Constitución o a las leyes, o cuando afecten los intereses de otras localidades o los generales del país, dando cuenta a la Asamblea Nacional del Poder Popular en la primera sesión que celebre después de acordada dicha suspensión;

o) revocar los acuerdos y disposiciones de las Comités Ejecutivos de los órganos locales del Poder Popular que contravengan la Consitución, las leyes, los decretos-leyes, los decretos y demás disposiciones dictadas por un órgano de superior jerarquía a los mismos, o cuando afecten los intereses de otras localidades o los generales del país;

p) aprobar su reglamento;

q) las demás que le confieran la Constitución y las leyes o le encomiende la Asamblea Nacional del Poder Popular.

Artículo 89. Todas las decisiones del Consejo de Estado son adoptadas por el voto favorable de la mayoría simple de sus integrantes.

Artículo 90. El mandato confiado al Consejo de Estado por la Asamblea Nacional del Poder Popular expira al constituírse una nueva Asamblea a virtud de las renovaciones periódicas de ésta.

Artículo 91. Las atribuciones del Presidente del Consejo de Estado y Jefe del Gobierno son las siguientes:

a) representar al Estado y al Gobierno y dirigir su política general;

b) organizar y dirigir las actividades y convocar y presidir las sesiones del Consejo de Estado y las del Consejo de Ministros;

c) controlar y atender al desenvolvimiento de las actividades de los Ministerios y demás organismos centrales de la Administración;

ch) asumir la dirección de cualquier Ministerio u organismo central de la Administración;

d) proponer a la Asamblea Nacional del Poder Popular, una vez elegido por ésta, los miembros del Consejo de Ministros;

e) aceptar las renuncias de los miembros del Consejo de Ministros, o bien proponer a la Asamblea Nacional del Poder Popular o al Consejo de Estado, según proceda, la sustitución de cualquiera de ellos y, en ambos casos, los sustitutos correspondientes;

f) recibir las cartas credenciales de los jefes de las misiones diplomáticas extranjeras. Esta función podrá ser delegada en cualquiera de los Vicepresidentes del Consejo de Estado;

g) desempeñar la Jefatura Suprema de las Fuerzas Armadas Revolucionarias;

h) firmar los decretos-leyes y otros acuerdos del Consejo de Estado y ordenar su publicación en la Gaceta Oficial de la República;

i) las demás que por esta Constitución o la Asamblea se le atribuyan.

Artículo 92. En caso de ausencia, enfermedad o muerte del Presidente del Consejo de Estado lo sustituye en sus funciones del Primer Vicepresidente.

Artículo 93.

1. El Consejo de Ministros es el máximo órgano ejecutivo y administrativo y constituye el Gobierno de la República.

2. El número, denominación y funciones de los Ministerios y organismos centrales que forman parte del Consejo de Ministros es determinado por ley.

Artículo 94. El Consejo de Ministros está integrado por el Jefe de Estado y de Gobierno, que es su Presidente, el Primer Vicepresidente, los Vicepresidentes, el presidente de la Junta Central de Planificación, los Ministros, el Secretario y los demás miembros que determine la ley.

Artículo 95.

1. El Presidente, el Primer Vicepresidente y los Vicepresidentes del Consejo de Ministros integran su Comité Ejecutivo.

2. Los integrantes del Comité Ejecutivo controlan y coordinan por sectores la labor de los Ministerios y organismos centrales.

3. Cuando la urgencia del caso lo requiera, el Comité Ejecutivo puede decidir sobre las cuestiones atribuidas al Consejo de Ministros.

Artículo 96. Son atribuciones del Consejo de Ministros:

a) organizar y dirigir la ejecución de las actividades políticas, económicas, culturales, científicas, sociales y de defensa acordadas por la Asamblea Nacional del Poder Popular;

b) proponer los proyectos de planes generales de desarrollo económico-social del Estado y, una vez aprobados por la Asamblea Nacional del Poder Popular, organizar, dirigir y controlar su ejecución;

c) dirigir la política exterior de la República y las relaciones con otros gobiernos;

ch) aprobar tratados internacionales y someterlos a la ratificación del Consejo de Estado;

d) dirigir y controlar el comercio exterior;

e) elaborar el proyecto de presupuesto del Estado y una vez aprobado por la Asamblea Nacional del Poder Popular, velar por su ejecución;

f) adoptar medidas para fortalecer el sistema monetario y crediticio;

g) elaborar proyectos legislativos y someterlos a la consideración de la Asamblea Nacional del Poder Popular o del Consejo de Estado, según proceda;

h) proveer a la defensa nacional, al mantenimiento del orden y la seguridad interiores, a la protección de los derechos ciudadanos, así como a la salvaguarda de vidas y bienes en caso de desastres naturales;

i) dirigir la administración del Estado, unificando, coordinando y fiscalizando la actividad de los Ministerios y demás organismos centrales de la Administración;
j) ejecutar las leyes y acuerdos de la Asamblea Nacional del Poder Popular, así como los decretos-leyes y disposiciones del Consejo de Estado y, en caso necesario, dictar los reglamentos correspondientes;
k) dictar decretos y disposiciones sobre la base y cumplimiento de las leyes vigentes y controlar su ejecución;
l) conceder asilo territorial;
ll) determinar la organización general de las Fuerzas Armadas Revolucionarias;
m) ejercer la dirección y fiscalización metodológica y técnica de las funciones administrativa de los órganos locales del Poder Popular, a través de los Ministerios y organismos centrales correspondientes;
n) revocar o dejar sin efecto las disposiciones de Ministros, jefes de organismos centrales de la Administración y directores administrativos de los órganos locales del Poder Popular cuando contravengan las normas superiores que les sean de obligatorio cumplimiento;
ñ) proponer a la Asamblea Nacional del Poder Popular la revocación o al Consejo de Estado, la suspensión, de los acuerdos y disposiciones de las Asambleas de los órganos locales del Poder Popular que contravengan las leyes y demás disposiciones vigentes o que afecten los intereses de otras comunidades o los generales del país;
o) crear las comisiones que estime necesarias para facilitar el cumplimiento de las tareas que le están asignadas;
p) designar y remover funcionarios de acuerdo con las facultades que le confiere la ley;
q) realizar cualquier otra función que le encomiende la Asamblea Nacional del Poder Popular o el Consejo de Estado.

Artículo 97. El Consejo de Ministros es responsable y rinde cuenta, periódicamente, de todas sus actividades ante la Asamblea Nacional del Poder Popular.

Artículo 98. Son atribuciones de los miembros del Consejo de Ministros:
a) dirigir los asuntos y tareas del Ministerio u organización a su cargo, dictando las resoluciones y disposiciones necesarias para este fin;

b) dictar, cuando no sea atribución expresa de otro órgano estatal, los reglamentos que se requieran para la ejecución y aplicación de las leyes y decretos-leyes que les conciernen;
c) asistir a las sesiones del Consejo de Ministros, con voz y voto, y presentar a éste proyectos de leyes, decretos-leyes, decretos, resoluciones, acuerdos o cualquier otra proposición que estimen conveniente;
ch) nombrar conforme a la ley, los funcionarios que les corresponden;
d) cualquier otra que le atribuyan la Constitución y las leyes.

Artículo 99. El Secretario General de la Central de Trabajadores de Cuba tiene dercho a participar de las sesiones del Consejo de Ministros y de su Comité Ejecutivo.

Capítulo IX. Órganos locales del Poder Popular

Artículo 100.

1. El territorio nacional, para los fines político-administrativos, se divide en provincias y municipios; el número, los límites y la denominación de los cuales establece la ley.
2. La ley puede establecer, además, otras divisiones.

Artículo 101. Las Asambleas de Delegados del Poder Popular constituidas en las demarcaciones político-administrativas, en que, conforme a ley, se divide el territorio nacional, son los órganos superiores locales del Poder del Estad o.

Artículo 102.

1. Las Asambleas de Delegados del Poder Popular están investidas de la más alta autoridad para el ejercicio de las funciones estatales en sus demarcaciones respectivas. Para ello, en cuanto les concierne, ejercen gobierno y, a través de los órganos que constituyen, dirigen entidades económicas, de producción y de servicios que les están directamente subordinadas y desarrollan las actividades requeridas para satisfacer necesidades asistenciales, económicas, culturales, educacionales y recreativas de la colectividad del territorio a que se extiende la jurisdicción de cada una.
2. Ayudan, además, al desarrollo de las actividades y al cumplimiento de los planes de las unidades establecidas en su territorio que no les están subordinadas.

Artículo 103. Para el ejercicio de sus funciones, las Asambleas Locales del Poder Popular se apoyan en la iniciativa y amplia participación de la población y actúan en estrecha coordinación con las organizaciones sociales y de mases.

Artículo 104. Los órganos locales del Poder Popular, en la medida que les corresponde y conforme a la ley, participan en la elaboración y posterior ejecución y control del Plan Único de Desarrollo Económico-Social que adopta el Estado.

Artículo 105. Dentro de los límites de su competencia, las Asambleas Provinciales y Municipales del Poder Popular:

a) Cumplen y hacen cumplir las leyes y disposiciones de carácter general que emanen de los órganos superiores del Estado;

b) adoptan acuerdos y dictan disposiciones;

c) revocan, suspenden o modifican, según los casos, los acuerdos y disposiciones de los órganos subordinados a ellas, que infrinjan la Constitución, las leyes, los decretos-leyes, los decretos, los reglamentos o las resolución es dictadas por los órganos superiores del Poder del Estado, o que afecten los intereses de otras comunidades, o los generales del país;

ch) elijen a su Comité Ejecutivo y determinan la organización, funcionamiento y tareas de éste conforme a la ley;

d) revocan el mandato de los miembros de los respectivos Comités Ejecutivos;

e) determinan la organización, funcionamiento y tareas de las direcciones administrativas por ramas de actividades económico-sociales;

f) designan, sustituyen y destituyen a los jefes de sus direcciones administrativas;

g) forman y disuelven comisiones de trabajo;

h) eligen y revocan, conforme a lo dispuesto en la ley, a los jueces de los Tribunales Populares de sus demarcaciones respectivas;

i) conocen y evalúan los informes de rendición de cuenta que les presentan sus Comités Ejecutivos, los órganos judiciales y las asambleas de jerarquía inmediata inferior y adoptan las decisiones pertinentes sobre ellos;

k) trabajan por el fortalecimiento de la legalidad socialista, el mantenimiento del orden interior y el reforzamiento de la capacidad defensiva del país;

l) ejercen las demás atribuciones que la Constitución y las leyes les asignan.

Artículo 106.

1. El segundo domingo siguiente a la elección de todos los delegados a la Asamblea Municipal del Poder Popular, ésta se reúne por derecho propio bajo la presidencia del delegado de más edad para la verificación de la validez de la elección de los delegados, y una vez hecha esta verificación, elige al Comité Ejecutivo y a los delegados a las Asambleas provinciales. En esta sesión actúan como secretarios los dos delegados más jóvenes.

2. Las demás Asambleas locales se constituyen, en la misma forma, en la oportunidad que señala la ley.

Artículo 107. Las sesiones ordinarias y extraordinarias de las Asambleas Locales del Poder Popular se celebran ante el pueblo. Solo cuando se trate en ellas de asuntos referidos a secretos de Estado o al decoro de las personas podrá la Asamblea acordar celebrarlas a puertas cerradas.

Artículo 108. En las sesiones de las Asambleas Locales del Poder Popular se requiere para su validez la presencia de más de la mitad del número total de sus integrantes. Sus acuerdos se adoptan por mayoría simple de votos.

Artículo 109. Las direcciones administrativas están subordinadas a su respectiva Asamblea, al Comité Ejecutivo de ésta y al órgano de jerarquía superior de la rama administrativa correspondiente.

Artículo 110.

1. Las comisiones permanentes de trabajo organizadas por ramas de producción y de los servicios o por esfera de actividades, auxilian a las Asambleas y su Comités Ejecutivos en sus respectivas actividades y en el control de las direcciones administrativas y de las empresas locales.

2. Las comisiones de carácter temporal cumplen las tareas específicas que les son asignadas dentro del término que se les señale.

Artículo 111.

1. Las Asambleas se renovarán periódicamente, cada dos años y medio, que es el término de duración del mandato de los delegados.

2. Este término solo podrá extenderse por decisión de la Asamblea Nacional del Poder Popular, en los casos señalados en el artículo 70.

Artículo 112. El mandato de los delegados es revocable únicamente por sus electores, los que pueden ejercer esta facultad en cualquier momento, mediante el procedimiento que la ley establece. Ésta determina, asimismo, los casos y el procedimiento para sustituir a los delegados cuando estén impedidos de desempañar sus funciones.

Artículo 113. Los delegados cumplen el mandato que les han conferido sus electores en interés de toda la comunidad y están obligados a:

a) dar a conocer a la Asamblea las opiniones, necesidades y dificultades que les transmitan sus electores;

b) informar a éstos sobre la política que sigue la Asamblea y las medidas adoptadas para la solución de las necesidades planteadas por la población o las dificultades que se presenten para resolverlas;

c) rendir cuenta, periódicamente, de gestión personal a sus electores y a la Asamblea a que pertenezcan.

Artículo 114.

1. El Comité Ejecutivo es el órgano colegiado elegido por las Asambleas Provinciales y Municipales del Poder Popular para que cumplan las funciones que la Constitución y las leyes le atribuyen y las tareas que las Asambleas le encomiendan.

2. El Comité Ejecutivo está integrado por los miembros que determina la ley. Estos eligen, con la ratificación de la Asamblea, un Presidente, un Vicepresidente y un Secretario que, a su vez, lo son de la propia Asamblea.

Artículo 115. La elección de los miembros de los Comités Ejecutivos de las Asambleas Municipales y Provinciales debe recaer en delegados de la propia Asamblea.

Artículo 116. Son atribuciones de los Comités Ejecutivos:

a) convocar las sesiones ordinarias y extraordinarias de la Asamblea;

b) publicar y ejecutar los acuerdos adoptados por la Asamblea;

c) suspender la ejecución de cualquier disposición emanada de las Asambleas Locales del Poder Popular de jerarquía inmediatamente inferior, cuando viole la Constitución, las leyes u otras disposiciones dictadas por los órganos superiores del Poder del Estado, o que afecte los intereses de otras comunidades, o los generales del país;

ch) revocar en los mismos casos a que se refiere el inciso anterior, las disposiciones, acuerdos y resoluciones de los Comités Ejecutivos de las Asambleas Locales del Poder Popular de jerarquía inmediatamente inferior

en los períodos en que no se halle reunida la Asamblea a que pertenezca el mismo;
d) conocer, evaluar y adoptar las decisiones pertinentes sobre los informes de rendición de cuenta que les presenten los respectivos Comités Ejecutivos de la jerarquía inmediata inferior;
e) dirigir y controlar las direcciones administrativas y las empresas locales;
f) designar y sustituir funcionarios de las direcciones administrativas y de las empresas locales;
g) adoptar las medidas pertinentes para ayudar al desarrollo de las actividades y al complimiento de los planes de las unidades establecidas en el territorio en el territorio de la respectiva Asamblea y que no están subordinadas a ésta;
h) suspender y sustituir provisionalmente a los jefes de las direcciones administrativas y empresas locales, dando cuenta a la Asamblea para que ratifique o modifique la decisión.

Artículo 117.

1. Los períodos comprendidos entre las sesiones de la Asamblea, el Comité Ejecutivo asume las funciones de ésta señaladas en los incisos a), b), g), j) y k) del artículo 105.
2. Los acuerdos y disposiciones de carácter general que adopte el Comité Ejecutivo en el ejercicio de dichas facultades, deben ser ratificados, modificados o dejados sin efecto, expresamente, por la Asamblea, en la primera sesión que posteriormente celebre.

Artículo 118. El Comité Ejecutivo rinde cuenta, periódicamente, de su actividad a la respectiva Asamblea y al Comité Ejecutivo de jerarquía inmediata superior.

Artículo 119. El mandato confiado a los Comités Ejecutivos cesa al constituirse las nuevas Asambleas Provinciales y Municipales del Poder Popular, respectivamente.

Artículo 120.

1. Son atribuciones propias del Presidente de cada Comité Ejecutivo:
a) convocar y presidir las sesiones de la Asamblea respectiva;
b) velar por la aplicación del Reglamento de la Asamblea;
c) convocar y presidir la reuniones del Comité Ejecutivo:

ch) organizar la actividad del Comité Ejecutivo.
2. El Presidente del Comité Ejecutivo puede delegar en el Vicepresidente alguna de las funciones que le están atribuidas.

Capítulo X. Tribunales y Fiscalía

Artículo 121.
1. La función de impartir justicia dimana del pueblo y es ejercida a nombre de éste por el Tribunal Supremo Popular y los demás tribunales que la ley instituye.
2. La jurisdicción y competencia de los tribunales en sus distintos grados, se ajustará a la división político-administrativa del país y a las necesidades de la función judicial.
3. La ley regula la organización de los tribunales; sus facultades y el modo de ejercerlas; los requisitos que deben reunir los jueces; la forma de elección de éstos; el tiempo de duración en los respectivos cargos; y e l procedimiento para la revocación.
Artículo 122. Los tribunales constituyen un sistema de órganos estatales, estructurados con independencia funcional de cualquier otro, y solo subordinados, jerárquicamente, a la Asamblea Nacional del Poder Popular y al Consejo de Estado.
Artículo 123. La actividad de los tribunales tiene como principales objetivos:
a) mantener y reforzar la legalidad socialista;
b) salvaguardar el régimen económico, social y político establecido en esta Constitución;
c) proteger la propiedad socialista, la personal de los ciudadanos y las demás que esta Constitución reconoce;
ch) amparar los derechos e intereses legítimos de los organismos estatales, y de las entidades económicas, sociales y de masas;
d) amparar la vida, la libertad, la dignidad, el honor, el patrimonio, las relaciones familiares y demás derechos e intereses legítimos de los ciudadanos;
e) prevenir las violaciones de la ley y las conductas antisociales, reprimir y reeducar a los que incurran en ellas y restablecer el imperio de las normas legales cuando se reclame contra su infracción;

f) elevar la conciencia jurídica social en el sentido del estricto cumplimiento de la ley, formulando en sus decisiones los pronunciamientos oportunos para educar a los ciudadanos en la observancia consciente y voluntaria de sus deberes de leal tad a la patria, a la causa del socialismo y a las normas de convivencia socialistas.

Artículo 124.

1. El Tribunal Supremo Popular ejercer máxima autoridad judicial y sus decisiones en este orden son definitivas.

2. A través de su Consejo de Gobierno ejerce la iniciativa legislativa y la potestad reglamentaria; toma decisiones y dicta normas de obligado cumplimiento por todos los tribunales populares y, sobre la base de la experiencia de éstos, imparte instrucciones de carácter obligatorio para establecer una práctica judicial uniforme en la interpretación y aplicación de la ley.

Artículo 125. Los jueces, en función de impartir justicia, son independientes y no deben obediencia más que a la ley.

Artículo 126. Los fallos y demás resoluciones firmes de los tribunales, dictados dentro de los límites de su competencia, son de ineludible cumplimiento por los organismos estatales, las entidades económicas y sociales y los ciudad anos, tanto por los directamente afectados por ellos, como por los que no teniendo interés directo en su ejecución vengan obligados a intervenir en la misma.

Artículo 127.

1. Todos los tribunales funcionan en forma colegiada.

2. En la actividad de impartir justicia participan, con iguales deberes y derechos, jueces profesionales y jueces legos.

3. El desempeño de las funciones judiciales encomendadas al juez lego, dada la importancia social de las mismas, deben tener prioridad.

Artículo 128. Los tribunales rinden cuenta de su gestión ante la Asamblea que los eligió, por lo menos una vez al año.

Artículo 129. La facultad de revocación de los jueces corresponde al órgano que los elige.

Artículo 130.

1. Corresponde a la Fiscalía General de la República, como objetivo primordial, el control de la legalidad socialista sobre la base de la vigilancia del

estricto cumplimiento de la ley y demás disposiciones legales, por los organismos del Estado, entidades económicas y sociales, y por los ciudadanos.
2. La ley determina la forma, extensión y oportunidad en que la Fiscalía ejerce las facultades al objeto expresado.

Artículo 131.

1. La Fiscalía General de la República constituye una unidad orgánica subordinada únicamente a la Asamblea Nacional del Poder Popular y al Consejo de Estado.
2. Al Fiscal General de la República recibe instrucciones directas del Consejo de Estado.
3. Al Fiscal General de la República corresponde la dirección y reglamentación de la actividad de la Fiscalía en todo el territorio nacional.
4. El Fiscal General de la República es miembro del Consejo de Gobierno del Tribunal Supremo Popular.
5. Los órganos de la Fiscalía están organizados verticalmente en toda la nación, están subordinados solo a la Fiscalía General de la República y son independientes de todo órgano local.

Artículo 132. El Fiscal General de la República y los vicefiscales generales son elegidos y pueden ser revocados por la Asamblea Nacional del Poder Popular. La ley fija el término de la elección.

Artículo 133. El Fiscal General de la República rinde cuenta de su gestión a la Asamblea Nacional del Poder Popular por lo menos una vez al año.

Capítulo XI. Sistema electoral

Artículo 134. En toda elección y en los referendos, el voto es libre, igual y secreto. Cada elector tiene derecho a un solo voto.

Artículo 135. Tienen derecho al voto todos los cubanos, hombres y mujeres, mayores de dieciséis años de edad, excepto:

a) los incapacitados mentales, previa declaración judicial de su incapacidad;
b) los inhabilitados judicialmente por causa de delito.

Artículo 136.

1. Tienen derecho a ser elegidos los ciudadanos cubanos, hombres y mujeres, que se hallen en el pleno goce de sus derechos políticos.

2. Si la elección es para diputados a la Asamblea Nacional del Poder Popular, deben, además, ser mayores de dieciocho años de edad.

Artículo 137. Los miembros de las Fuerzas Armadas Revolucionarias y demás institutos armados tienen derecho a elegir y ser elegidos, igual que los demás ciudadanos.

Artículo 138.

1. La ley determina el número de delegados que deben integrar cada una de las Asambleas en proporción al número de habitantes de las respectivas demarcaciones político-administrativas en que se divide el territorio nacional; y regula, asimismo, el procedimiento y la forma de la elección.
2. Los delegados a las Asambleas Municipales se eligen por circunscripciones electorales previamente determinadas.

Artículo 139. Las Asambleas Municipales eligen, a través del voto secreto, a los delegados a las Asambleas Provinciales del Poder Popular.

Artículo 140.

1. Para que se considere elegido un delegado es necesario que haya obtenido más de la mitad del número de votos emitidos en la circunscripción electoral de que se trate.
2. De no concurrir esta circunstancia, la ley regula la forma de proceder a la celebración de nuevas elecciones para decidir, entre los que hayan obtenido mayor votación, cual de ellos resulta electo.

Capítulo XII. Reforma constitucional

Artículo 141.

1. Esta Constitución solo puede ser reformada, total o parcialmente, por la Asamblea Nacional del Poder Popular mediante acuerdo adoptado, en votación nominal, por una mayoría no inferior a las dos terceras partes del número total de sus integrantes.
2. Si la reforma es total o se refiere a la integración y facultades de la Asamblea Nacional del Poder Popular o de su Consejo de Estado o a derechos y deberes consagrados en la Constitución, requiere, además, la ratificación por el voto favorable de la mayoría de los ciudadanos con derecho electoral, en referendo convocado al efecto por la propia Asamblea.

Constitución de la República de Cuba Reformada en 1992

Preámbulo

NOSOTROS, CIUDADANOS CUBANOS, herederos y continuadores del trabajo creador y de las tradiciones de combatividad, firmeza, heroísmo y sacrificio forjadas por nuestros antecesores; por los aborígenes que prefirieron muchas veces el exterminio a la sumisión; por los esclavos que se rebelaron contra sus amos; por los que despertaron la conciencia nacional y el ansia cubana de patria y libertad; por los patriotas que en 1868 iniciaron las guerras de independencia contra el colonialismo español y los que en el último impulso de 1895 las llevaron a la victoria de 1898, que les fuera arrebatada por la intervención y ocupación militar del imperialismo yanqui; por los obreros, campesinos, estudiantes e intelectuales que lucharon durante más de cincuenta años contra el dominio imperialista, la corrupción política, la falta de derechos y libertades populares, el desempleo y la explotación impuesta por capitalistas y terratenientes; por lo que promovieron e integraron y desarrollaron las primeras organizaciones de obreros y de campesinos, difundieron las ideas socialistas y fundaron los primeros movimientos marxista y marxista-leninista; por los integrantes de la vanguardia de la generación del centenario del natalicio de Martí, que nutridos por su magisterio nos condujeron a la victoria revolucionaria popular de Enero; por los que, con el sacrificio de sus vidas, defendieron la Revolución contribuyendo a su definitiva consolidación; por los que masivamente cumplieron heroicas misiones internacionalistas; GUIADOS por el ideario de José Martí y las ideas político-sociales de Marx, Engels y Lenin; APOYADOS en el internacionalismo proletario, en la amistad fraternal, la ayuda, la cooperación y la solidaridad de los pueblos del mundo, especialmente los de América Latina y del Caribe; DECIDIDOS a llevar adelante la Revolución triunfadora del Moncada y del Granma, de la Sierra y de Girón encabezada por Fidel Castro que, sustentada en la más estrecha unidad de todas las fuerzas revolucionarias y del pueblo, conquistó la plena independencia nacional, estableció el poder revolucionario, realizó las transformaciones democráticas, inició la construcción del socialismo y, con el Partido Comunista al frente, la continúa con el objetivo final de edificar la sociedad comunista; CONSCIENTES de que todos los regímenes sustentados en la explotación del hombre por el hombre determinan la humillación de los explotados y la degradación de la condición humana de los explotadores; de que solo en el socialismo y el comunismo, cuando el hombre ha sido liberado de todas las formas de explotación: de la esclavitud, de la servidumbre y del capitalismo, se alcanza la entera dignidad del ser humano; y de que nuestra Revolución elevó la dignidad de la patria y del cubano a superior altura; DECLARAMOS nuestra voluntad de que la ley de leyes de la República esté presidida por este profundo anhelo, al fin logrado, de José Martí: «Yo quiero que la ley primera de nuestra república sea el culto de los cubanos al dignidad plena del hombre». ADOPTAMOS por nuestro voto libre, mediante referendo, la siguiente: Constitución.

Capítulo I. Fundamentos políticos, sociales y económicos del Estado

Artículo 1.° Cuba es un Estado socialista de trabajadores, independiente y soberano, organizado con todos y para el bien de todos, como república unitaria y democrática, para el disfrute de la libertad política, la justicia social, el bienestar individual y colectivo y la solidaridad humana.

Artículo 2.° El nombre del Estado cubano es República de Cuba, el idioma oficial es el español y su capital es la ciudad de La Habana.

Artículo 3.° En la República de Cuba la soberanía reside en el pueblo, del cual dimana todo el poder del Estado. Ese poder es ejercido directamente o por medio de las Asambleas del Poder Popular y demás órganos del Estado que de ellas se derivan, en la forma y según las normas fijadas por la Constitución y las leyes. Todos los ciudadanos tienen el derecho de combatir por todos los medios, incluyendo la lucha armada, cuando no fuera posible otro recurso, contra cualquiera que intente derribar el orden político, social y económico establecido por esta Constitución.

Artículo 4.° Los símbolos nacionales son los que han presidido por más de cien años las luchas cubanas por la independencia, por los derechos del pueblo y por el progreso social: la bandera de la estrella solitaria; el himno de Bayamo; el escudo de la palma real.

Artículo 5.º El Partido Comunista de Cuba, Martiano y marxista-leninista, vanguardia organizada de la nación cubana, es la fuerza dirigente superior de la sociedad y del Estado, que organiza y orienta los esfuerzos comunes hacia los altos fines de la construcción del socialismo y el avance hacia la sociedad comunista.

Artículo 6.º La Unión de Jóvenes Comunistas, organización de la juventud cubana de avanzada, cuenta con el reconocimiento y el estímulo del Estado en su función primordial de promover la participación activa de las masas juveniles en las tareas de la edificación socialista y de preparar adecuadamente a los jóvenes como ciudadanos conscientes y capaces de asumir responsabilidades cada día mayores en beneficio de nuestra sociedad.

Artículo 7.º El Estado socialista cubano reconoce y estimula a las organizaciones de masas y sociales, surgidas en el proceso histórico de las luchas de nuestro pueblo, que agrupan en su seno a distintos sectores de la población, representan sus intereses específicos y los incorporan a las tareas de la edificación, consolidación y defensa de la sociedad socialista.

Artículo 8.º El Estado reconoce, respeta y garantiza la libertad religiosa. En la República de Cuba, las instituciones religiosas están separadas del Estado. Las distintas creencias y religiones gozan de igual consideración.

Artículo 9.º El Estado: a) realiza la voluntad del pueblo trabajador y
–encauza los esfuerzos de la nación en la construcción del socialismo;
–mantiene y defiende la integridad y la soberanía de la patria;
–garantiza la libertad y la dignidad plena del hombre, el disfrute de sus derechos, el ejercicio y cumplimiento de sus deberes y el desarrollo integral de su personalidad;
–afianza la ideología y las normas de convivencia y de conducta propias de la sociedad libre de la explotación del hombre por el hombre;

—protege el trabajo creador del pueblo y la propiedad y la riqueza de la nación socialista;
—dirige planificadamente la economía nacional;
—asegura el avance educacional, científico, técnico y cultural del país; b) como Poder del pueblo, en servicio del propio pueblo, garantiza
—que no haya hombre o mujer, en condiciones de trabajar, que no tenga oportunidad de obtener un empleo con el cual pueda contribuir a los fines de la sociedad y a la satisfacción de sus propias necesidades;
—que no haya persona incapacitada para el trabajo que no tenga medios decorosos de subsistencia;
—que no haya enfermo que no tenga atención medica;
—que no haya niño que no tenga escuela, alimentación y vestido;
—que no haya joven que no tenga oportunidad de estudiar;
—que no haya persona que no tenga acceso al estudio, la cultura y el deporte; c) trabaja por lograr que no haya familia que no tenga una vivienda confortable.

Artículo 10.º Todos los órganos del Estado, sus dirigentes, funcionarios y empleados, actúan dentro de los límites de sus respectivas competencias y tienen la obligación de observar estrictamente la legalidad socialista y velar por su respeto en la vida de toda la sociedad.

Artículo 11.º El Estado ejerce su soberanía: a) sobre todo el territorio nacional, integrado por la Isla de Cuba, la Isla de la Juventud, las demás islas y cayos adyacentes, las aguas interiores y el mar territorial en la extensión que fija la ley y el espacio aéreo que sobre estos se extiende; b) sobre el medio ambiente y los recursos naturales del país; c) sobre los recursos naturales, tanto vivos como no vivos, de las aguas, el lecho y el subsuelo de la zona económica marítima de la República, en la extensión que fija la ley, conforme a la practica internacional. La República de Cuba repudia y considera ilegales y nulos los tratados, pactos o concesiones concertados en condiciones de desigualdad o que desconocen o disminuyen su soberanía y su integridad territorial.

Artículo 12.º La República de Cuba hace suyos los principios antiimperialistas e internacionalistas, y a) ratifica su aspiración de paz digna, verdadera y valida para todos los Estados, grandes y pequeños, débiles y poderosos, asentada en el respeto a la independencia y soberanía de los pueblos y el derecho a la autodeterminación; b) funda sus relaciones internacionales en los principios de igualdad de derechos, libre determinación de los pueblos, integridad territorial, independencia de los Estados, la cooperación internacional en beneficio e interés mutuo y equitativo, el arreglo pacifico de controversias en pie de igualdad y respeto y los demás principios proclamados en la Carta de las Naciones Unidas y en otros tratados internacionales de los cuales Cuba sea parte; c) reafirma su voluntad de integración y colaboración con los países de América Latina y del Caribe, cuya identidad común y necesidad histórica de avanzar juntos hacia la integración económica y política para lograr la verdadera independencia, nos permitiría alcanzar el lugar que nos corresponde en el mundo; ch) propugna la unidad de todos los países del Tercer Mundo, frente a la política imperialista y neocolonialista que persigue la limitación o subordinación de la soberanía de nuestros pueblos y agravar las condiciones económicas de explotación y opresión de las naciones subdesarrolladas; d) condena al imperialismo, promotor y sostén de todas las manifestaciones fascistas, colonialistas, neocolonialistas y racistas, como la principal fuerza de agresión y de guerra y el peor enemigo de los pueblos; e) repudia la intervención directa o indirecta en los asuntos internos o externos de cualquier Estado y, por tanto, la agresión armada, el bloqueo económico, así como cualquier otra forma de coerción económica o política, la violencia física contra personas residentes en otros países, u otro tipo de injerencia y amenaza a la integridad de los Estados y de los elementos políticos, económicos y culturales de las naciones; f) rechaza la violación del derecho irrenunciable y soberano de todo Estado a regular el uso y los beneficios de las telecomunicaciones en su territorio, conforme a la practica universal y a los convenios internacionales que ha suscrito; g) califica de delito internacional la guerra de agresión y de conquista, reconoce la legitimidad de las luchas por la liberación nacional, así como la resistencia armada a la agresión, y considera su deber internacionalista solidarizarse con el agredido y con los pueblos que combaten por su liberación y autodeterminación; h) basa sus relaciones con los países que edifican el socialismo en la amistad fraternal, la cooperación y la ayuda mutua, asentadas en los objetivos comunes de la construcción de la nueva sociedad; i) mantiene relaciones de amistad con los países que, teniendo un régimen político, social y económico diferente, respetan su soberanía, observan las normas de convivencia entre los Estados, se atienen a los principios de mutuas conveniencias y adoptan una actitud reciproca con nuestro país.

Artículo 13.º La República de Cuba concede asilo a los perseguidos por sus ideales o luchas por los derechos democráticos, contra el imperialismo, el fascismo, el colonialismo y el neocolonialismo; contra la discriminación y el racismo; por la liberación nacional; por los derechos y reivindicaciones de los trabajadores, campesinos y estudiantes; por sus actividades políticas, científicas, artísticas y literarias progresistas, por el socialismo y la paz.

Artículo 14.º En la República de Cuba rige el sistema de economía basado en la propiedad socialista de todo el pueblo sobre los medios fundamentales de producción y en la supresión de la explotación del hombre por el hombre. También rige el principio de distribución socialista «de cada cual según su capacidad, a cada cual según su trabajo». La ley establece las regulaciones que garantizan el efectivo cumplimiento de este principio.

Artículo 15.º Son de propiedad estatal socialista de todo el pueblo: a) las tierras que no pertenecen a los agricultores pequeños o a cooperativas integradas por estos, el subsuelo, las minas, los recursos naturales tanto vivos como no vivos dentro de la zona económica marítima de la República, los bosques, las aguas y las vías de comunicación; b) los centrales azucareros, las fabricas, los medios fundamentales de transporte, y cuantas empresas, bancos e instalaciones han sido nacionalizados y expropiados a los imperialistas, latifundistas y burgueses, así como las fabricas, empresas e instalaciones económicas y centros científicos, sociales, culturales y deportivos construidos, fomentados o adquiridos por el Estado y los que en el futuro construya, fomente o adquiera. Estos bienes no pueden trasmitirse en propiedad a personas naturales o jurídicas, salvo los casos excepcionales en que la transmisión parcial o total de algún objetivo económico se destine a los fines del desarrollo del país y no afecten los fundamentos políticos, sociales y económicos del Estado, previa aprobación del Consejo de Ministros o su Comité Ejecutivo. En cuanto a la transmisión de otros derechos sobre estos bienes a empresas estatales y otras entidades autorizadas, para el cumplimiento de sus fines, se actuara conforme a lo previsto en la ley.

Artículo 16.º El Estado organiza, dirige y controla la actividad económica nacional conforme a un plan que garantice el desarrollo programado del país, a fin de fortalecer el sistema socialista, satisfacer cada vez mejor las necesidades materiales y culturales de la sociedad y los ciudadanos, promover el desenvolvimiento de la persona humana y de su dignidad, el avance y la seguridad del país. En la elaboración y ejecución de los programas de producción y desarrollo participan activa y conscientemente los trabajadores de todas las ramas de la economía y de las demás esferas de la vida social.

Artículo 17.º El Estado administra directamente los bienes que integran la propiedad socialista de todo el pueblo; o podrá crear y organizar empresas y entidades encargadas de su Administración, cuya estructura, atribuciones, funciones y el régimen de sus relaciones son regulados por la ley. Estas empresas y entidades responden de sus obligaciones solo con sus recursos financieros, dentro de las limitaciones establecidas por la ley. El Estado no responde de las obligaciones contraídas por las empresas, entidades u otras personas jurídicas y estas tampoco responden de las de aquel.

Artículo 18.º El Estado dirige y controla el comercio exterior. La ley establece las instituciones y autoridades estatales facultadas para:
—crear empresas de comercio exterior;
—normar y regular las operaciones de exportación e importación; y
—determinar las personas naturales o jurídicas con capacidad legal para realizar dichas operaciones de exportación e importación y concertar convenios comerciales.

Artículo 19.º El Estado reconoce la propiedad de los agricultores pequeños sobre las tierras que legalmente les pertenecen y los demás bienes inmuebles y muebles que les resulten necesarios para la explotación a que se dedican, conforme a lo que establece la ley. Los agricultores pequeños, previa autorización del organismo estatal competente y el cumplimiento de los demás requisitos legales, pueden incorporar sus tierras únicamente a cooperativas de producción agropecuaria. Además pueden venderlas, permutarlas o trasmitirlas por otro título al Estado y a cooperativas de producción agropecuaria o a agricultores pequeños en los casos, formas y condiciones que establece la ley, sin perjuicio del derecho preferente del Estado a su adquisición, mediante el pago de su justo precio. Se prohíbe el arrendamiento, la aparcería, los prestamos hipotecarios y cualquier acto que implique gravamen o cesión a particulares de los derechos emanados de la propiedad de los agricultores pequeños sobre sus tierras. El Estado apoya la producción individual de los agricultores pequeños que contribuyen a la economía nacional.

Artículo 20.º Los agricultores pequeños tienen derecho a asociarse entre sí, en la forma y con los requisitos que establece la ley, tanto a los fines de la producción agropecuaria como a los de obtención de créditos y servicios estatales. Se autoriza la organización de cooperativas de producción agropecuaria en los casos y en la forma que la ley establece. Esta propiedad cooperativa es reconocida por el Estado y constituye una forma avanzada y eficiente de producción socialista. Las cooperativas de producción agropecuaria administran, poseen, usan y disponen de los bienes de su propiedad, de acuerdo con lo establecido en la ley en sus reglamentos. Las tierras de las cooperativas no pueden ser embargadas ni gravadas y su propiedad puede ser transferida a otras cooperativas o al Estado, por las causas y según el procedimiento establecido en la ley. El Estado brinda todo el apoyo posible a esta forma de producción agropecuaria.

Artículo 21.º Se garantiza la propiedad personal sobre los ingresos y ahorros procedentes del trabajo propio, sobre la vivienda que se posea con justo título de dominio y los demás bienes y objetos que sirven para la satisfacción de las necesidades materiales y culturales de la persona. Asimismo se garantiza la propiedad sobre los medios e instrumentos de trabajo personal o familiar, los que no pueden ser utilizados para la obtención de ingresos provenientes de la explotación del trabajo ajeno. La ley establece la cuantía en que son embargables los bienes de propiedad personal.

Artículo 22.º El Estado reconoce la propiedad de las organizaciones políticas, de masas y sociales sobre los bienes destinados al cumplimiento de sus fines.

Artículo 23.º El Estado reconoce la propiedad de las empresas mixtas, sociedades y asociaciones económicas que se constituyen conforme a la ley. El uso, disfrute y disposición de los bienes pertenecientes al patrimonio de las entidades anteriores se rigen por lo establecido en la ley y los tratados, así como por los estatutos y reglamentos propios por los que se gobiernan.

Artículo 24.º El Estado reconoce el derecho de herencia sobre la vivienda de dominio propio y demás bienes de propiedad personal. La tierra y los demás bienes vinculados a la producción que integran la propiedad de los agricultores pequeños son heredables y solo se adjudican a aquellos herederos que trabajan la tierra, salvo las excepciones y según el procedimiento que establece la ley. La ley fija los casos, las condiciones y la forma en que los bienes de propiedad cooperativa podrán ser heredables.

Artículo 25.º Se autoriza la expropiación de bienes, por razones de utilidad Pública o interés social y con la debida indemnización. La ley establece el procedimiento para la expropiación y las bases para la determinar su utilidad y necesidad, así como la forma de indemnización, considerando los intereses y las necesidades económicas y sociales del expropiado.

Artículo 26.º Toda persona que sufriere daño o perjuicio causado indebidamente por funcionarios o agentes del Estado con motivo del ejercicio de las funciones propias de sus cargos, tiene derecho a reclamar y obtener la correspondiente reparación o indemnización en la forma que establece la ley.

Artículo 27.º El Estado protege el medio ambiente y los recursos naturales del país. Reconoce su estrecha vinculación con el desarrollo económico y social sostenible para hacer más racional la vida humana y asegurar la supervivencia, el bienestar y la seguridad de las generaciones actuales y futuras. Corresponde a los órganos competentes aplicar esta política. Es deber de los ciudadanos contribuir a la protección del agua, la atmósfera, la conservación del suelo, la flora, la fauna y todo el rico potencial de la naturaleza.

Capítulo II. Ciudadanía

Artículo 28.º La ciudadanía cubana se adquiere por nacimiento o por naturalización.

Artículo 29.º Son ciudadanos cubanos por nacimiento: a) los nacidos en el territorio nacional, con excepción de los hijos de extranjeros que se encuentren al servicio de su gobierno o de organismos internacionales. La ley establece los requisitos y las formalidades para el caso de los hijos de los extranjeros residentes no permanentes en el país. b) los nacidos en el extranjero de padre o madre cubanos, que se hallen cumpliendo misión oficial; c) los nacidos en el extranjero de padre o madre cubanos, previo el cumplimiento de las formalidades que la ley señala; ch) los nacidos fuera del territorio nacional, de pare o madre naturales de la República de Cuba que hayan perdido la ciudadanía cubana, siempre que la reclamen en la forma que señala la ley; d) los extranjeros que por méritos excepcionales alcanzados en las luchas por la liberación de Cuba fueron considerados ciudadanos cubanos por nacimiento.

Artículo 30.º Son ciudadanos cubanos por naturalización: a) los extranjeros que adquieren la ciudadanía de acuerdo con lo establecido en la ley; b) los que hubiesen servido a la lucha armada contra la tiranía derrocada el primero de enero de 1959, siempre que acrediten esa condición en la forma legalmente establecida; c) los que habiendo sido privados arbitrariamente de su ciudadanía de origen obtengan la cubana por acuerdo expreso del Consejo de Estado.

Artículo 31.º Ni el matrimonio ni su disolución afectan la ciudadanía de los cónyuges o de sus hijos.

Artículo 32.º Los cubanos no podrán ser privados de su ciudadanía, salvo por causas legalmente establecidas. Tampoco podrán ser privados del derecho a cambiar de ésta. No se admitirá la doble ciudadanía. En consecuencia, cuando se adquiera una ciudadanía extranjera, se perderá la cubana. La ley establece el procedimiento a seguir para la formalización de la perdida de la ciudadanía y las autoridades facultadas para decidirlo.

Artículo 33.º La ciudadanía cubana podrá recobrarse en los casos y en la forma que prescribe la ley.

Capítulo III. Extranjería

Artículo 34.º Los extranjeros residentes en el territorio de la República se equiparan a los cubanos:

—en la protección de sus personas y bienes;

—en el disfrute de los derechos y el cumplimiento de los deberes reconocidos en esta Constitución, bajo las condiciones y con las limitaciones que la ley fija;

—en la obligación de observar la Constitución y la ley;

—en la obligación de contribuir a los gastos públicos en la forma y la cuantía que la ley establece;

—en la sumisión a la jurisdicción y resoluciones de los tribunales de justicia y autoridades de la República. La ley establece los casos y la forma en que los extranjeros pueden ser expulsados del territorio nacional y las autoridades facultadas para decidirlo.

Capítulo IV. Familia

Artículo 35.º El Estado protege a la familia, la maternidad y el matrimonio. El Estado reconoce en la familia la célula fundamental de la sociedad y le atribuye responsabilidades y funciones esenciales en la educación y formación de las nuevas generaciones.

Artículo 36.º El matrimonio es la unión voluntariamente concertada de un hombre y una mujer con aptitud legal para ello, a fin de hacer vida en común. Descansa en la igualdad absoluta de derechos y deberes de los cónyuges, los que deben atender al mantenimiento del hogar y a la formación integral de los hijos mediante el esfuerzo común, de modo que éste resulte compatible con el desarrollo de las actividades sociales de ambos. La ley regula la formalización, reconocimiento y disolución del matrimonio y los derechos y obligaciones que de dichos actos se derivan.

Artículo 37.º Todos los hijos tienen iguales derechos, sean habidos dentro o fuera del matrimonio. Está abolida toda calificación sobre la naturaleza de la filiación. No se consignará declaración alguna diferenciando los nacimientos, ni sobre el estado civil de los padres en las actas de inscripción de los hijos, ni en ningún otro documento que haga referencia a la filiación. El Estado garantiza mediante los procedimientos legales adecuados la determinación y el reconocimiento de la paternidad.

Artículo 38.º Los padres tienen el deber de dar alimentos a sus hijos y asistirlos en la defensa de sus legítimos intereses y en la realización de sus justas aspiraciones; así como el de contribuir activamente a su educación y formación integral como ciudadanos útiles y preparados para la vida en la sociedad socialista. Los hijos, a su vez, están obligados a respetar y ayudar a sus padres.

Capítulo V. Educación y cultura

Artículo 39.º El Estado orienta, fomenta y promueve la educación, la cultura y las ciencias en todas sus manifestaciones. En su política educativa y cultural se atiene a los postulados siguientes: a) fundamenta su política educacional y cultural en los avances de la ciencia y la técnica, el ideario marxista y Martiano, la tradición pedagógica progresista cubana y la universal; b) la enseñanza es función del Estado y es gratuita. Se basa en las conclusiones y aportes de la ciencia y en la relación más estrecha del estudio con la vida, el trabajo y la producción. El estado mantiene un amplio sistema de becas para los estudiantes y proporciona múltiples facilidades de estudio a los trabajadores a fin de que puedan alcanzar los más altos niveles posibles de conocimientos y habilidades. La ley precisa la integración y estructura del sistema nacional de enseñanza, así como el alcance de la obligatoriedad de estudiar y define la preparación general básica que, como mínimo, debe adquirir todo ciudadano; c) promover la educación patriótica y la formación comunista de las nuevas generaciones y la preparación de los niños, jóvenes y adultos para la vida social. Para realizar este principio se combinan la educación general y las especializadas de carácter científico, técnico o artístico, con el trabajo, la investigación para el desarrollo, la educación física, el deporte y la participación en actividades políticas, sociales y de preparación militar; ch) es libre la creación artística siempre que su contenido no sea contrario a la Revolución. Las formas de expresión en el arte son libres; d) el Estado, a fin de elevar la cultura del pueblo, se ocupa de fomentar y desarrollar la educación artística, la vocación para la creación y el cultivo del arte y la capacidad para apreciarlo; e) la actividad creadora e investigativa en la ciencia es libre. El Estado estimula y viabiliza la investigación y prioriza la dirigida a resolver los problemas que atañen al interés de la sociedad y al beneficio del pueblo; f) el Estado propicia que los trabajadores se incorporen a la labor científica y al desarrollo de la ciencia; g) el Estado orienta, fomenta y promueve la cultura física y el deporte en todas sus manifestaciones como medio de educación y contribución a la formación integral de los ciudadanos; h) el Estado defiende la identidad de la cultura cubana y vela por la conservación del patrimonio cultural y la riqueza artística e histórica de la nación. Protege los monumentos nacionales y los lugares notables por su belleza natural o por su reconocido valor artístico o histórico; i) el Estado promueve la participación de los ciudadanos a través de las organizaciones de masas y sociales del país en la realización de su política educacional y cultural.

Artículo 40.º La niñez y la juventud disfrutan de particular protección por parte del Estado y la sociedad. La familia, la escuela, los órganos estatales y las organizaciones de masas y sociales tienen el deber de prestar especial atención a la formación integral de la niñez y la juventud.

Capítulo VI. Igualdad

Artículo 41.º Todos los ciudadanos gozan de iguales derechos y están sujetos a iguales deberes.

Artículo 42.º La discriminación por motivo de raza, color de la piel, sexo, origen nacional, creencias religiosas y cualquiera otra lesiva a la dignidad humana está proscrita y es sancionada por la ley. Las instituciones del Estado educan a todos, desde la más temprana edad, en el principio de la igualdad de los seres humanos.

Artículo 43.º El Estado consagra el derecho conquistado por la Revolución de que los ciudadanos, sin distinción de raza, color de la piel, sexo, creencias religiosas, origen nacional y cualquier otra lesiva a la dignidad humana:

—tienen acceso, según méritos y capacidades, a todos los cargos y empleos del Estado, de la Administración Pública y de la producción y prestación de servicios;

—ascienden a todas las jerarquías de las fuerzas armadas revolucionarias y de la seguridad y orden interior, según méritos y capacidades;

—perciben salario igual por trabajo igual;

—disfrutan de la enseñanza en todas las instituciones docentes del país, desde la escuela primaria hasta las universidades, que son las mismas para todos;

—reciben asistencia en todas las instituciones de salud;

—se domicilian en cualquier sector, zona o barrio de las ciudades y se alojan en cualquier hotel;

—son atendidos en todos los restaurantes y demás establecimientos de servicio público;

—usan, sin separaciones, los transportes marítimos, ferroviarios, aéreos y automotores;

—disfrutan de los mismos balnearios, playas, parques, círculos sociales y demás centros de cultura, deportes, recreación y descanso.

Artículo 44.º La mujer y el hombre gozan de iguales derechos en lo económico, político, cultural, social y familiar. El Estado garantiza que se ofrezcan a la mujer las mismas oportunidades y posibilidades que al hombre, a fin de lograr su plena participación en el desarrollo del país. El Estado organiza instituciones tales como círculos infantiles, seminternados e internados escolares, casas de atención a ancianos y servicios que facilitan a la familia trabajadora el desempeño de sus responsabilidades. Al velar por su salud y por una sana descendencia, el Estado concede a la mujer trabajadora licencia retribuida por maternidad, antes y después del parto, y opciones laborales temporales compatibles con su función materna. El Estado se esfuerza por crear todas las condiciones que propicien la realización del principio de igualdad.

Capítulo VII. Derechos, deberes y garantías fundamentales

Artículo 45.º El trabajo en la sociedad socialista es un derecho, un deber y un motivo de honor para cada ciudadano. El trabajo es remunerado conforme a su calidad y cantidad; al proporcionarlo se atienden las exigencias de la economía y la sociedad, la elección del trabajador y su aptitud y calificación; lo garantiza el sistema económico socialista, que propicia el desarrollo económico y social, sin crisis, y que con ello ha eliminado el desempleo y borrado para siempre el paro estacional llamado «tiempo muerto». Se reconoce el trabajo voluntario, no remunerado, realizado en beneficio de toda la sociedad, en las actividades industriales, agrícolas, técnicas, artísticas y de servicio, como formador de la conciencia comunista de nuestro pueblo. Cada trabajador está en el deber de cumplir cabalmente las tareas que le corresponden en su empleo.

Artículo 46.º Todo el que trabaja tiene derecho al descanso, que se garantiza por la jornada laboral de ocho horas, el descanso semanal y las vacaciones anuales pagadas. El Estado fomenta el desarrollo de instalaciones y planes vacacionales.

Artículo 47.º Mediante el sistema de seguridad social, el Estado garantiza la protección adecuada a otro trabajador impedido por su edad, invalidez o enfermedad. En caso de muerte del trabajador garantiza similar protección a su familia.

Artículo 48.º El Estado protege, mediante la asistencia social, a los ancianos sin recursos ni amparo y a cualquier personal no apta para trabajar que carezca de familiares en condiciones de prestarle ayuda.

Artículo 49.º El Estado garantiza el derecho a la protección, seguridad e higiene del trabajo, mediante la adopción de medidas adecuadas para la prevención de accidentes y enfermedades profesionales. El que sufre un accidente en el trabajo o contrae una enfermedad profesional tiene derecho a la atención medica y a subsidio o jubilación en los casos de incapacidad temporal o permanente para el trabajo.

Artículo 50.º Todos tienen derecho a que se atienda y proteja su salud. El Estado garantiza este derecho:
—con la prestación de la asistencia medica y hospitalaria gratuita, mediante la red de instalaciones de servicio medico rural, de los policlínicas, hospitales, centros profilácticos y de tratamiento especializado;
—con la prestación de asistencia estomatológica gratuita;
—con el desarrollo de los planes de divulgación sanitaria y de educación para la salud, exámenes médicos periódicos, vacunación general y otras medidas preventivas de las enfermedades. En estos planes y actividades coopera toda la población a través de las organizaciones de masas y sociales.

Artículo 51.º Todos tienen derecho a la educación. Este derecho está garantizado por el amplio y gratuito sistema de escuelas, seminternados, internados y becas, en todos los tipos y niveles de enseñanza, y por la gratuidad del material escolar, lo que proporciona a cada niño y joven, cualquiera que sea la situación económica de su familia, la oportunidad de cursar estudios de acuerdo con sus aptitudes, las exigencias sociales y las necesidades del desarrollo económico-social. Los hombres y mujeres adultos tienen asegurado este derecho, en las mismas condiciones de gratuidad y con facilidades especificas que la ley regula, mediante la educación de adultos, la enseñanza técnica y profesional, la capacitación laboral en empresas y organismos del Estado y los cursos de educación superior para los trabajadores.

Artículo 52.º Todos tienen derecho a la educación física, al deporte y a la recreación. El disfrute de este derecho está garantizado por la inclusión de la enseñanza y practica de la educación física y el deporte en los planes de estudio del sistema nacional de educación; y por la amplitud de la instrucción y los medios puestos a disposición del pueblo, que facilitan la practica masiva del deporte y la recreación.

Artículo 53.º Se reconoce a los ciudadanos libertad de palabra y prensa conforme a los fines de la sociedad socialista. Las condiciones materiales para su ejercicio están dadas por el hecho de que la prensa, la radio, la televisión, el cine y otros medios de difusión masiva son de propiedad estatal o social y no pueden ser objeto, en ningún caso, de propiedad privada, lo que asegura su uso al servicio exclusivo del pueblo trabajador y del interés de la sociedad. La ley regula el ejercicio de estas libertades.

Artículo 54.º Los derechos de reunión, manifestación y asociación son ejercidos por los trabajadores, manuales e intelectuales, los campesinos, las mujeres, los estudiantes y demás sectores del pueblo trabajador, para lo cual disponen de los medios necesarios a tales fines. Las organizaciones de masas y sociales disponen de todas las facilidades para el desenvolvimiento de dichas actividades en las que sus miembros gozan de la más amplia libertad de palabra y opinión, basadas en el derecho irrestricto a la iniciativa y a la crítica.

Artículo 55.º El Estado, que reconoce, respeta y garantiza la libertad de conciencia y de religión, reconoce, respeta y garantiza a la vez la libertad de cada ciudadano de cambiar de creencias religiosas o no tener ninguna, y a profesar, dentro del respeto a la ley, el culto religioso de su preferencia. La ley regula las relaciones del Estado con las instituciones religiosas.

Artículo 56.º El domicilio es inviolable. Nadie puede penetrar en el ajeno contra la voluntad del morador, salvo en los casos previstos por la ley.

Artículo 57.º La correspondencia es inviolable. Solo puede ser ocupada, abierta y examinada en los casos previstos por la ley. Se guardara secreto de los asuntos ajenos al hecho que motivare el examen. El mismo principio se observara con respecto a las comunicaciones cablegráficas, telegráficas y telefónicas.

Artículo 58.º La libertad e inviolabilidad de su persona están garantizadas a todos los que residen en el territorio nacional. Nadie puede ser detenido sino en los casos, en la forma y con las garantías que prescriben las leyes. El detenido o preso es inviolable en su integridad personal.

Artículo 59.º Nadie puede ser encausado ni condenado sino por tribunal competente en virtud de leyes anteriores al delito y con las formalidades y garantías que estas establecen. Todo acusado tiene derecho a la defensa. No se ejercerá violencia ni coacción de clase alguna sobre las personas para forzarlas a declarar. Es nula toda declaración obtenida con infracción de este precepto y los responsables incurrirán en las sanciones que fija la ley.

Artículo 60.º La confiscación de bienes se aplica solo como sanción por las autoridades, en los casos y por los procedimientos que determina la ley.

Artículo 61.º Las leyes penales tienen efecto retroactivo cuando sean favorables al encausado o sancionado. Las demás leyes no tienen efecto retroactivo a menos que en las mismas se disponga lo contrario por razón de interés social o utilidad Pública.

Artículo 62.º Ninguna de las libertades reconocidas a los ciudadanos puede ser ejercida contra lo establecido en la Constitución y las leyes, ni contra la existencia y fines del Estado socialista, ni contra la decisión del pueblo cubano de construir el socialismo y el comunismo. La infracción de este principio es punible.

Artículo 63.º Todo ciudadano tiene derecho a dirigir quejas y peticiones a las autoridades y a recibir la atención o respuestas pertinentes y en plazo adecuado, conforme a la ley.

Artículo 64.º Es deber de cada uno cuidar la propiedad Pública y social, acatar la disciplina del trabajo, respetar los derechos de los demás, observar las normas de convivencia socialista y cumplir los deberes cívicos y sociales.

Artículo 65.º La defensa de la patria socialista es el más grande honor y el deber supremo de cada cubano. La ley regula el servicio militar que los cubanos deben prestar. La traición a la patria es el más grave de los crímenes; quien la comete está sujeto a las más severas sanciones.

Artículo 66.º El cumplimiento estricto de la Constitución y de las leyes es deber inexcusable de todos.

Capítulo VIII. Estado de emergencia

Artículo 67.º En caso o ante la inminencia de desastres naturales o catástrofes u otras circunstancias que por su naturaleza, proporción o entidad afecten el orden interior, la seguridad del país o la estabilidad del Estado, el Presidente del Consejo de Estado puede declarar el estado de emergencia en todo el territorio nacional o en una parte de él, y durante su vigencia disponer la movilización de la población. La ley regula la forma en que se declara el estado de emergencia, sus efectos y su terminación. Igualmente determina los derechos y deberes fundamentales reconocidos por la Constitución, cuyo ejercicio debe ser regulado de manera diferente durante la vigencia del estado de emergencia.

Capítulo IX. Principios de organización y funcionamiento de los órganos estatales

Artículo 68.º Los órganos del Estado se integran y desarrollan su actividad sobre la base de los principios de la democracia socialista, que se expresan en las reglas siguientes: a) todos los órganos representativos de poder del Estado son electivos y renovables; b) las masas populares controlan la actividad de los órganos estatales, de los diputados, de los delegados y de los funcionarios; c) los elegidos tienen el deber de rendir cuenta de su actuación y pueden ser revocados de sus cargos en cualquier momento; ch) cada órgano estatal desarrolla ampliamente, dentro del marco de su competencia, la iniciativa encaminada al aprovechamiento de los recursos y posibilidades locales y a la incorporación de las organizaciones de masas y sociales a su actividad, d) las disposiciones de los órganos estatales superiores son obligatorias para los inferiores; e) los órganos estatales inferiores responden ante los superiores y les rinden cuenta de su gestión; f) la libertad de discusión, el ejercicio de la crítica y autocrítica y la subordinación de la minoría a la mayoría rigen en todos los órganos estatales colegiados.

Capítulo X. Órganos superiores del Poder Popular

Artículo 69.º La Asamblea Nacional del Poder Popular es el órgano supremo del poder del Estado. Representa y expresa la voluntad soberana de todo el pueblo.

Artículo 70.º La Asamblea Nacional del Poder Popular es el único órgano con potestad constituyente y legislativa en la República.

Artículo 71.º La Asamblea Nacional del Poder Popular se compone de diputados elegidos por el voto libre, directo y secreto de los electores, en la proporción y según el procedimiento que determina la ley.

Artículo 72.º La Asamblea Nacional del Poder Popular es elegida por un término de cinco años. Este término solo podrá extenderse por acuerdo de la propia Asamblea en caso de guerra o a virtud de otras circunstancias excepcionales que impidan la celebración normal de las elecciones y mientras subsistan tales circunstancias.

Artículo 73.º La Asamblea Nacional del Poder Popular, al constituirse para una nueva legislatura, elige de entre sus diputados a su Presidente, al Vicepresidente y al Secretario. La ley regula la forma y el procedimiento mediante el cual se constituye la Asamblea y realiza esa elección.

Artículo 74.º La Asamblea Nacional del Poder Popular elige, de entre sus diputados, al Consejo de Estado, integrado por un Presidente, un Primer Vicepresidente, cinco Vicepresidentes, un Secretario y veintitrés miembros más. El Presidente del Consejo de Estado es jefe de Estado y jefe de Gobierno. El Consejo de Estado es responsable ante la Asamblea Nacional del Poder Popular y le rinde cuenta de todas sus actividades.

Artículo 75.º Son atribuciones de la Asamblea Nacional del Poder Popular: a) acordar reformas de la Constitución conforme a lo establecido en el **Artículo** 137; b) aprobar, modificar o derogar las leyes y someterlas previamente a la consulta popular cuando lo estime procedente en atención a la índole de la legislación de que se trate; c) decidir acerca de la constitucionalidad de las leyes, decretos-leyes, decretos y demás disposiciones generales; ch) revocar en todo o en parte los decretos-leyes que haya dictado el Consejo de Estado; d) discutir y aprobar los planes nacionales de desarrollo económico y social; e) discutir y aprobar el presupuesto del Estado; f) aprobar los principios del sistema de planificación y de dirección de la economía nacional; g) acordar el sistema monetario y crediticio; h) aprobar los lineamientos generales de la política exterior e interior; i) declarar el estado de guerra en caso de agresión militar y aprobar los tratados de paz; j) establecer y modificar la división político-administrativa del país conforme a lo establecido en el **Artículo** 102; k) elegir al Presidente, al Vicepresidente y al Secretario de la Asamblea Nacional; l) elegir al Presidente, al Primer Vicepresidente, a los Vicepresidentes, al Secretario y a los demás miembros del Consejo de Estado; ll) designar, a propuesta del Presidente del Consejo de Estado, al Primer Vicepresidente, a los Vicepresidentes y demás miembros del Consejo de Ministros; m) elegir al Presidente, a los Vicepresidentes y a los demás Jueces del Tribunal Supremo Popular; n) elegir al Fiscal General y a los Vicefiscales generales de la República; ñ) nombrar comisiones permanentes y temporales; o) revocar la elección o designación de las personas elegidas o designadas por ella; p) ejercer la más alta fiscalización sobre los órganos del Estado y del Gobierno; q) conocer, evaluar y adoptar las decisiones pertinentes sobre los informes de rendición de cuenta que le presenten el Consejo de Estado, el Consejo de Ministros, el Tribunal Supremo Popular, la Fiscalía General de la República y las Asambleas Provinciales del Poder Popular; r) revocar los decretos-leyes del Consejo de Estado y los decretos o disposiciones del Consejo de Ministros que contradigan la Constitución o las leyes; s) revocar o modificar los acuerdos o disposiciones de los órganos locales del Poder Popular que violen la Constitución, las leyes, los decretos-leyes, decretos y demás disposiciones dictadas por un órgano de superior jerarquía a los mismos; o los que afecten los intereses de otras localidades o los generales del país; t) conceder amnistías; u) disponer la convocatoria de referendos en los casos previstos en la Constitución y en otros que la propia Asamblea considere procedente; v) acordar su reglamento; w) las demás que le confiere esta Constitución.

Artículo 76.° Las leyes y acuerdos de la Asamblea Nacional del Poder Popular, salvo cuando se refieran a la reforma de la Constitución, se adoptan por mayoría simple de votos.

Artículo 77.° Las leyes aprobadas por la Asamblea Nacional del Poder Popular entran en vigor en la fecha que en cada caso determine la propia ley. Las leyes, decretos-leyes, decretos y resoluciones, reglamentos y demás disposiciones generales de los órganos nacionales del Estado, se publican en la Gaceta Oficial de la República.

Artículo 78.° La Asamblea Nacional del Poder Popular se reúne en dos períodos ordinarios de sesiones al año y en sesión extraordinaria cuando lo solicite la tercera parte de sus miembros o la convoque el Consejo de Estado.

Artículo 79.° Para que la Asamblea Nacional del Poder Popular pueda celebrar sesión se requiere la presencia de más de la mitad del número total de los diputados que la integran.

Artículo 80.° Las sesiones de la Asamblea Nacional del Poder Popular son públicas, excepto en el caso en que la propia Asamblea acuerde celebrarlas a puertas cerradas por razón de interés de Estado.

Artículo 81.º Son atribuciones del Presidente de la Asamblea Nacional del Poder Popular: a) presidir las sesiones de la Asamblea Nacional y velar por la aplicación de su reglamento; b) convocar las sesiones ordinarias de la Asamblea Nacional; c) proponer el proyecto de orden del día de las sesiones de la Asamblea Nacional; ch) firmar y disponer la publicación en la Gaceta Oficial de la República de las leyes y acuerdos adoptados por la Asamblea Nacional; d) organizar las relaciones internacionales de la Asamblea Nacional; e) dirigir y organizar la labor de las comisiones de trabajo permanentes y temporales que sean creadas por la Asamblea Nacional; f) asistir a las reuniones del Consejo de Estado; g) las demás que por esta Constitución o la Asamblea Nacional del Poder Popular se le atribuyan.

Artículo 82.º La condición de diputado no entraña privilegios personales ni beneficios económicos. Durante el tiempo que empleen en el desempeño efectivo de sus funciones, los diputados perciben el mismo salario o sueldo de su centro de trabajo y mantienen el vínculo con éste a todos los efectos.

Artículo 83.º Ningún diputado a la Asamblea Nacional del Poder Popular puede ser detenido ni sometido a proceso penal sin autorización de la Asamblea, o del Consejo de Estado si no está reunida aquella, salvo en caso de delito flagrante.

Artículo 84.º Los diputados a la Asamblea Nacional del Poder Popular tienen el deber de desarrollar sus labores en beneficio de los intereses del pueblo, mantener contacto con sus electores, oír sus planteamientos, sugerencias y críticas, y explicarles la política del Estado. Asimismo, rendirán cuenta del cumplimiento de sus funciones, según lo establecido en la ley.

Artículo 85.º A los diputados a la Asamblea Nacional del Poder Popular les puede ser revocado su mandato en cualquier momento, en la forma, por las causas y según los procedimientos establecidos en la ley.

Artículo 86.º Los diputados a la Asamblea Nacional del Poder Popular tienen el derecho de hacer preguntas al Consejo de Estado, al Consejo de Ministros o a los miembros de uno y otro, y a que estas les sean respondidas en el curso de la misma sesión o en la próxima.

Artículo 87.º Todos los órganos y empresas estatales están obligados a prestar a los diputados la colaboración necesaria para el cumplimiento de sus deberes.

Artículo 88.º La iniciativa de las leyes compete: a) a los diputados de la Asamblea Nacional del Poder Popular; b) al Consejo de Estado; c) al Consejo de Ministros; ch) a las comisiones de la Asamblea Nacional del Poder Popular; d) al Comité Nacional de la Central de Trabajadores de Cuba y a las Direcciones Nacionales de las demás organizaciones de masas y sociales; e) al Tribunal Supremo Popular, en materia relativa a la Administración de justicia; f) a la Fiscalía General de la República, en materia de su competencia; g) a los ciudadanos. En este caso será requisito indispensable que ejerciten la iniciativa diez mil ciudadanos, por lo menos que tengan la condición de electores.

Artículo 89.º El Consejo de Estado es el órgano de la Asamblea Nacional del Poder Popular que la representa entre uno y otro periodo de sesiones, ejecuta los acuerdos de ésta y cumple las demás funciones que la Constitución le atribuye. Tiene carácter colegiado y, a los fines nacionales e internacionales, ostenta la suprema representación del Estado cubano.

Artículo 90.º Son atribuciones del Consejo de Estado: a) disponer la celebración de sesiones extraordinarias de la Asamblea Nacional del Poder Popular. b) acordar la fecha de las elecciones para la renovación periódica de la Asamblea Nacional del Poder Popular; c) dictar decretos-leyes, entre uno y otro periodo de sesiones de la Asamblea Nacional del Poder Popular; ch) dar a las leyes vigentes, en caso necesario, una interpretación general y obligatoria; d) ejercer la iniciativa legislativa; e) disponer lo pertinente para realizar los referendos que acuerde la Asamblea Nacional del Poder

Popular; f) decretar la movilización general cuando la defensa del país lo exija y asumir las facultades de declarar la guerra en caso de agresión o concertar la paz que la Constitución asigna a la Asamblea Nacional del Poder Popular, cuando ésta se halle en receso y no pueda ser convocada con la seguridad y urgencia necesarias; g) sustituir, a propuesta de su Presidente, a los miembros del Consejo de Ministros entre uno y otro periodo de sesiones de la Asamblea Nacional del Poder Popular; h) impartir instrucciones de carácter general a los tribunales a través del Consejo de Gobierno del Tribunal Supremo Popular; i) impartir instrucciones a la Fiscalía General de la República; j) designar y remover, a propuesta de su Presidente, a los representantes diplomáticos de Cuba ante otros Estados; k) otorgar condecoraciones y títulos honoríficos; l) nombrar comisiones; ll) conceder indultos; m) ratificar y denunciar tratados internacionales; n) otorgar o negar el beneplácito a los representantes diplomáticos de otros Estados; ñ) suspender las disposiciones del Consejo de Ministros y los acuerdos y disposiciones de las Asambleas Locales del Poder Popular que no se ajusten a la Constitución o a las leyes, o cuando afecten los intereses de otras localidades o los generales del país, dando cuenta a la Asamblea Nacional del Poder Popular en la primera sesión que celebre después de acordada dicha suspensión; o) revocar los acuerdos y disposiciones de las Administraciones Locales del Poder Popular que contravengan la Constitución, las leyes, los decretos-leyes, los decretos y demás disposiciones dictadas por un órgano de superior jerarquía, o cuando afecten los intereses de otras localidades o los generales del país; p) aprobar su reglamento; q) las demás que le confieran la Constitución y las leyes o le encomiende la Asamblea Nacional del Poder Popular.

Artículo 91.º Todas las decisiones del Consejo de Estado son adoptadas por el voto favorable de la mayoría simple de sus integrantes.

Artículo 92.º El mandato confiado al Consejo de Estado por la Asamblea Nacional del Poder Popular expira al tomar posesión el nuevo Consejo de Estado elegido en virtud de las renovaciones periódicas de aquella.

Artículo 93.º Las atribuciones del Presidente del Consejo de Estado y Jefe de Gobierno son las siguientes: a) representar al Estado y al Gobierno y dirigir su política general; b) organizar y dirigir las actividades y convocar y presidir las sesiones del Consejo de Estado y las del Consejo de Ministros; c) controlar y atender el desenvolvimiento de las actividades de los ministerios y demás organismos centrales de la Administración; ch) asumir la dirección de cualquier ministerio u organismo central de la Administración; d) proponer a la Asamblea Nacional del Poder Popular, una vez elegido por ésta los miembros del Consejo de Ministros; e) aceptar las renuncias de los miembros del Consejo de Ministros, o bien proponer a la Asamblea Nacional del Poder Popular o al Consejo de Estado según proceda, la sustitución de cualquiera de ellos y, en ambos casos, los sustitutos correspondientes. f) recibir las cartas credenciales de los jefes de las misiones extranjeras. Esta función podrá ser delegada en cualquiera de los Vicepresidentes del Consejo de Estado. g) desempeñar la Jefatura Suprema de todas las instituciones armadas y determinar su organización general; h) presidir el Consejo de Defensa Nacional; i) declarar el Estado de Emergencia en los casos previstos por esta Constitución, dando cuenta de su decisión, tan pronto las circunstancias lo permitan, a la Asamblea Nacional del Poder Popular o al Consejo de Estado, de no poder reunirse aquella, a los efectos legales procedentes; j) firmar decretos-leyes y otros acuerdos del Consejo de Estado y las disposiciones legales adoptadas por el Consejo de Ministros o su Comité Ejecutivo y ordenar su publicación en la Gaceta Oficial de la República; k) las demás que por esta Constitución o las leyes se le atribuyan.

Artículo 94.º En caso de ausencia, enfermedad o muerte del Presidente del Consejo de Estado lo sustituye en sus funciones el Primer Vicepresidente.

Artículo 95.º El Consejo de Ministros es el máximo órgano ejecutivo y administrativo y constituye el Gobierno de la República. El número, denominación y funciones de los ministerios y organismos centrales que forman parte del Consejo de Ministros es determinado por la ley.

Artículo 96.º El Consejo de Ministros está integrado por el Jefe de Estado y de Gobierno, que es su Presidente, el Primer Vicepresidente; los Vicepresidentes, los Ministros, el Secretario y los demás miembros que determine la ley.

Artículo 97.º El Presidente, el Primer Vicepresidente, los Vicepresidentes y otros miembros del Consejo de Ministros que determine el Presidente, integran su Comité Ejecutivo. El Comité Ejecutivo puede decidir sobre las cuestiones atribuidas al Consejo de Ministros, durante los períodos que median entre una y otra de sus reuniones.

Artículo 98.º Son atribuciones del Consejo de Ministros: a) organizar y dirigir la ejecución de las actividades políticas, económicas, culturales, científicas, sociales y de defensa acordadas por la Asamblea Nacional del Poder Popular; b) proponer los proyectos de planes generales de desarrollo económico-social del Estado y, una vez aprobados por la Asamblea Nacional del Poder Popular, organizar, dirigir y controlar su ejecución; c) dirigir la política exterior de la República y las relaciones con otros gobiernos; ch) aprobar tratados internacionales y someterlos a la ratificación del Consejo de Estado; d) dirigir y controlar el comercio exterior; e) elaborar el proyecto de presupuesto del Estado y una vez aprobado por la Asamblea Nacional del Poder Popular, velar por su ejecución; f) adoptar medidas para fortalecer el sistema monetario y crediticio; g) elaborar proyectos legislativos y someterlos a la consideración de la Asamblea Nacional del Poder Popular o del Consejo de Estado, según proceda; h) proveer la defensa nacional, al mantenimiento del orden y la seguridad interiores, a la protección de los derechos ciudadanos, así como a la salvaguarda de vidas y bienes en caso de desastres naturales; i) dirigir la Administración del Estado, y unificar, coordinar y fiscalizar la actividad de los organismos de la Administración Central y de las Administraciones Locales; j) ejecutar las leyes y acuerdos de la Asamblea Nacional del Poder Popular, así como los decretos-leyes y disposiciones del Consejo de Estado y, en caso necesario, dictar los reglamentos correspondientes; k) dictar decretos y disposiciones sobre la base y en cumplimiento de las leyes vigentes y controlar su ejecución. l) revocar las decisiones de las Administraciones subordinadas a las Asambleas Provinciales o Municipales del Poder Popular, adoptadas en función de las facultades delegadas por los organismos de la Administración Central del Estado, cuando contravengan las normas superiores que les sean de obligatorio cumplimiento; ll) proponer a las Asambleas Provinciales y Municipales del Poder Popular revocar las disposiciones que sean adoptadas en su actividad especifica, por las administraciones provinciales y municipales a ellas subordinadas, cuando contravengan las normas aprobadas por los organismos de la Administración Central del Estado, en el ejercicio de sus atribuciones; m) revocar las disposiciones de los Jefes de organismos de la Administración Central del Estado, cuando contravengan las normas superiores que les sean de obligatorio cumplimiento; n) proponer a la Asamblea Nacional del Poder Popular o al Consejo de Estado la suspensión de los acuerdos de las Asambleas Locales del Poder Popular que contravengan las leyes y demás disposiciones vigentes, o que afecten los intereses de otras comunidades o los generales del país; ñ) crear las comisiones que estimen necesarias para facilitar el cumplimiento de las tareas que le están asignadas; o) designar y remover funcionarios de acuerdo con las facultades que le confiere la ley; p) realizar cualquier otra función que le encomiende la Asamblea Nacional del Poder Popular o el Consejo de Estado. La ley regula la organización y funcionamiento del Consejo de Ministros.

Artículo 99.º El Consejo de Ministros es responsable y rinde cuenta, periódicamente, de todas sus actividades ante la Asamblea Nacional del Poder Popular.

Artículo 100.º Son atribuciones de los miembros del Consejo de Ministros: a) dirigir los asuntos y tareas del Ministerio u organismo a su cargo, dictando las resoluciones y disposiciones necesarias a ese fin; b) dictar, cuando no sea atribución expresa de otro órgano estatal, los reglamentos que se requieran para la ejecución y aplicación de las leyes y decretos-leyes que les conciernen; c) asistir a las sesiones del Consejo de Ministros, con voz y voto, y presentar a este proyectos de leyes, decretos-leyes, decretos, resoluciones, acuerdos o cualquier otra proposición que estimen conveniente;

ch) nombrar, conforme a la ley, los funcionarios que les corresponden; d) cualquier otra que le atribuyan la Constitución y las leyes.

Artículo 101.º El Consejo de Defensa Nacional se constituye y prepara desde tiempo de paz para dirigir el país en las condiciones de estado de guerra, durante la guerra, la movilización general y el estado de emergencia. La ley regula su organización y funciones.

Capítulo XI. La división político-administrativa

Artículo 102.º El territorio nacional, para los fines político-administrativos, se divide en provincias y municipios; el número, los límites y la denominación de los cuales se establece en la ley. La ley puede establecer, además, otras divisiones. La provincia es la sociedad local, con personalidad jurídica a todos los efectos legales, organizada políticamente por la ley como eslabón intermedio entre el gobierno central y el municipal, en una extensión superficial equivalente a la del conjunto de municipios comprendidos en su demarcación territorial. Ejerce las atribuciones y cumple los deberes estatales y de Administración de su competencia y tiene la obligación primordial de promover el desarrollo económico y social de su territorio, para lo cual coordina y controla la ejecución de la política, programas y planes aprobados por los órganos superiores del Estado, con el apoyo de sus municipios, conjugándolos con los intereses de estos. El Municipio es la sociedad local, con personalidad jurídica a todos los efectos legales, organizada políticamente por la ley, en una extensión territorial determinada por necesarias relaciones económicas y sociales de su población, y con capacidad para satisfacer las necesidades mínimas locales. Las provincias y los municipios, además de ejercer sus funciones propias, coadyuvan a la realización de los fines del Estado.

Capítulo XII. Órganos locales del Poder Popular

Artículo 103.º Las Asambleas del Poder Popular, constituidas en las demarcaciones político-administrativas en que se divide el territorio nacional, son los órganos superiores locales del poder del Estado, y, en consecuencia, están investidas de la más alta autoridad para el ejercicio de las funciones estatales en sus demarcaciones respectivas y para ello, dentro del marco de su competencia, y ajustándose a la ley, ejercen gobierno. Además, coadyuvan al desarrollo de las actividades y al cumplimiento de los planes de las unidades establecidas en su territorio que no les estén subordinadas, conforme a lo dispuesto en la ley. Las Administraciones Locales que estas Asambleas constituyen, dirigen las entidades económicas, de producción y de servicios de subordinación local, con el propósito de satisfacer las necesidades económicas, de salud y otras de carácter asistencial, educacionales, culturales, deportivas y recreativas de la colectividad del territorio a que se extiende la jurisdicción de cada una. Para el ejercicio de sus funciones, las Asambleas Locales del Poder Popular se apoyan en los Consejos Populares y en la iniciativa y amplia participación de la población y actúan en estrecha coordinación con las organizaciones de masas y sociales.

Artículo 104.º Los Consejos Populares se constituyen en ciudades, pueblos, barrios, poblados y zonas rurales; están investidos de la más alta autoridad para el desempeño de sus funciones; representan a la demarcación donde actúan y a la vez son representantes de los órganos del Poder Popular municipal, provincial y nacional. Trabajan activamente por la eficiencia en el desarrollo de las actividades de producción y de servicios y por la satisfacción de las necesidades asistenciales, económicas, educacionales, culturales y sociales de la población, promoviendo la mayor participación de ésta y las iniciativas locales para la solución de sus problemas. Coordinan las acciones de las entidades existentes en su arrea de acción, promueven la cooperación entre ellas y ejercen el control y la fiscalización de sus actividades. Los Consejos Populares se constituyen a partir de los delegados elegidos en las circunscripciones, los cuales deben elegir entre ellos quien los presida. A los mismos pueden pertenecer los representantes de las organizaciones de masas y de las instituciones más importantes en la demarcación. La ley regula la organización y atribuciones de los Consejos Populares.

Artículo 105.º Dentro de los límites de su competencia las Asambleas Provinciales del Poder Popular tienen las atribuciones siguientes: a) cumplir y hacer cumplir las leyes y demás disposiciones de carácter general adoptadas por los órganos superiores del Estado; b) aprobar y controlar, conforme a la política acordada por los organismos nacionales competentes, la ejecución del plan y del presupuesto ordinario de ingresos y gastos de la provincia; c) elegir y revocar al Presidente y Vicepresidente de la propia Asamblea; ch) designar y sustituir al Secretario de la Asamblea; d) participar en la elaboración y control de la ejecución del presupuesto y el plan técnico-económico del Estado, correspondiente a las entidades radicadas en su territorio y subordinadas a otras instancias, conforme a la ley; e) controlar y fiscalizar la actividad del órgano de Administración de la provincia auxiliándose para ello de sus comisiones de trabajo; f) designar y sustituir a los miembros del órgano de Administración provincial, a propuesta de su Presidente; g) determinar, conforme a los principios establecidos por el Consejo de Ministros, la organización, funcionamiento y tareas de las entidades encargadas de realizar las actividades económicas, de producción y servicios, educacionales, de salud, culturales, deportivas, de protección del medio ambiente y recreativas, que están subordinadas al órgano de Administración provincial; h) adoptar acuerdos sobre los asuntos de Administración concernientes a su demarcación territorial y que, según la ley, no correspondan a la competencia general de la Administración Central del Estado o a la de los órganos municipales de poder estatal; i) aprobar la creación y organización de los Consejos Populares a propuesta de las Asambleas Municipales del Poder Popular; j) revocar, en el marco de su competencia, las decisiones adoptadas por el órgano de Administración de la provincia, o proponer su revocación al Consejo de Ministros, cuando hayan sido adoptadas en función de facultades delegadas por los organismos de la Administración Central del Estado; k) conocer y evaluar los informes de rendición de cuenta que les presenten su órgano de Administración y las Asambleas del Poder Popular de nivel inferior, y adoptar las decisiones pertinentes sobre ellos; l) formar y disolver comisiones de trabajo; ll) atender todo lo relativo a la aplicación de la política de cuadros que tracen los órganos superiores del Estado; m) fortalecer la legalidad, el orden interior y la capacidad defensiva del país; n) cualquier otra que le atribuyan la Constitución y las leyes.

Artículo 106.º Dentro de los límites de su competencia, las Asambleas Municipales del Poder Popular tienen las atribuciones siguientes: a) cumplir y hacer cumplir las leyes y demás disposiciones de carácter general adoptadas por los órganos superiores del Estado; b) elegir y revocar al Presidente y al Vicepresidente de la Asamblea; c) designar y sustituir al Secretario de la Asamblea; ch) ejercer la fiscalización y el control de las entidades de subordinación municipal, apoyándose en sus comisiones de trabajo; d) revocar o modificar los acuerdos y disposiciones de los órganos o autoridades subordinadas a ella, que infrinjan la Constitución, las leyes, los decretos-leyes, los decretos, resoluciones y otras disposiciones dictados por los órganos superiores del Estado o que afecten los intereses de la comunidad, de otros territorios, o los generales del país, o proponer su revocación al Consejo de Ministros, cuando hayan sido adoptados en función de facultades delegadas por los organismos de la Administración Central del Estado; e) adoptar acuerdos y dictar disposiciones dentro del marco de la Constitución y de las leyes vigentes, sobre asunto de interés municipal y controlar su aplicación; f) designar y sustituir a los miembros de su órgano de Administración a propuesta de su Presidente; g) determinar, conforme a los principios establecidos por el Consejo de Ministros, la organización, funcionamiento y tareas de las entidades encargadas de realizar las actividades económicas, de producción y servicios, de salud y otras de carácter asistencial, educacionales, culturales, deportivas, de protección del medio ambiente y recreativas, que están subordinadas a su órgano de Administración; h) proponer la creación y organización de Consejos Populares, de acuerdo con lo establecido en la ley; i) constituir y disolver comisiones de trabajo; j) aprobar el plan económico-social y el presupuesto del municipio, ajustándose a las políticas trazadas para ello por los organismos competentes de la Administración Central del Estado, y controlar su ejecución; k) coadyuvar al desarrollo de las actividades y al cumplimiento de los planes de producción y de servicios de las entidades radicadas en su territorio que no les estén subordinadas, para lo cual podrán apoyarse en sus comisiones de trabajo y en su órgano de Administración; l) conocer y evaluar los informes de rendición de cuenta que le presente su órgano de Administración y adoptar las decisiones pertinentes sobre ellos; ll) atender todo lo relativo a la aplicación de la política de cuadros que tracen los órganos superiores del Estado; m) fortalecer la legalidad, el orden interior y la capacidad defensiva del país; n) cualquier otra que le atribuyan la Constitución y las leyes.

Artículo 107.º Las sesiones ordinarias y extraordinarias de las Asambleas Locales del Poder Popular son públicas, salvo en el caso que estas acuerden celebrarlas a puertas cerradas, por razón de interés de Estado o porque se trate en ellas asuntos referidos al decoro de las personas.

Artículo 108.º En las sesiones de las Asambleas Locales del Poder Popular se requiere para su validez la presencia de más de la mitad del número total de sus integrantes. Sus acuerdos se adoptan por mayoría simple de votos.

Artículo 109.º Las entidades que se organizan para la satisfacción de las necesidades locales a fin de cumplir sus objetivos específicos, se rigen por las leyes, decretos-leyes y decretos; por acuerdos del Consejo de Ministros; por disposiciones que dicten los jefes de los organismos de la Administración Central del Estado en asuntos de su competencia, que sean de interés general y que requieran ser regulados nacionalmente; y por los acuerdos de los órganos locales a los que se subordinan.

Artículo 110.º Las comisiones permanentes de trabajo son constituidas por las Asambleas Provinciales y Municipales del Poder Popular atendiendo a los intereses específicos de su localidad, para que las auxilien en la realización de sus actividades y especialmente para ejercer el control y la fiscalización de las entidades de subordinación local y de las demás correspondientes a otros niveles de subordinación, que se encuentren radicadas en su demarcación territorial. Las comisiones de carácter temporal cumplen las tareas específicas que les son asignadas dentro del término que se les señale.

Artículo 111.º Las Asambleas Provinciales del Poder Popular se renovarán cada cinco años, que es el periodo de duración del mandato de sus delegados. Las Asambleas Municipales del Poder Popular se renovarán cada dos años y medio, que es el periodo de duración del mandato de sus delegados.

Dichos mandatos solo podrán extenderse por decisión de la Asamblea Nacional del Poder Popular, en los casos señalados en el **Artículo** 72.

Artículo 112.º El mandato de los delegados a las Asambleas Locales es revocable en todo momento. La ley determina la forma, las causas y los procedimientos para ser revocados.

Artículo 113.º Los delegados cumplen el mandato que les han conferido sus electores, en interés de toda la comunidad, para lo cual deberán coordinar sus funciones como tales, con sus responsabilidades y tareas habituales. La ley regula la forma en que se desarrollan estas funciones.

Artículo 114.º Los delegados a las Asambleas Municipales del Poder Popular tienen los derechos y las obligaciones que les atribuyan la Constitución y las leyes y en especial están obligados a: a) dar a conocer a la Asamblea y a la Administración de la localidad las opiniones, necesidades y dificultades que les trasmitan sus electores; b) informar a sus electores sobre la política que sigue la Asamblea y las medidas adoptadas para la solución de necesidades planteadas por la población o las dificultades que se presentan para resolverlas; c) rendir cuenta periódicamente a sus electores de su gestión personal, e informar a la Asamblea o a la Comisión a la que pertenezcan, sobre el cumplimiento de las tareas que les hayan sido encomendadas, cuando estas lo reclamen.

Artículo 115.º Los delegados a las Asambleas Provinciales del Poder Popular tienen el deber de desarrollar sus labores en beneficio de la colectividad y rendir cuenta de su gestión personal según el procedimiento que la ley establece.

Artículo 116.º Las Asambleas Provinciales y Municipales del Poder Popular eligen de entre sus delegados a su Presidente y Vicepresidente. La elección se efectúa en virtud de candidaturas propuestas en la forma y según el procedimiento que la ley establece.

Artículo 117.° Los Presidentes de las Asambleas Provinciales y Municipales del Poder Popular son a la vez presidentes de los respectivos Órganos de Administración y representan al Estado en sus demarcaciones territoriales. Sus atribuciones son establecidas por la ley.

Artículo 118.° Los órganos de Administración que constituyen las Asambleas Provinciales y Municipales del Poder Popular funcionan de forma colegiada y su composición, integración, atribuciones y deberes se establecen en la ley.

Artículo 119.° Los Consejos de Defensa Provinciales, Municipales y de las Zonas de Defensa se constituyen y preparan desde tiempo de paz para dirigir en los territorios respectivos, en las condiciones de estado de guerra, durante la guerra, la movilización general o el estado de emergencia, partiendo de un plan general de defensa y del papel y responsabilidad que corresponde a los consejos militares de los ejércitos. El Consejo de Defensa Nacional determina, conforme a la ley, la organización y atribuciones de estos Consejos.

Capítulo XIII. Tribunales y fiscalía

Artículo 120.° La función de impartir justicia dimana del pueblo y es ejercida a nombre de este por el Tribunal Supremo Popular y los demás Tribunales que la ley instituye. La ley establece los principales objetivos de la actividad judicial y regula la organización de los Tribunales; la extensión de su jurisdicción y competencia; sus facultades y el modo de ejercerlas; los requisitos que deben reunir los jueces, la forma de elección de estos y las causas y procedimientos para su revocación o cese en el ejercicio de sus funciones.

Artículo 121.° Los tribunales constituyen un sistema de órganos estatales, estructurado con independencia funcional de cualquier otro y subordinado jerárquicamente a la Asamblea Nacional del Poder Popular y al Consejo de Estado. El Tribunal Supremo Popular ejerce la máxima autoridad judicial y sus decisiones, en este orden, son definitivas. A través de su Consejo de Gobierno ejerce la iniciativa legislativa y la potestad reglamentaria; toma decisiones y dicta normas de obligado cumplimiento por todos los tribunales y, sobre la base de la experiencia de estos, imparte instrucciones de carácter obligatorio para establecer una practica judicial uniforme en la interpretación y aplicación de la ley.

Artículo 122.º Los jueces, en su función de impartir justicia, son independientes y no deben obediencia más que a la ley.

Artículo 123.º Los fallos y demás resoluciones firmes de los tribunales, dictados dentro de los límites de su competencia, son de ineludible cumplimiento por los organismos estatales, las entidades económicas y sociales y los ciudadanos, tanto por los directamente afectados por ellos, como por los que no teniendo interés directo en su ejecución vengan obligados a intervenir en la misma.

Artículo 124.º Para los actos de impartir justicia todos los tribunales funcionan de forma colegiada y en ellos participan, con iguales derechos y deberes, jueces profesionales y jueces legos. El desempeño de las funciones judiciales encomendadas al juez lego, dada su importancia social, tiene prioridad con respecto a su ocupación laboral habitual.

Artículo 125.º Los tribunales rinden cuenta de los resultados de su trabajo en la forma y con la periodicidad que establece la ley.

Artículo 126.º La facultad de revocación de los jueces corresponde al órgano que los elige.

Artículo 127.º La Fiscalía General de la República es el órgano del Estado al que corresponde, como objetivos fundamentales, el control y la preservación de la legalidad, sobre la base de la vigilancia del estricto cumplimiento de la Constitución, las leyes y demás disposiciones legales, por los organismos del Estado, entidades económicas y sociales y por los ciudadanos; y la promoción y el ejercicio de la acción penal Pública en representación del Estado. La ley determina los demás objetivos y funciones, así como la forma, extensión y oportunidad en que la Fiscalía ejerce sus facultades al objeto expresado.

Artículo 128.º La Fiscalía General de la República constituye una unidad orgánica subordinada únicamente a la Asamblea Nacional del Poder Popular y al Consejo de Estado. El Fiscal General de la República recibe instrucciones directas del Consejo de Estado. Al Fiscal General de la República corresponde la dirección y reglamentación de la actividad de la Fiscalía en todo el territorio nacional. Los órganos de la Fiscalía están organizados verticalmente en toda la nación, están subordinados solo a la Fiscalía General de la República y son independientes de todo órgano local.

Artículo 129.º El Fiscal General de la República y los vicefiscales generales son elegidos y pueden ser revocados por la Asamblea Nacional del Poder Popular.

Artículo 130.º El Fiscal General de la República rinde cuenta de su gestión ante la Asamblea Nacional del Poder Popular en la forma y con la periodicidad que establece la ley.

Capítulo XIV. Sistema electoral

Artículo 131.º Todos los ciudadanos, con capacidad legal para ello, tienen derecho a intervenir en la dirección del Estado, bien directamente o por intermedio de sus representantes elegidos para integrar los órganos del Poder Popular, y a participar, con este propósito, en la forma prevista en la ley, en elecciones periódicas y referendos populares, que serán de voto libre, igual y secreto. Cada elector tiene derecho a un solo voto.

Artículo 132.º Tienen derecho al voto todos los cubanos, hombres y mujeres, mayores de dieciséis años de edad, excepto: a) los incapacitados mentales, previa declaración judicial de su incapacidad; b) los inhabilitados judicialmente por causa de delito.

Artículo 133.º Tienen derecho a ser elegidos los ciudadanos cubanos, hombres o mujeres, que se hallen en el pleno goce de sus derechos políticos. Si la elección es para diputados a la Asamblea Nacional del Poder Popular, deben, además, ser mayores de dieciocho años de edad.

Artículo 134.º Los miembros de las Fuerzas Armadas Revolucionarias y demás institutos armados tienen derecho a elegir y a ser elegidos, igual que los demás ciudadanos.

Artículo 135.º La ley determina el número de delegados que integran cada una de las Asambleas Provinciales y Municipales, en proporción al número de habitantes de las respectivas demarcaciones en que, a los efectos electorales, se divide el territorio nacional. Los delegados a las Asambleas Provinciales y Municipales se eligen por el voto libre, directo y secreto de los electores. La ley regula, asimismo, el procedimiento para su elección.

Artículo 136.º Para que se considere elegido un diputado o un delegado es necesario que haya obtenido más de la mitad del número de votos validos emitidos en la demarcación electoral de que se trate. De no concurrir esta circunstancia, o en los demás casos de plazas vacantes, la ley regula la forma en que se procederá.

Capítulo XV. Reforma constitucional

Artículo 137.º Esta Constitución solo puede ser reformada, total o parcialmente, por la Asamblea Nacional del Poder Popular mediante acuerdo adoptado, en votación nominal, por una mayoría no inferior a las dos terceras partes del número total de sus integrantes. Si la reforma es total o se refiere a la integración y facultades de la Asamblea Nacional del Poder Popular o de su Consejo de Estado o a derechos y deberes consagrados en la Constitución, requiere, además, la ratificación por el voto favorable de la mayoría de los ciudadanos con derecho electoral, en referendo convocado al efecto por la propia Asamblea. Esta Constitución proclamada el 24 de febrero de 1976, contiene las reformas aprobadas por la Asamblea Nacional del Poder Popular en el XI Periodo Ordinario de Sesiones de la III Legislatura celebrada los días 10, 11 y 12 de julio de 1992.

Libros a la carta

A la carta es un servicio especializado para
empresas,
librerías,
bibliotecas,
editoriales
y centros de enseñanza;
y permite confeccionar libros que, por su formato y concepción, sirven a los propósitos más específicos de estas instituciones.

Las empresas nos encargan ediciones personalizadas para marketing editorial o para regalos institucionales. Y los interesados solicitan, a título personal, ediciones antiguas, o no disponibles en el mercado; y las acompañan con notas y comentarios críticos.

Las ediciones tienen como apoyo un libro de estilo con todo tipo de referencias sobre los criterios de tratamiento tipográfico aplicados a nuestros libros que puede ser consultado en Linkgua-ediciones.com.

Linkgua edita por encargo diferentes versiones de una misma obra con distintos tratamientos ortotipográficos (actualizaciones de carácter divulgativo de un clásico, o versiones estrictamente fieles a la edición original de referencia).

Este servicio de ediciones a la carta le permitirá, si usted se dedica a la enseñanza, tener una forma de hacer pública su interpretación de un texto y, sobre una versión digitalizada «base», usted podrá introducir interpretaciones del texto fuente. Es un tópico que los profesores denuncien en clase los desmanes de una edición, o vayan comentando errores de interpretación de un texto y ésta es una solución útil a esa necesidad del mundo académico.

Asimismo publicamos de manera sistemática, en un mismo catálogo, tesis doctorales y actas de congresos académicos, que son distribuidas a través de nuestra Web.

El servicio de «libros a la carta» funciona de dos formas.

1. Tenemos un fondo de libros digitalizados que usted puede personalizar en tiradas de al menos cinco ejemplares. Estas personalizaciones pueden ser de todo tipo: añadir notas de clase para uso de un grupo de estudiantes,

introducir logos corporativos para uso con fines de marketing empresarial, etc. etc.

2. Buscamos libros descatalogados de otras editoriales y los reeditamos en tiradas cortas a petición de un cliente.

www.ingramcontent.com/pod-product-compliance
Lightning Source LLC
LaVergne TN
LVHW100133051026
849525LV00004B/1383
9788411265287